Sozialisation und Soziale Arbeit

Tanja Grendel
(Hrsg.)

Sozialisation und Soziale Arbeit

Studienbuch zu Theorie,
Empirie und Praxis

 Springer VS

Hrsg.
Tanja Grendel
Sozialwesen, Hochschule RheinMain
Wiesbaden, Deutschland

ISBN 978-3-658-25510-7   ISBN 978-3-658-25511-4   (eBook)
https://doi.org/10.1007/978-3-658-25511-4

Die Deutsche Nationalbibliothek verzeichnet diese Publikation in der Deutschen Nationalbibliografie; detaillierte bibliografische Daten sind im Internet über http://dnb.d-nb.de abrufbar.

Springer VS
© Springer Fachmedien Wiesbaden GmbH, ein Teil von Springer Nature 2019

Springer VS ist ein Imprint der eingetragenen Gesellschaft Springer Fachmedien Wiesbaden GmbH und ist ein Teil von Springer Nature
Die Anschrift der Gesellschaft ist: Abraham-Lincoln-Str. 46, 65189 Wiesbaden, Germany

Übersicht zu Schwerpunktthemen und Praxis(feldern) Sozialer Arbeit

1 Einleitung: Sozialisation und Soziale Arbeit

2 Pole des Sozialisationsprozesses

2.1 Individuum: Sozialität, Individualität und Subjektivität	Ableitungen zu Erkenntnisgewinn und Praxisbezug für die Soziale Arbeit
2.2 Gesellschaft	Ableitungen zu Erkenntnisgewinn und Praxisbezug für die Soziale Arbeit

3 Theoretische Perspektiven auf das Spannungsverhältnis von Individuum und Gesellschaft

3.1 Sozialisation als produktive Realitätsverarbeitung (Klaus Hurrelmann)	Ableitungen zu Erkenntnisgewinn und Praxisbezug für die Soziale Arbeit
3.2 Sozialisation als Verinnerlichung sozial ungleicher Strukturen (Pierre Bourdieu)	Ableitungen zu Erkenntnisgewinn und Praxisbezug für die Soziale Arbeit
3.3 Sozialisation als Lebensbewältigung (Lothar Böhnisch)	Ableitungen zu Erkenntnisgewinn und Praxisbezug für die Soziale Arbeit

4 Sozialisation und Soziale Arbeit in unterschiedlichen Lebensphasen und Erfahrungskontexten

	Persönlichkeitsentwicklung und Bewältigungsanforderungen	*Zentraler Erfahrungskontext*	*Schwerpunktthema*	*Praxis(feld) Sozialer Arbeit*
4.1 Kindheit und Familie	Lebensphase Kindheit	Familie	Belastungen in Familien	Kindertagesbetreuung, Frühe Hilfen
4.2 Jugend und Schule	Lebensphase Jugend	Schule	Berufliche Orientierung im Kontext Schule	Jugend- und Schulsozialarbeit
4.3 Jugend und Peergroups	Lebensphase Jugend	Peergroups	Jugendkulturelle Szenen	Offene Kinder- und Jugendarbeit
4.4 Erwachsenenalter und Erwerbsarbeit	Lebensphase Erwachsenenalter	Erwerbsarbeit	Aktivierende Arbeitsmarktpolitik und Prekarisierung	Beratung
4.5 Alter und Technik	Lebensphase Alter	Technik	Technisierte Lebenslagen	Soziale Gerontologie

5 Sozialisation und Soziale Arbeit in Bezug auf Diversitäten

	Persönlichkeitsentwicklung und Bewältigungsanforderungen	*Schwerpunktthema*	*Praxis(feld) Sozialer Arbeit*
5.1 Soziale Herkunft	Im Kontext von Sozialer Herkunft	Partizipation in der (kommunalen) Planung	Gemeinwesenarbeit
5.2 Gender/Geschlecht	Im Kontext von Gender/Geschlecht	Das „UnBehagen" in der Kategorie 'Geschlecht'	Kinder- und Jugendarbeit
5.3 Migration	Im Kontext von Migration	Sphärendifferenz als Sozialisationsrahmen	Soziale Arbeit im Kontext Migration, Migrationssensibilität
5.4 Sexuelle Orientierung	Im Kontext von sexueller Orientierung	Junge Lesben, Bisexuelle und Schwule – eine vulnerable Gruppe	Kinder- und Jugendhilfe
5.5 Behinderung	Im Kontext von Behinderung	Das Dialogische als Perspektive zur Aufhebung von Isolation	Soziale Arbeit mit Menschen mit geistiger Behinderung, Medienpädagogik
5.6 Religion und Weltanschauung	Im Kontext von Religion und Weltanschauung	Islamisierung von Muslimen	Kinder- und Jugendarbeit christlicher, muslimischer und jüdischer Gemeinden

6 Sozialisation und Professionalität

Inhaltsverzeichnis

Einführung: Sozialisation und Soziale Arbeit

1

Tanja Grendel

Was Sie hier erwartet

Das vorliegende Kapitel klärt, warum das Thema Sozialisation für (angehende) Sozialarbeiter*innen wichtig ist und warum es ein Studienbuch mit dem Titel „Sozialisation und Soziale Arbeit" braucht. Beleuchtet werden zunächst Schnittstellen und Unterschiede zwischen Sozialisationstheorie und Sozialer Arbeit, bevor die spezifischen Eckpunkte einer sozialarbeiterischen Perspektive auf Prozesse der Persönlichkeitsentwicklung skizziert werden. Diese Punkte bilden den gemeinsamen Orientierungsrahmen der Beiträge des Studienbuches, dessen Ziel, Struktur und Inhalt anschließend vorgestellt wird.

1.1 Gegenstand und Schnittstellen von Sozialisationstheorie und Sozialer Arbeit

Um Gemeinsamkeiten und Unterschiede zwischen Sozialisationstheorie und Sozialer Arbeit identifizieren zu können, ist zunächst zu klären, was ihr jeweiliger Gegenstand ist.

Kurzgefasst gehen Sozialisationstheorie und -forschung der Frage nach „wie wir werden, was wir sind" (Abels und König 2010). Als Determinanten

---

T. Grendel (✉)
Hochschule RheinMain, Wiesbaden, Deutschland
E-Mail: tanja.grendel@hs-rm.de

© Springer Fachmedien Wiesbaden GmbH, ein Teil von Springer Nature 2019
T. Grendel (Hrsg.), *Sozialisation und Soziale Arbeit,*
https://doi.org/10.1007/978-3-658-25511-4_1

der Persönlichkeitsentwicklung geraten dabei sowohl die *inneren* genetischen Anlagen als auch die *äußeren* gesellschaftlichen Rahmenbedingungen in den Blick.

Während einschlägige Theorien in der historischen Betrachtung oftmals entweder den Einfluss der Anlagen *oder* den Einfluss der Umwelt stärker gewichteten, werden heute i. d. R. beide Bereiche als gleichermaßen prägend eingestuft. Weitgehend geteilt wird zudem die Auffassung, dass Menschen ihre Persönlichkeitsentwicklung aktiv – wenngleich auch nicht zwingend bewusst – mitbeeinflussen. Sie sind, so formuliert es Klaus Hurrelmann in seinem „Modell der produktiven Realitätsverarbeitung",

> „Produzenten ihrer eigenen Entwicklung, indem sie in der gesamten Lebensspanne eine Verarbeitung der inneren und äußeren Realität vornehmen, die ihren individuellen Eigenschaften und Ressourcen entspricht" (Bauer und Hurrelmann 2015, S. 157).

Sozialisationstheorien berücksichtigen demnach ebenfalls Unterschiede der Ressourcen, die im Einzelfall zur Realitätsverarbeitung verfügbar sind – darunter sowohl individuelle Ressourcen (z. B. die Selbstwirksamkeit, d. h. das Zutrauen in die eigene Handlungsmächtigkeit) als auch soziale Ressourcen (z. B. Unterstützung durch das Umfeld). (siehe hierzu ausführlich Abschn. 3.1)

Mit Sozialisationsprozessen verknüpft ist zudem die Frage, wie Menschen einerseits zu *sozialen* Wesen werden, die sich in gesellschaftliche Strukturen (z. B. Schule, Erwerbsarbeit) und Lebensbereiche (z. B. Familie, Peergroup) integrieren, und wie es ihnen andererseits gelingt, sich Freiräume der *individuellen* Entwicklung zu eröffnen und diese gestaltend zu nutzen. Beschrieben wird damit das Spannungsverhältnis zwischen *sozialer Integration* und *persönlicher Individuation*. Dieses Spannungsverhältnis gilt es im Einzelfall auszutarieren, damit eine autonome Handlungsfähigkeit, psychische Gesundheit sowie eine gelingende Lebensbewältigung möglich sind (vgl. Hurrelmann und Bauer 2015, S. 111).

Hier setzt der Auftrag der Sozialen Arbeit an. Zieht man die Definition des Berufsverbandes heran, so zeigt sich, dass Sozialisationstheorien letztlich den Gegenstandsbereich der Profession beschreiben, deren Auftrag es ist, „gesellschaftliche Veränderungen, soziale Entwicklungen und den sozialen Zusammenhalt sowie die Stärkung der Autonomie und Selbstbestimmung von Menschen (zu fördern, TG)" (DBSH 2016). Soziale Arbeit hat demnach – ebenso wie Sozialisationstheorien – gesellschaftliche Strukturen, Individuen sowie „Vermittlungsleistungen im widersprüchlichen Verhältnis zwischen Individuum und Gesellschaft" (Ziegler 2015, S. 453) zum Gegenstand. Während die

Sozialisationstheorie jedoch allgemeine Tatsachen von Sozialisationsprozessen analysiert und theoretisiert – z. B. welche Folgen bestimmte Determinanten, etwa unterschiedliche Erziehungsstile oder eine (mangelnde) Einbindung in Peer-beziehungen, für die Persönlichkeitsentwicklung haben (können) – *bearbeitet* Soziale Arbeit i. d. R. Verwerfungen, Widersprüche und Probleme im Kontext von Sozialisationsprozessen (vgl. Ziegler 2015, S. 453). Die Perspektiven von Sozialisationstheorie und Sozialer Arbeit auf Prozesse der Persönlichkeitsent-wicklung unterscheiden sich folglich. Soziale Arbeit kann auf theoretische Kennt-nisse und empirische Evidenzen über typische Muster in Sozialisationsprozessen zurückgreifen. Um ihrem Auftrag der Problembearbeitung nachkommen zu kön-nen, ist sie jedoch gefordert, Handlungsbedarfe und Vorgehen für die Praxis zu konkretisieren.

1.2 Die sozialarbeiterische Perspektive auf Sozialisationsprozesse

Eine spezifische Perspektive der Sozialen Arbeit auf Sozialisationsprozesse for-muliert Lothar Böhnisch mit seiner „Theorie der Lebensbewältigung". Er ver-steht die Profession als „gesellschaftlich institutionalisierte (Reaktion, TG) auf typische psychosoziale Bewältigungsprobleme in der Folge gesellschaftlich bedingter Desintegration" (Böhnisch 2011, S. 219).[1] Handlungsbedarfe werden seiner Auffassung nach an individuellem Bewältigungsverhalten ablesbar. Hie-runter subsumiert er u. a. antisoziales oder selbstdestruktives Verhalten, welches darauf zielt, subjektive Handlungsfähigkeit wiederherzustellen. Bewältigungsver-halten resultiert folglich aus einer „misslungenen Balance zwischen psychischem Selbst und sozialer Umwelt" (Böhnisch 2005, 1120), die – so war oben bereits zu lesen – das Risiko einer Beeinträchtigung von autonomer Handlungsfähig-keit, psychischer Gesundheit und gelingender Lebensbewältigung in sich birgt. Für die Praxis leitet sich hieraus der Anspruch eines *verstehenden* Zugangs zum Bewältigungsverhalten von Adressat*innen und der Auftrag der Förderung der (Wieder-)Herstellung der Handlungsfähigkeit der/des Einzelnen ab (vgl. Böhnisch 2016, S. 22 f.). (siehe hierzu ausführlich Abschn. 3.3) Entsprechend werden aus der Perspektive der Sozialen Arbeit

---

[1]Die strukturellen Entgrenzungen in den Bereichen Arbeit, Technik und Bildung, wie sie Ulrich Beck (1986) für die „Risikogesellschaft" beschreibt, werden in dem Zusammenhang als übergreifende Herausforderungen für das Leben in der „Zweiten Moderne" verstanden.

„Prozesse der Auseinandersetzung mit den gesellschaftlichen und sich wandelnden Gegebenheiten nicht nur in Bezug auf Erhalt, Erweiterung oder Gefährdung von Handlungsfähigkeit deskriptiv oder analytisch nachgezeichnet […], sondern der Erhalt bzw. die Erweiterung von Handlungsfähigkeit […] aus der Bewältigungs-perspektive als normativer Bezugspunkt der Analyse gesetzt" (Böhnisch und Schröer 2013, S. 27 ff.).

Aufgabe von Sozialarbeiter*innen ist es explizit *nicht,* die Anpassung von Adressat*innen an soziale Normen und Zwänge zu forcieren, sondern vielmehr gemeinsam mit diesen mögliche Spannungsverhältnisse zwischen verinnerlichten sozialen Normen und uneingelösten individuellen Bedürfnissen auszutarieren. Damit verknüpft ist immer auch eine kritische Perspektive auf gesellschaftliche Normalitätsvorstellungen in Bezug auf Entwicklungsprozesse und Lebensweisen. Gerade der Blick auf das Spannungsverhältnis zwischen Individuum und Gesell-schaft eröffnet für die Soziale Arbeit die Möglichkeit, gesellschaftliche Freiräume bzw. Begrenzungen für die/den Einzelnen zu reflektieren (vgl. Bauer und Hurrel-mann 2015). Als Orientierungsrahmen dienen der Profession hierbei die Prinzi-pien sozialer Gerechtigkeit, die Menschenrechte sowie die Achtung der Vielfalt (vgl. DBSH 2016).

Umgesetzt wird der Auftrag Sozialer Arbeit in unterschiedlichen Formaten. Diese beinhalten sowohl *eigenständige* Angebote im Kontext der Persönlich-keitsentwicklung (z. B. die offene Kinder- und Jugendarbeit) als auch *subsidiäre* Angebote, die eine Unterstützung und Kompensation von Erziehungs- und Sozialisationsleistungen Dritter intendieren (z. B. Frühe Hilfen). Adressiert werden je nach Format mitunter unterschiedliche Ebenen: neben Personen auch sozial-räumliche Kontexte sowie politische Prozesse und Strukturen (vgl. Ziegler 2015).

1.3   Zielsetzung und Aufbau des Studienbuches

Der Stellenwert der Sozialisationstheorie spiegelt sich in den Curricula der Studiengänge Sozialer Arbeit wider, dort ist der Themenschwerpunkt „Soziali-sation" mehrheitlich als fester Bestandteil verankert. Umso mehr verwundert es, dass bislang kein einführendes Sozialisationsbuch mit Bezug zur Sozialen Arbeit erschienen ist. Die vorliegenden Werke sind primär soziologisch ausgerichtet und stellen die Studierenden vielfach vor Herausforderungen, wenn es darum geht, aus den – vorwiegend – soziologischen bzw. sozialpsychologischen Erklärungs-modellen – Erkenntnisse für die Praxis der Sozialen Arbeit abzuleiten. Das vorliegende Studienbuch soll diese Lücke schließen. Es greift das Thema *Sozia-lisation* erstmals dezidiert aus der Perspektive der Sozialen Arbeit auf und stellt ausgewählte Theorien sowie aktuelle empirische Befunde mit klarem Bezug zur Praxis vor.

Die Beiträge betrachten Sozialisationsprozesse – ausgehend von den vorangegangenen Überlegungen – durchweg im Hinblick auf typische und damit *mögliche* Bewältigungsanforderungen, die es im Einzelfall zu überprüfen gilt. Sie beschreiben zunächst allgemeine Tatsachen der Sozialisationstheorie und stellen dann einen Bezug zu Handlungsfeldern bzw. Methoden Sozialer Arbeit her, die den Erhalt bzw. die Erweiterung subjektiver Handlungsfähigkeit fördern (können).

Da es schier unmöglich ist, der Vielzahl an Einflussfaktoren auf den lebenslangen Prozess der Sozialisation Rechnung zu tragen, fokussiert das vorliegende Studienbuch auf ausgewählte Lebensphasen, Erfahrungskontexte und Diversitäten im Zuge der Persönlichkeitsentwicklung. Anliegen des Buches ist es, (angehenden) Professionellen ein Grundwissen zum Thema Sozialisation zu vermitteln. Diese sollen in die Lage versetzt werden,

a) (mögliche) Bewältigungsanforderungen in unterschiedlichen Lebensphasen und Erfahrungskontexten sowie aufgrund von Gruppenzugehörigkeiten und damit verbundenen Zuschreibungen zu erkennen,
b) ungleiche Sozialisationsbedingungen und -anforderungen kritisch zu reflektieren und
c) Erkenntnisgewinne und Handlungsanweisungen zur Förderung subjektiver Handlungsfähigkeit für die Praxis ableiten zu können.

Mit Blick auf die Zielgruppe des Buches folgen die Beiträge der Maßgabe, einen allgemeinen und verständlichen Einstieg in die Themen zu vermitteln. Die Lernziele der Kapitel werden einleitend unter der Überschrift „Was Sie hier erwartet" skizziert, abschließend finden sich Fragen zur Reflexion des eigenen Verständnis- bzw. Lernprozesses. Jedes Kapitel enthält darüber hinaus Hinweise zu weiterführender Literatur, die erste Anhaltspunkte für Vertiefungsmöglichkeiten aufzeigen.

Das Studienbuch gliedert sich in sechs Abschnitte: Neben der vorliegenden Einleitung (1) finden sich Ausführungen zu den Polen des Sozialisationsprozesses (2), Theoretischen Perspektiven auf das Spannungsverhältnis von Individuum und Gesellschaft (3), Sozialisation und Sozialer Arbeit in unterschiedlichen Lebensphasen und Erfahrungskontexten (4), Sozialisation und Sozialer Arbeit in Bezug auf Diversitäten (5) sowie Sozialisation und Professionalität (6).

Pole des Sozialisationsprozesses (2)

In Kap. 2 werden zunächst die Pole jedweder sozialisatorischen Betrachtung skizziert: *Individuum* und *Gesellschaft*. MICHAEL MAY und ALBERT SCHERR betrachten in Abschn. 2.1 das „Individuum" differenziert entlang der analytischen Konzepte *Sozialität, Individualität* und *Subjektivität* und zeichnen aus unterschiedlichen Theorieperspektiven den Stellenwert sozialer bzw. subjektiver Einflüsse auf die Persönlichkeitsentwicklung nach. Neben einem Überblick zu klassischen Konzepten der Sozialisation wird insbesondere das Thema der genetischen Beeinflussung von Entwicklungsverläufen aufgegriffen. STEPHAN LORENZ widmet sich in Abschn. 2.2 Merkmalen von „Gesellschaft" und damit übergreifenden Bewältigungsanforderungen im Sinne von gesellschaftlichen Dynamiken (z. B. der Technisierung), die uns alle betreffen (können). Seine Ausführungen zeigen auf, dass es unterschiedliche Perspektiven auf Gesellschaft gibt, welche jeweils unterschiedliche Handlungsmöglichkeiten und -beschränkungen fokussieren und auf diese Weise auch das Selbstverständnis von Sozialarbeiter*innen prägen (können).

Theoretischen Perspektiven auf das Spannungsverhältnis von Individuum und Gesellschaft (3)

Es schließen sich mit Kap. 3 Ausführungen zu theoretischen bzw. erklärenden Perspektiven auf das Spannungsverhältnis zwischen Individuum und Gesellschaft an. Das vorliegende Studienbuch fokussiert unter der Vielzahl vorliegender Theorien auf drei Konzepte, die für die Soziale Arbeit als besonders relevant erachtet werden: „Sozialisation als produktive Realitätsverarbeitung (Klaus Hurrelmann)", „Sozialisation als Verinnerlichung sozialer Strukturen (Pierre Bourdieu)" sowie „Sozialisation als Lebensbewältigung (Lothar Böhnisch)". Neben einer Einführung in die Theorien beinhalten die Kapitel jeweils Überlegungen zu Erkenntnisgewinn bzw. Praxisbezug derselben für die Soziale Arbeit.

KLAUS HURRELMANN, ULLRICH BAUER und TANJA GRENDEL stellen in Abschn. 3.1 mit dem Modell der produktiven Realitätsverarbeitung einen Ansatz vor, der Individuum und Gesellschaft als gleichgewichte Einflussfaktoren auf die Persönlichkeitsentwicklung versteht und von einem *produktiv* (= aktiv) am Sozialisationsprozess beteiligten Individuum ausgeht (s. o.). Das Modell integriert unterschiedliche Sozialisationsansätze und wird in der Fachliteratur vielfach rezipiert. Für die Soziale Arbeit ist dieser Ansatz u. a. wichtig, weil er die Vielfältigkeit von Realitätsverarbeitungen aufzeigt. In Abschn. 3.2 stellt TANJA GRENDEL die Arbeiten Pierre Bourdieus – insbesondere Kapitalansatz und Habitus – aus einer sozialisationsbezogenen Perspektive vor. Anders als im Modell der produktiven Realitätsverarbeitung (Abschn. 3.1) werden hier individuelle Einflüsse vernachlässigt – im Fokus steht der Einfluss *sozialer* Unterschiede auf die Persönlichkeitsentwicklung. Diese Unterschiede in der Ressourcenausstattung können wichtige Anknüpfungspunkte für die Praxis Sozialer Arbeit sein. Der Beitrag erklärt darüber hinaus, warum die Chancen auf gesellschaftliche Teilhabe sozialstrukturell divergieren. Er sensibilisiert für soziale Unterschiede im Denken und Handeln von Menschen und gibt ein Instrumentarium an die Hand, um den Einfluss struktureller Begrenzungen auf individuelle Entwicklungsprozesse offen zu legen. LOTHAR BÖHNISCH geht in Abschn. 3.3 auf das „Bewältigungsverhalten" ein, welches der (Wieder-) Herstellung der subjektiven Handlungsfähigkeit in Sozialisationsprozessen dient (s. o.). Herausgearbeitet werden insbesondere unterschiedliche Bewältigungsstrategien und deren Folgen. Bewältigungsverhalten deutet demnach auf individuelle Herausforderungen im Sozialisationsprozess hin und legt auf diese Weise Anknüpfungspunkte für die Soziale Arbeit offen.

Sozialisation und Sozialer Arbeit in unterschiedlichen Lebensphasen und Erfahrungskontexten (4)
Abschnitt vier ist nach Lebensphasen strukturiert. Eingegangen wird auf Kindheit, Jugend, Erwachsenenalter sowie Alter. Gegenstand der Beiträge sind u. a. typische Erfahrungen und gesellschaftliche Erwartungen, die an die jeweilige Lebensphase geknüpft sind. Grundlegend für die Beiträge ist immer auch ein kritischer Blick auf Normalitätserwartungen. In den Kapiteln wird – neben *einer* Lebensphase – jeweils exemplarisch auf *einen* zentralen Erfahrungskontext eingegangen, darunter Familie, Schule, Peers, Erwerbsarbeit und Technik[2]. Die jeweilige Bedeutung für den Sozialisationsprozess wird anhand von Theorien erklärt und mit aktuellen empirischen Befunden belegt. Ausgehend von einem Schwerpunktthema wird abschließend ein konkreter Bezug zu einem einschlägigen Handlungsfeld der Sozialen Arbeit hergestellt. Die Beiträge folgen dem Anspruch der Förderung des Erhalts bzw. der Erweiterung subjektiver Handlungsfähigkeit.

---

[2]Es ist kein gesondertes Kapitel zu Medien vorgesehen. Dieser Aspekt wird jedoch in Abschn. 5.5 am Beispiel eines Bildungsprojekts für Menschen mit Behinderung aufgegriffen.

REGINA REMSPERGER geht in Abschn. 4.1 auf die Lebensphase Kindheit sowie Sozialisationserfahrungen im Kontext von Familie ein. Sie nimmt insbesondere mögliche Folgen von familiären Belastungen in den Blick. Als Praxisfeld Sozialer Arbeit stellt sie den Bereich der Kindertagesbetreuung vor und skizziert, wie dieser kompensatorisch in Bezug auf Erfahrungen in der Familie wirken kann. In Abschn. 4.2 arbeitet NICOLE PÖTTER Merkmale der Lebensphase Jugend und der Erfahrungen im Kontext Schule heraus. Inhaltlich legt sie den Schwerpunkt auf das Spannungsverhältnis zwischen den Bedürfnissen der Jugendlichen sowie den selektiven und allokativen Zielen der Bildungsinstitution. Am Beispiel von Jugendsozialarbeit und Schulsozialarbeit verdeutlicht sie, wie der Übergang zwischen Schule und Beruf sozialpädagogisch begleitet werden kann. Auch ARNE SCHÄFER widmet sich in Abschn. 4.3 der Sozialisation im Jugendalter. Er beschreibt sowohl die positiven wie riskanten Funktionen von Peerbeziehungen für die Persönlichkeitsentwicklung. Er zeigt auf, wie das Praxisfeld der Offenen Kinder- und Jugendarbeit die Einbindung von Jugendlichen in Peerbeziehungen fördern kann. Peers werden als wichtige Ressource der Bewältigung von Entwicklungsaufgaben beschrieben. KARIN SCHERSCHEL konzentriert sich in Abschn. 4.4 auf das Erwachsenenalter. Sie veranschaulicht die Funktionen von Erwerbarbeit in modernen Gesellschaften und thematisiert damit verbundene Bewältigungsanforderungen. In Bezug auf die aktivierende Arbeitsmarktpolitik und die Ausbreitung von prekären Beschäftigungsverhältnissen reflektiert sie kritisch die Rolle der Sozialen Arbeit bei der Unterstützung des Zugangs zu Erwerbsarbeit. WALID HAFEZI geht in Abschn. 4.5 auf das Thema Alter und Technik ein. Er beschreibt u. a. unterschiedliche Alterskategorien und damit verknüpfte Vorstellung von Alter. Ein Schwerpunkt seiner Ausführungen liegt auf den Potenzialen technischer Assistenz-Systeme für ein selbstständiges Leben im Alter und den damit verbundenen ethischen Herausforderungen für die Soziale Gerontologie.

Sozialisation und Soziale Arbeit in Bezug auf Diversitäten (5)
Abschnitt fünf widmet sich unterschiedlichen Diversitätsmerkmalen – darunter Soziale Herkunft, Gender/Geschlecht, Migration, sexuelle Orientierung, Behinderung sowie Religion und Weltanschauung – und deren (möglichen) Einfluss auf die Persönlichkeitsentwicklung. Grundlage der Kapitel ist die Annahme, dass Gruppenzugehörigkeiten und damit verbundene Zuschreibungen sozial konstruiert ist. Aus diesen Zuschreibungen resultieren spezifische Herausforderungen für die Persönlichkeitsentwicklung, da Individuen mit diesen umgehen und sich zu diesen verhalten.

MICHAEL MAY betrachtet in Abschn. 5.1 das Merkmal der Sozialen Herkunft. Er nimmt den Einfluss von „Logiken" (= Reproduktionscodes) in den Blick, die im Zuge des Sozialisationsprozesses entwickelt werden. Er zeigt auf, wie wichtig die Berücksichtigung dieser Codes u. a. bei der Gestaltung von Partizipationsprozessen im Bereich der Gemeinwesenarbeit ist. SUSANNE MAURER befasst sich in Abschn. 5.2 mit dem Thema Gender/Geschlecht. Sie beschreibt anhand ausgewählter theoretischer Perspektiven, wie sich das Nachdenken über Geschlecht und die Frage, wie Mädchen* zu Mädchen* und Jungen* zu Jungen* (gemacht) werden, historisch entwickelt hat. Im Schwerpunkt reflektiert sie das „UnBehagen", wie es aus einer Engführung von Geschlechterkategorien entstehen kann und stellt Überlegungen dahin gehend an, in der Sozialen Arbeit mit Kindern und Jugendlichen eine kritische Auseinandersetzung mit Geschlechternormen und -klischees zu initiieren. Migration und damit verknüpfte Bewältigungsanforderungen stehen im Mittelpunkt von Abschn. 5.3. ALADIN EL-MAFAALANI thematisiert hier insbesondere Widersprüchlichkeiten in der Lebenswelt von Kindern und Jugendlichen der sogenannten „zweiten Generation". Für die Soziale Arbeit stellt er im Hinblick auf deren Bewältigungsanforderungen die Bedeutung der Kompetenz der Migrationssensibilität als Merkmal professionellen Handelns in der Sozialen Arbeit heraus. In Abschn. 5.4 geht DAVINA HÖBLICH auf das Thema der sexuellen Orientierung ein und hebt die besonderen Sozialisationsbedingungen und Herausforderungen für Lesben, Bisexuelle und Schwule hervor. Sie schildert das „Coming-Out" als kritisches Lebensereignis und fordert für Sozialarbeiter*innen im Bereich der Kinder- und Jugendhilfe eine sogenannte „Regenbogenkompetenz", um hier adäquat unterstützen zu können. FRIEDEMANN AFFOLDERBACH nimmt in Abschn. 5.5 das Merkmal der Behinderung in den Blick und führt in unterschiedliche Begriffsbestimmungen ein. Eine zentrale Herausforderung für Menschen, denen dieses Merkmal zugeschrieben wird, sieht er in der Erfahrung sozialer Isolation, deren Aufhebung Aufgabe der Sozialen Arbeit sei. Am Beispiel eines medien pädagogischen Angebotes für Menschen mit geistiger Behinderung zeigt er auf, wie über eine dialogische Arbeit Begegnungen und Bildungsprozesse ohne Ausgrenzung möglich sind. In Abschn. 5.6 geht MICHAEL KIEFER der Frage nach, wie Religion und Weltanschauung zum Gegenstand von Identitätspolitiken werden können. Am Beispiel abwertender Diskurse in Bezug auf den Islam arbeitet er den Stellenwert diskriminierungssensibler Kompetenzen von Sozialarbeiter*innen heraus, welche eine kritische Auseinandersetzung mit Islamisierung, Rassismus und Kulturalisierung ermöglichen.

Sozialisation und Professionalität (6)

Lag der Fokus der bisher vorgestellten Beiträge vornehmlich auf typischen Bewältigungsherausforderungen und Mustern in Sozialisationsprozessen, so richtet der abschließende Abschnitt sechs sein Augenmerk auf den Zusammenhang zwischen Sozialisationsergebnis – also der durch Erfahrung entwickelten Persönlichkeit – und Professionalität in der Sozialen Arbeit. Es geht somit um die Sozialarbeiter*innen selbst. TANJA GRENDEL erläutert in Kap. 6 zunächst was unter Professionalität in der Sozialen Arbeit verstanden werden kann. Sie führt in das Konzept des professionellen Habitus ein und veranschaulicht mögliche Fallstricke des Zusammenhangs zwischen Sozialisation und Professionalität am Beispiel der Kernaufgaben der Sozialen Arbeit. Herausgearbeitet wird im Ergebnis der Stellenwert einer systematischen Selbstreflexion des eigenen beruflichen Handelns. Das Kapitel nimmt insbesondere auch Bezug auf Beiträge des vorliegenden Buches und bündelt Schlussfolgerungen in Bezug auf professionelles Handeln in der Sozialen Arbeit.

Fragen zur Reflexion

Was sind Schnittmengen, was sind Unterschiede von Sozialisationstheorie und Sozialer Arbeit?

Welchen Mehrwert kann sozialisationstheoretisches Wissen für die Soziale Arbeit haben?

Warum setzt die Praxis Sozialer Arbeit eine spezifische Perspektive auf Sozialisationsprozesse voraus?

Literatur

Abels, Heinz/ König, Alexandra 2010: *Sozialisation: Soziologische Antworten auf die Frage, wie wir werden, was wir sind, wie Gesellschaftliche Ordnung möglich ist und wie Theorien der Gesellschaft und der Identität ineinander spielen*. Wiesbaden: Springer VS.

Bauer, Ullrich/ Hurrelmann, Klaus 2015: *Das Modell der produktiven Realitätsverarbeitung in der aktuellen Diskussion*. In: Zeitschrift für Soziologie der Erziehung und Sozialisation, 35. Jg. 2015, H. 2, S. 155–170.

Beck, Ulrich 1986: *Risikogesellschaft. Auf dem Weg in eine andere Moderne.* Frankfurt am Main: Suhrkamp.

Böhnisch, Lothar 2005: *Lebensbewältigung*. In: Otto, Hans-Uwe/Thiersch, Hans (Hrsg.): *Handbuch Sozialarbeit, Sozialpädagogik*. 3. Aufl., München und Basel: Reinhardt, S. 1119–1121.

Böhnisch, Lothar 2011: *Lebensbewältigung. Ein sozialpolitisch inspiriertes Paradigma für die Soziale Arbeit.* In: Thole, Werner (Hrsg.): *Grundriss Soziale Arbeit. Ein einführendes Handbuch.* Wiesbaden: Springer VS, S. 219–233.

Böhnisch, Lothar/Schröer, Wolfgang 2013: *Soziale Arbeit. Eine problemorientierte Einführung.* Stuttgart: Kohlhammer.

Böhnisch, Lothar 2016: *Der Weg zum sozialpädagogischen und sozialisationstheoretischen Konzept Lebensbewältigung.* In: Litau, John/ Walther, Andreas/ Warth, Annegret/ Wey, Sophia (Hrsg.): *Theorie und Forschung zur Lebensbewältigung. Methodologische Vergewisserungen und empirische Befunde*, 1. Aufl., Weinheim und Basel: Juventa, S. 18–38.

DBSH 2016: *Definition Sozialer Arbeit, Abgestimmte deutsche Übersetzung des DBSH mit dem Fachbereichstag Sozialer Arbeit.* [https://www.dbsh.de/beruf/definition-der-sozialen-arbeit/deutsche-fassung.html, letzter Zugriff am 26.10.2018]

Ziegler, Holger 2015: *Soziale Arbeit als Sozialisationsinstanz.* In: Hurrelmann, Klaus u.a. (Hrsg.): *Handbuch Sozialisationsforschung*, 8., vollst. überarb. Aufl., Weinheim und Basel: Juventa, S. 453–468.

Pole des Sozialisationsprozesses

Michael May, Albert Scherr und Stephan Lorenz

2.1 Individuum: Sozialität, Individualität und Subjektivität

Michael May und Albert Scherr

Was Sie hier erwartet
Vor dem Hintergrund der analytischen Unterscheidung der drei in Sozialisationsprozessen miteinander verschränkten Dimensionen Personalität, Individualität und Subjektivität werden zunächst klassische Konzepte der Sozialisationstheorie skizziert, welche die Entwicklung der individuellen Persönlichkeit im sozialen Kontext fokussieren. Im Anschluss wird die bislang nicht zureichend erforschte wechselseitige Beeinflussung von genetischen und sozialen Faktoren sowie die Entwicklung der menschlichen Wahrnehmungs- und Handlungsorgane im Rahmen der Sozialisation

M. May (✉)
Hochschule RheinMain, Wiesbaden, Deutschland
E-Mail: michael.may@hs-rm.de

A. Scherr
PH Freiburg, Freiburg, Deutschland
E-Mail: scherr@ph-freiburg.de

S. Lorenz
Friedrich-Schiller-Universität Jena, Jena, Deutschland
E-Mail: stephan.lorenz@uni-jena.de

© Springer Fachmedien Wiesbaden GmbH, ein Teil von Springer Nature 2019
T. Grendel (Hrsg.), *Sozialisation und Soziale Arbeit*,
https://doi.org/10.1007/978-3-658-25511-4_2

13

in den Blick genommen. Dabei finden verschiedene Erziehungsstile eine
besondere Berücksichtigung. Abschließend werden Konsequenzen für die
Soziale Arbeit skizziert.

2.1.1 Persönlichkeitsentwicklung und Bewältigungsanforderungen

Grundlegend für Sozialisationstheorien und Sozialisationsforschung ist das Interesse, soziale Einflüsse auf die Persönlichkeitsentwicklung aufzuzeigen – z. B.
auf Handlungsmuster, Denkweisen, Normen und Werte, aber auch auf Gefühle
wie Ängste und Hoffnungen. Es geht also um die gesellschaftlichen Einflüsse
auf die individuelle Entwicklung und darum, was Menschen unterscheidet, die
in unterschiedlichen Sozialisationszusammenhängen aufgewachsen sind. Sozial-
sation kann jedoch nicht zureichend als eine gesellschaftliche Einflussnahme auf
die Individuen verstanden werden, die typische Ähnlichkeiten und Unterschiede
als Auswirkungen der sozialen Bedingungen erklärt, welche die Persönlichkeitsentwicklung beeinflusst haben. Denn im Prozess der Sozialisation sind drei
deutlich zu unterscheidende Aspekte ineinander verschränkt (vgl. Scherr 2006):
Erstens die Beeinflussung des Empfindens, Denkens und Handelns durch soziale
Erfahrungen, die zu Ähnlichkeiten zwischen Menschen führen, die unter gleichen Bedingungen aufwachsen und leben (Personalität). In den Sozialisationsprozessen entwickeln wir uns aber zweitens zugleich zu einzigartigen Individuen,
die sich von allen anderen in vielerlei Hinsicht unterscheiden (Individualität).
Ein dritter Aspekt, den die Forschung über Sozialisation berücksichtigen muss,
ist die Subjektivität des Individuums, d. h. die Fähigkeit, bestehende Normen,
Konventionen und Ordnungen hinterfragen und sich auch selbstkritisch mit
eigenen Bedürfnissen, Gewohnheiten und Überzeugungen auseinandersetzen
zu können. Eine zentrale Schwierigkeit von Sozialisationstheorien und empirischer Sozialisationsforschung besteht darin, diese drei Dimensionen in ihrem
Zusammenhang in den Blick zu nehmen. Als Frage formuliert: Wie kommt
es im Sozialisationsprozess dazu, dass Übereinstimmungen, aber auch Unterschiede zwischen Individuen entstehen, dass die sozialen Umstände die Individuen beeinflussen, dass wir zugleich aber auch befähigt sind, uns kritisch mit
gesellschaftlichen Normen und unseren eigenen gesellschaftlichen Prägungen
auseinanderzusetzen? Im Folgenden skizzieren wir unterschiedliche Antworten
von Sozialisationstheorien auf die Frage nach den sozialen Einflüssen auf die
Persönlichkeitsentwicklung.

Ein Ausgangspunkt der frühen Sozialisationsforschung war die Beobachtung, dass Menschen, die in unterschiedlichen sozialen Zusammenhängen leben – etwa in Stammesgesellschaften oder Nationalstaaten, in Agrargesellschaften oder in Industriegesellschaften – sich in vielen Hinsichten unterscheiden. So z. B. in ihren Ernährungsgewohnheiten, ihren religiösen Glaubensgewissheiten, der Erziehung ihrer Kinder oder ihrem Umgang mit Sexualität. Die frühe Sozialisationsforschung nahm Sozialisation deshalb vor allem als Prozess in den Blick, in dem die gesellschaftlich vorherrschenden Normen, Werte und Denkweisen den Individuen durch Sozialisationsprozesse übermittelt werden.

So stand in den Ursprungstheorien der Sozialisation, insbesondere bei Emile Durkheim (2011 [1902]), „die Vergesellschaftungsperspektive im Vordergrund" (Hurrelmann und Bauer 2015, S. 145). Jede Gesellschaft, so Durkheims Grundannahme, schafft sich durch Sozialisation und Erziehung diejenigen Individuen, die sie zur Aufrechterhaltung ihrer Ordnung benötigt. Daran schließt Pierre Bourdieus Habitustheorie an, die annimmt, dass in Sozialisationsprozessen ein sozial typischer Habitus als „einheitsstiftende[s] Erzeugungsprinzip aller Formen von Praxis" erworben wird (Bourdieu 1982, S. 282). (vgl. hierzu Abschn. 3.2)

Bereits bei Georg Simmel (1917, S. 69) wird jedoch darauf hingewiesen, dass Menschen immer auch mehr und anderes sind als „Sozialwesen". Denn die Bedürfnisse und Interessen der Individuen sind Simmel zufolge nicht vollständig mit dem deckungsgleich, was die Gesellschaft ihnen ermöglicht und zumutet. Pointiert formuliert Simmel: Der „Konflikt zwischen der Gesellschaft und dem Individuum setzt sich in das Individuum selbst als der Kampf seiner Wesensteile fort". (ebd.)

Auch ein weiterer Klassiker der Sozialisationstheorie, George Herbert Mead (1968 [1934], S. 180) geht von einem widersprüchlichen Verhältnis sozialer und individueller Impulse im Individuum aus. Ausgangspunkt dafür ist die Annahme eines Primats des Sozialen bei der Entstehung der individuellen Identität: „Der Einzelne erfährt sich – nicht direkt, sondern nur indirekt – aus der besonderen Sicht anderer Mitglieder der gleichen gesellschaftlichen Gruppe […], der er angehört" (ebd.). Mein Selbstbild leitet sich demnach aus den Eigenschaftszuschreibungen ab, die Andere mir über mich mitteilen. Wer ich bin, was mich kennzeichnet, erfahre ich demnach dadurch, was bedeutsame Bezugspersonen (etwa: Eltern, Freunde) mir über mich, über meine Fähigkeiten, Stärken und Schwächen zurückspiegeln. Ich entwickele ein Bild von mir selbst, indem ich mir diese Bilder über mich zu eigen mache. Mead zufolge entstehen das Selbstbild der Person sowie ihre Identität jedoch nicht einfach als passive Übernahme der Zuschreibungen Anderer. Vielmehr nimmt Mead an, dass Individuen auch über eigensinnige emotionale und körperliche Impulse des Ich verfügen und sich reflektierend mit sozialen Erwartungen und Erfahrungen auseinandersetzen können. Z. B. kann sich der Körper widerständig zu der sozialen Erwartung verhalten, zu einem festgelegten Zeitpunkt einschlafen oder aufstehen zu sollen oder eine soziale Bewertung kann emotionales Unbehagen auslösen. So entwickelt Mead (1968 [1934], S. 216 ff.) ein Verständnis der individuellen Identität als Prozess, in dem eine aktive Auseinandersetzung mit sozialen Erfahrungen und Erwartungen einerseits und individuellen körperlichen und emotionalen Impulsen andererseits erfolgt.

Ein Modell, das in vergleichbarer Weise Spannungsverhältnisse zwischen sozialen Einflüssen und individueller Eigensinnigkeit betont, liegt in der Psychoanalyse Sigmund Freuds (2000 [1923]) vor. Freud versucht, die sich dabei vollziehenden Dynamiken in seinem Strukturmodell der Psyche durch die Unterscheidung der drei Instanzen Es, Über-Ich und Ich abzubilden. Dabei steht das *Es* für den Bereich der Triebe und Affekte, das *Über-Ich* für die erzieherisch zunächst von außen – insbesondere über die Eltern – an das Kind herangetragenen und dann von ihm verinnerlichten Werte der Gesellschaft und schließlich das *Ich* als vermittelnde Instanz zwischen den Ansprüchen des *Es,* des *Über-Ich* und der sozialen Umwelt mit dem Ziel, psychische und soziale Konflikte konstruktiv aufzulösen.

Die komplexen Grundannahmen der älteren Sozialisationstheorien waren zwischenzeitlich in den Hintergrund getreten; Sozialisationstheorien der 1960er und 1970er Jahre tendierten dazu, Sozialisation verkürzt allein als soziale Prägung der Einzelnen in den Blick zu nehmen. Erst durch die Beiträge im ersten „Handbuch der Sozialisationsforschung" (Hurrelmann und Ulich 1980; vgl. Tillmann 2007) und das dort programmatisch formulierte Modell des produktiv realitätsverarbeitenden Subjekts (Hurrelmann 1983) erfolgte eine Rückbesinnung auf ein komplexeres Verständnis von Sozialisation. Dem zu Folge bezeichnet Sozialisation die Wechselwirkung zwischen individueller Entwicklung und den das Individuum umgebenden sozialen Strukturen, „wobei die Persönlichkeit diese Interaktionserfahrungen aktiv und produktiv verarbeitet und sich dabei an Umfeldstrukturen anpassen oder sich von diesen abgrenzen kann" (Hurrelmann und Bauer 2015, S. 146). Individualität und Subjektivität werden demnach gesellschaftlich sowohl ermöglicht als auch begrenzt. (Siehe Abschn. 3.1)

Im Anschluss an Louis Althusser (2010) und Michel Foucault (1994) ist die starke Betonung der produktiven Verarbeitung sozialisatorischer Einflüsse durch die Individuen jedoch wieder infrage gestellt worden. Mit dem Begriff der *Subjektivierung* wird dabei fokussiert, dass gesellschaftliche Macht sich nicht nur durch Vorschriften und Verbote durchsetzen kann, sondern auch dadurch, dass Menschen aufgefordert werden, sich selbst in einer Weise zu steuern und zu optimieren, die gesellschaftskonform ist. Dies verbindet sich bei Foucault mit der Annahme, dass Individuen gerade auch in den Bereichen ihrer Persönlichkeit sozialisatorisch geprägt sind, die sie selbst als ihre ganz eigenen individuellen Bedürfnisse und Interessen – etwa in Bezug auf Sexualität (Foucault 1987) – wahrnehmen.

Eine andere Perspektive wird in der Luhmannschen Systemtheorie eingenommen. Dort wird die Annahme einer direkten Einflussnahme sozialer Strukturen und Prozesse auf die psychischen Strukturen von Individuen zurückgewiesen und Sozialisation als *Selbstsozialisation* (Luhmann 2005, S. 177) verstanden. Damit wird akzentuiert, dass Körper und Psyche durch soziale Einflüsse nicht direkt beeinflussbar sind und es von den psychischen und körperlichen Strukturen von Individuen abhängt, was soziale Erfahrungen bei ihnen bewirken. Fokussiert wird bei Niklas Luhmann vor allem, wie Individuen befähigt und motiviert werden, sich für die Erfüllung sozialer Anforderungen – etwa in der Schule oder der Arbeitswelt – selbst zu disziplinieren. Es ist Luhmann zu Folge nicht erforderlich, dass Individuen auch das wollen, was von ihnen sozial erwartet wird; es genügt, dass sie bereit sind, es zu tun.

Vor dem Hintergrund der hier sehr grob skizzierten sozialisationstheoretischen Konzepte ist weiter festzuhalten, dass Sozialisation weder zeitlich noch sozial eingrenzbar ist: Sozialisation geschieht in allen Lebensphasen; In allen Kontexten (Familien, Gleichaltrigengruppen, Bildungsinstitutionen, Arbeit, Medienkonsum usw.) ereignen sich soziale Erfahrungen, die Auswirkungen auf die Persönlichkeit (Emotionen, Bedürfnisse, Interessen, Wissen, Selbstverständnis) haben können, indem sie bereits entwickelte Eigenschaften des Einzelnen verfestigen oder aber Veränderungen anstoßen.

Neben unterschiedlichen Akzentsetzungen bei der Bestimmung der Bedeutung gesellschaftlicher Einflüsse auf die Persönlichkeitsentwicklung wird im Rahmen sozialisationstheoretischer Arbeiten auch der Einfluss genetischer Dispositionen diskutiert.

Ob und in welchem Umfang Unterschiede zwischen Menschen, die unter ähnlichen Bedingungen aufwachsen, auf den Einfluss der Erbanlagen zurückgeführt werden können, war und ist umstritten. Beim gegenwärtigen Stand der Forschung kann diesbezüglich davon ausgegangen werden, dass eine generelle Anlage-Umwelt-Debatte nicht sinnvoll fortzuführen ist. Vielmehr ist es erforderlich, für die jeweiligen Dimensionen der Persönlichkeit – z. B. Intelligenz oder die Anfälligkeit für körperliche Erkrankungen – differenziert zu untersuchen, welche Bedeutung genetische Dispositionen jeweils haben und unter welchen sozialen Bedingungen diese wirksam werden (vgl. Aspendorf 2015, 2017). Dabei ist zu berücksichtigen, dass die genetischen Dispositionen nicht stabil sind und nicht als

Festlegungen verstanden werden können, die durchgängig und unabhängig von sozialen Einflüssen wirksam werden. Denn schon kurz nach der Befruchtung und der ersten Teilung der befruchteten Eizelle, beginnt das Erbgut sich zu verändern. Solche, durch Lebensumstände verursachte, „epigenetische Veränderungen" treten im Verlauf eines Lebens um ein Vielfaches häufiger auf als genetische Mutationen. Entsprechend konnte bei eineiigen Zwillingen nachgewiesen werden, dass diese im Erwachsenenalter trotz ihrer genetischen Identität epigenetisch umso stärker differierten, je unterschiedlicher ihr Leben verlaufen ist (vgl. Kraft 2009). Es ist also davon auszugehen, dass genetische und soziale Faktoren sich in einer komplexen und bislang nicht zureichend erforschten Weise wechselseitig beeinflussen.

An dieser Stelle zeigt sich u. a. die Bedeutung von Erfahrungen mit und in Beziehungen zu konkreten Bezugspersonen als zentrale Dimension von Sozialisationsprozessen. Und diese Bezugspersonen – z. B. die Eltern – vermitteln nicht nur gesellschaftliche Normen und Werte, sondern sind selbst Individuen, die sich in besonderer Weise zu anderen körperlich und sprachlich in Beziehung setzen.

Solche sozialisationsrelevanten Interaktionen beginnen schon vorgeburtlich. Alfred Lorenzer (1972) spricht von *sinnlich-unmittelbaren Interaktionsformen,* die sich dann auch nach der Geburt fortsetzen. Diese *sinnlich-unmittelbaren Interaktionsformen* beschränken sich nicht nur darauf, dass schon die im Mutterleib heranwachsenden menschlichen Wesen die Stimme ihrer Mutter hören und diese nach der Geburt wiedererkennen (vgl. Dornes 1994). Sie spüren schon zuvor direkt die emotionalen Stimmungen der Mutter z. B. über entsprechende Hormonausschüttungen oder vermittels deren beschleunigten Herzschlags. Dem Forschungsüberblick von Ludwig Janus (2000, 2011) zufolge finden sich sogar Hinweise auf Zusammenhänge zwischen der mütterlichen Haltung zu dem in ihr heranwachsendem Kind und dessen prä- und postnatalem Verhalten: „Je konflikthafter, ambivalenter und ablehnender die Mutter sich in Bezug auf ihr vorgeburtliches Kind verhielt, desto belasteter war das Neugeborene. Je ausgeglichener und dem vorgeburtlichen Kind zugewandter die Mutter war, desto ausgeglichener war das Neugeborene" (Janus 2011, S. 91). Entsprechend konnten beim Fötus im Rahmen von Längsschnittstudien mittels Ultraschall „generalisierte Bewegungen bei Vermeidungs- und Zuwendungsbewegungen" (ebd., S. 42) beobachtet werden, die sich dann auch nach der Geburt in *den sinnlich-unmittelbaren Interaktionsformen* entsprechend zeigten. Schon vorgeburtlich entwickeln sich demnach in Interaktion mit der Mutter spezifische Eigenheiten.

Dies wiederum hat einen zentralen Einfluss darauf, wie die Säuglinge in der Zeit nach der Geburt *sinnlich-unmittelbare* und später, im Zuge sich entwickelnder bedeutungsvoller Gesten, auch *sinnlich-symbolische Interaktions-formen* (vgl. Lorenzer 1972) mit der Mutter erleben. Waren sie vorgeburtlich großem Stress ausgesetzt oder fühlten sich sogar auf einer organismischen Ebene existenziell bedroht, erleben sie als Säuglinge und Kleinkinder „die durch-schnittlich feinfühligen Reaktionsweisen ihrer Mütter als nicht feinfühlig genug" (Dornes 2000, S. 90).

Die Bindungsforschung (Hopf 2005) unterscheidet diesbezüglich zwischen sicheren und unsicheren Beziehungen in der frühen Kindheit und hat aufgezeigt, dass die *Muster früher Bindungen* für die weitere Persönlichkeitsentwicklung von erheblicher Bedeutung sind. Sichere Bindungen befördern demnach die Ent-wicklung von Einfühlungsvermögen und der Fähigkeit, vertrauensbasierte soziale Beziehungen einzugehen. Aus der Sicht der Bindungsforschung sind frühe Miss-handlungs- und Vernachlässigungserfahrungen dagegen ein bedeutsamer Aus-gangspunkt für die Entstehung aggressiver Verhaltensmuster.

Auch die Ausprägung der menschlichen Wahrnehmungs- und Handlungs-organe ist keine rein biologische Angelegenheit, sondern hochgradig durch Sozialisation geprägt. Diese entscheidet sehr stark darüber, in welcher Weise die einzelnen Sinne und Organe sich in ihrer Spezifik aber auch in ihrer Koordination untereinander auszubilden vermögen (vgl. May 2004b, S. 104 ff.). Konkret erfolgt dies zum einen durch Eigenaktivität in Auseinandersetzung mit äußeren Gegenständen, die durch soziale Kontexte angeregt wird. So unterscheidet sich z. B. die Hand eines Kindes, das ein Saiteninstrument erlernt, deutlich von der eines regelmäßig an einer Kletterwand trainierenden, und ebenso werden durch diese Tätigkeiten auch spezifische Koordinationsformen der einzelnen Sinne und Handlungsorgane ganz unterschiedlich ausgebildet. Entsprechend entsteht und verändert sich auch das menschliche Gehirn in seiner Struktur und Funktion dadurch, dass wir wahrnehmen, fühlen, denken, kommunizieren und handeln. Die Aneignungstheorie (May 2004a) verdeutlicht, wie in der Handhabung von Objek-ten sich zugleich auch Fähigkeiten zur Verwirklichung der eigenen Subjektivität entwickeln. Darüber hinaus zeigt sie, wie mit den entsprechenden Gegenständen (z. B. einem Fahrrad) auch die in ihnen akkumulierte gesellschaftliche Erfahrung (z. B. hinsichtlich ergonomischen Fahrradfahrens) gleichermaßen aktiv wie individuell angeeignet wird. Damit erweist sich der Aneignungsbegriff als sehr geeignet, Prozesse der Selbstsozialisation zu theoretisieren.

Prozesse der Aneignung werden durch sorgende Personen jedoch nicht nur dadurch beeinflusst, welche Objekte sie Kindern anbieten und zu welchen Tätigkeiten sie sie anregen, sondern auch durch die Art und Weise, wie sie sol-che Aneignungs- und Bildungsprozesse begleiten (vgl. May 2004b, S. 120 ff.). Kleinkinder versichern sich bei ihren erkundenden Bewegungen auf die Welt und andere Menschen zu, bei den sorgenden Personen. Nehmen sie bei diesen einen lächelnd-wohlwollenden Gesichtsausdruck wahr, setzen sie diese fort. Erscheint ihnen das Gesicht der vertrauten Erwachsenen eher besorgt, skeptisch oder gar ängstlich, lassen sie davon ab und deuten das ihnen Fremde als gefährlich.

Am förderlichsten für die Entwicklung von Individualität ist es, wenn sorgende Personen zu einer Tiefenspiegelung des emotionalen Erlebens der Kinder in der Lage sind und es in den Beziehungen mit ihnen auf affektiver Ebene zu feinfühligen Abstimmungsprozessen kommt. Dies beginnt bereits damit, dass sie emotionale Gefühlsausdrücke des Säuglings mimisch, gestisch und stimmlich aufnehmen und dann auch die von ihnen erahnten bzw. gespürten Absichten des Kleinkindes entsprechend beantworten, also auch sprachlich deuten und kommentieren. Aus *sinnlich-unmittelbaren* Interaktionsformen entwickeln sich so immer mehr durch die Aufladung mit Bedeutungen *sinnlich-symbolische* und es werden dann auch in und über diese Interaktionsformen gemeinsam bestimmte bedeutungsvolle Rituale kreiert.

Tendenziell eher verhindert wird eine Entfaltung von Individualität durch selektive und übertriebene Abstimmungsprozesse, in denen auf sozial erwünschte Lebensäußerungen und Aneignungsweisen des Heranwachsenden begeistert reagiert wird, während nicht Erwünschtes ignoriert wird. Diese als „tuning" bezeichnete Erziehungstechnik führt – wenn sie systematisch betrieben wird – bei den Heranwachsenden zu einem Mangel an innerer Motivation und Befriedigung. Zudem bleiben sie abhängig von Menschen, die sie belobigen. Demgegenüber können erzwungene Handlungen zu einem Unterscheidungsvermögen zwischen sich selbst und denjenigen führen, die erzieherisch etwas bewirken wollen, stehen also nicht prinzipiell der Entwicklung von Autonomie und Selbstbestimmungsfähigkeit entgegen. (siehe hierzu auch Abschn. 4.1)

Angesprochen ist damit, dass individuelle Handlungsmotive sich in der sozialisatorischen Interaktion und Kommunikation mit Bezugspersonen herausbilden.

Die Entwicklung der individuellen Einzigartigkeit in Sozialisationsprozessen ist bei Alfred Adler (1974) zentrales Thema. Im Rahmen seiner Individualpsychologie hat er die Unteilbarkeit (lat. in-dividuum = unteilbar) und Einzigartigkeit des Individuums hervorgehoben. Die Individualität gewinnt für ihn in einem bestimmten, den Betreffenden selbst nicht immer bewussten Lebensentwurf Gestalt. Dieser resultiert Adler zufolge aus einem spezifischen Bildungsstreben, mit dem jedes Individuum auf einzigartige Weise seinen im Rahmen der Sozialisation ebenfalls hoch spezifisch erfahrenen Mangel an biologischer Ausstattung zu kompensieren sucht. D. h.: Wie Individuen ihre Umwelt erleben, ist durch die genetische Ausstattung nur in geringem Umfang festgelegt; erst in der aktiven Auseinandersetzung mit Objekten und anderen Menschen entstehen Vorstellungen darüber, was diese kennzeichnet. Dieses Bildungsstreben – und über entsprechende Intentionen vermittelt dann auch der jeweilige individuelle Lebensentwurf – zeigt sich damit vor allem in der Art und Weise, wie Heranwachsende im Rahmen solcher sinnlicher Aneignungsbemühungen in die sie umgebende Welt hineinzufinden versuchen und dabei auch auf Menschen zugehen. Adler (1983) spricht vor diesem Hintergrund von einem spezifischen „Organdialekt", über den sich Intentionen und dann auch ein den Betreffenden nicht immer unmittelbar gegenwärtiger Lebensentwurf ausdrückt.

Damit deutete sich schon bei Adler an, was dann vor allem von Lorenzer hervorgehoben wurde, dass nämlich das Unbewusste „stets auch jene Sehnsüchte [enthält], die Ernst Bloch das Noch-nicht-Bewußte nannte, Sehnsüchte also, die in die Zukunft weisen" (Lorenzer 1991, S. 29), die aber auch Ergebnis von Sozialisation sind. Ähnlich wie Adler seinem Konzept des *Organdialektes* sieht Lorenzer solche unbewussten Dimensionen von Lebensentwürfen vor allem in *sinnlich-unmittelbaren* und *sinnlich-symbolischen Interaktionsformen* zum Ausdruck kommen. Dabei weist Lorenzers Begriff von sinnlich-symbolischen Interaktionsformen jedoch über Adlers Begriff des Organdialektes hinaus, umfasst dieser für Lorenzer doch nicht nur bedeutungsvolle Mimiken und Gestiken, sondern auch alle künstlerischen Ausdrucksformen.

Lorenzer nimmt an, dass gerade in diesen sinnlichen Interaktionsformen Potenziale angelegt sind, die häufig nicht ausgeschöpft werden in dem, wie die Einzelnen ihre Subjektivität in konkreten Situationen zu verwirklichen vermögen. Demgegenüber hebt er hervor, wie über *sprachlich-symbolische Interaktionsformen* unbewusst zugleich eine sehr starke Einsozialisierung in gesellschaftliche Normen stattfindet. So wird doch über die begriffliche Eingrenzung von Bedeutung in der Sprache zugleich eine bestimmte gesellschaftliche Ordnung mit reproduziert. Dies wird vor allem auch von Theorien fokussiert, die eine Perspektive akzentuieren, die die Begrenzung des individuellen Denk- und Wahrnehmungsvermögens durch die Macht von Sprache und Diskursen betonen und *Subjektivierung* vor diesem Hintergrund – wie schon angedeutet – als Unterwerfung konzipieren (vgl. Butler 2005).

Im Unterschied dazu richtet sich das Interesse bei Lorenzer auf diejenigen Aspekte menschlicher *Subjektivität,* die über die Formierung des Einzelnen durch machtvolle Einwirkungen hinausweisen. Mit Görlich zusammen hat er herausgearbeitet, wie ein weitgehend unbewusstes, sich gerade in *sinnlich-unmittelbaren* und *sinnlich-symbolischen Interaktionsformen* artikulierendes, „Reservoir an Glücksverlangen [...] Vorgriffe auf die konkrete Utopie einer Versöhnung von Sinnlichkeit und Bewusstsein, partikularen Lebensentwürfen und kollektiv organisierter Praxis" (Lorenzer und Görlich 2013, S. 158) birgt. Sie zeigen jedoch zugleich, wie dieses „noch nicht realisierte Überschusspotenzial" (ebd.) häufig dadurch verkannt wird, dass es sich nur auf verquere, nicht den gesellschaftlichen Normen entsprechende Weise oder als Leid in *sinnlich-symbolischen Interaktionsformen* artikuliert.

2.1.2 Erkenntnisgewinn bzw. Praxisbezug für die Soziale Arbeit

Sozialisationstheorien teilen der Sozialen Arbeit erstens mit, dass ihre Versuche, durch Erziehung, Beratung oder Bildung auf Menschen einzuwirken, nur einer der vielfältigen Einflüsse sind, die auf Individuen einwirken. Sie erinnern Soziale Arbeit daran, dass sie mit Individuen befasst ist, die im Lauf ihrer Lebensgeschichte emotionale Strukturen, Überzeugungen, Lebensentwürfe usw. entwickelt haben, die vielfach eine hohe Stabilität haben und nur schwer veränderbar sind. Deshalb sind Interventionskonzepte der Sozialen Arbeit immer darauf verwiesen, die Möglichkeiten und zugleich auch die Grenzen ihrer Einwirkungsmöglichkeiten zu bestimmen.

Zweitens fordern Sozialisationstheorien zu einer differenzierten Betrachtung dessen auf, was Individuen kennzeichnet, nicht zuletzt im Hinblick darauf, welche Spannungsverhältnisse zwischen innerer Angepasstheit und Unangepasstheit, verinnerlichten sozialen Normen und uneingelösten individuellen Bedürfnissen im je konkreten Fall vorzufinden sind. Zudem sind trivialsoziologische Erklärungsmuster, die problematische, etwa fremd- oder selbstschädigende Verhaltensweisen von Individuen allzu direkt und generell auf soziale Ursachen zurückführen, vor dem Hintergrund des Wissens um die komplexen Vermittlungen zwischen sozialen Bedingungen und individueller Persönlichkeitsstruktur kritisch zu hinterfragen.

Drittens kann der sozialisationstheoretische Begriff der *Subjektivität* auch als Anforderung an die Soziale Arbeit gelesen werden, „für die Verwirklichung von Subjektivität zu sorgen, wo diese behindert" (Winkler 1988, S. 90) wird. D. h.: Soziale Arbeit kann sich normativ an dem Ziel ausrichten, Bedingungen dafür zu schaffen, dass Individuen zu einer selbstverantwortlichen und selbstbestimmten Lebensführung befähigt werden, statt Hilfe zur Anpassung an soziale Normen und Zwänge zu leisten.

Schließlich fordert viertens Adlers Begriff von *Individualität* zu einem deutlichen Gegenakzent dazu heraus, dass heute, sowohl in der psychologischen Diagnostik wie auch in den sozialgesetzlichen Regelungen von Anspruchsberechtigungen, Menschen in einzelne Variablen aufgelöst werden, in denen sie defizitär erscheinen.

2.1.3 Fazit

Wie im Rahmen von Sozialisation und Selbstsozialisation sich Personalität, Individualität und Subjektivität herausbildet, wird in verschiedenen Theorien durchaus unterschiedlich akzentuiert. Konsens besteht jedoch weitgehend darin, dass eine soziale Determiniertheit von Menschen ebenso ausgeschlossen werden kann wie eine genetische. Soziale Arbeit ist vor diesem Hintergrund aufgerufen, nicht nur die Subjektivität ihrer Adressat*innen zu beachten, sondern diese zugleich auch zu befördern.

Fragen zur Reflexion

- Wie werden die Dimensionen von Personalität, Individualität und Subjektivität sowie das Verhältnis von biologischen, sozialen und subjektiv-individuellen Aspekten des Sozialisationsprozesses in unterschiedlichen Theorien konzipiert?
- Was begünstigt die Verwirklichung von Individualität und Subjektivität im Rahmen des Sozialisationsprozesses?
- Welche Konsequenzen für die Soziale Arbeit lassen sich aus Sozialisationstheorien ziehen, welche die Entwicklung der individuellen Persönlichkeit im sozialen Kontext fokussieren?

Literatur
Adler, Alfred 1974: *Praxis und Theorie der Individualpsychologie. Vorträge zur Einführung in die Psychotherapie für Ärzte, Psychologen und Lehrer.* Frankfurt am Main: Fischer Taschenbuch Verlag.
Adler, Alfred 1983: *Organdialekt.* In: Ders. (Hrsg.): *Heilen und Bilden. Ein Buch der Erziehungskunst für Ärzte und Pädagogen.* Frankfurt am Main: Fischer-Taschenbuch-Verlag, S. 114–122.
Althusser, Louis 2010: *Ideologie und ideologische Staatsapparate.* Hamburg: VSA-Verlag.
Asendorpf, Jens B. 2015: *Methodische Zugänge der Genetik.* In: Bauer, Ilrich/ Grundmann, Matthias/Hurrelmann, Klaus/Walper, Sabine (Hrsg.): *Handbuch Sozialisationsforschung.* 8., vollst. überarb. Aufl. Weinheim und Basel: Beltz, S. 302–320.

Asendorpf, Jens B. 2017: *Genetische Einflüsse auf die Individualentwicklung*. In: Jüttemann, Gerd (Hrsg.); *Psychogenese*. Lengerich: Pabst Science Publishers, S. 187–197.

Bourdieu, Pierre 1982: *Die feinen Unterschiede. Kritik der gesellschaftlichen Urteilskraft*. Frankfurt am Main: Suhrkamp.

Butler, Judith 2005: *Gefährdetes Leben. Politische Essays*. Frankfurt am Main: Suhrkamp.

Dornes, Martin 1994: *Der kompetente Säugling. Die präverbale Entwicklung des Menschen*. Frankfurt am Main: Fischer-Taschenbuch-Verlag.

Dornes, Martin 2000: *Die emotionale Welt des Kindes*. Frankfurt am Main: Fischer-Taschenbuch-Verlag.

Durkheim, Émile 2011 [1902]: *Erziehung, Moral und Gesellschaft. Vorlesung an der Sorbonne 1902/1903*. Frankfurt am Main: Suhrkamp.

Foucault, Michel 1987: *Sexualität und Wahrheit: Erster Band: Der Wille zum Wissen*. Frankfurt: Suhrkamp.

Foucault, Michel 1994: *Das Subjekt und die Macht*. Weinheim: Beltz Athenäum.

Freud, Sigmund 2000 [1923]: *Das Ich und das Es*. In: Ders. (Hrsg.): *Psychologie des Unbewußten*. Studienausgabe 3. Frankfurt am Main: S. Fischer S. 273–330.

Hopf, Christel 2005: *Frühe Bindungen und Sozialisation*. Weinheim und München: Juventa.

Hurrelmann, Klaus 1983: *Das Modell des produktiv realitätsverarbeitenden Subjekts in der Sozialisationsforschung*. In: Zeitschrift für Sozialisationsforschung und Erziehungssoziologie 3 (3), S. 291–310.

Hurrelmann, Klaus/Bauer, Ullrich 2015: *Das Modell des produktiv realitätsverarbeitenden Subjekts*. In: Bauer, Ullrich/Grundmann, Matthias/Hurrelmann, Klaus/Walper, Sabine (Hrsg.): *Handbuch Sozialisationsforschung*. 8., vollst. überarb.Aufl. Weinheim und Basel: Beltz, S. 144–161.

Hurrelmann, Klaus/Ulich, Dieter (Hrsg.) 1980: *Handbuch der Sozialisationsforschung*. Weinheim: Beltz.

Janus, Ludwig 2000: *Die Psychoanalyse der vorgeburtlichen Lebenszeit und der Geburt*. Gießen: Psychosozial-Verlag.

Janus, Ludwig 2011: *Wie die Seele entsteht. Unser psychisches Leben vor, während und nach der Geburt*. 2., überarb. und erw. Aufl. Heidelberg: Mattes.

Kraft, Ulrich 2009: *Das Leben macht den Unterschied*. In: bild der wissenschaft online, Ausgabe. 6. Online verfügbar unter http://www.bild-der-wissenschaft.de/bdw/bdwlive/heftarchiv/index2.php?object_id=31893358. Zugegriffen: 27.11. April 2018.

Lorenzer, Alfred 1972: *Zur Begründung einer materialistischen Sozialisationstheorie*. Frankfurt am Main: Suhrkamp.

Lorenzer, Alfred 1991: *Der Symbolbegriff und seine Problematik in der Psychoanalyse.* In: Oelkers, Jürgen/Wegenast, Klaus/Lorenzer, Alfred (Hrsg.): *Das Symbol. Brücke des Verstehens.* Stuttgart: Verlag W. Kohlhammer, S. 21–30.

Lorenzer, Alfred/Görlich, Bernd 2013: *Lebensgeschichte und Persönlichkeitsentwicklung im Spannungsfeld von Sinnlichkeit und Bewusstsein.* In: Reinke, Ellen Katharina (Hrsg.): *Alfred Lorenzer. Zur Aktualität seines interdisziplinären Ansatzes.* Gießen: Psychosozial-Verlag, S. 139–162.

Luhmann, Niklas 2005: *Sozialisation und Erziehung.* In: Ders. (Hrsg.): *Soziologische Aufklärung*, Bd. 4. 4. Aufl., Wiesbaden: VS, Verlag für Sozialwissenschaften, S. 173–181.

Mead, George Herbert 1968 [1934]: *Geist, Identität und Gesellschaft.* Frankfurt: Suhrkamp.

May, Michael 2004a: *Aneignung und menschliche Verwirklichung.* In: Deinet, Ulrich/Reutlinger, Christian (Hrsg.): *„Aneignung" als Bildungskonzept der Sozialpädagogik. Beiträge zur Pädagogik des Kindes- und Jugendalters in Zeiten entgrenzter Lernorte.* Wiesbaden: VS Verlag für Sozialwissenschaften, S. 49–69.

May, Michael 2004b: *Selbstregulierung. Eine neue Sicht auf die Sozialisation.* Gießen: Psychosozial-Verlag.

Scherr, Albert 2006: *Sozialisation, Person, Individuum.* In: Korte, Hermann/Schäfers, Bernhard (Hrsg.): *Einführung in Hauptbegriffe der Soziologie.* 6. Aufl. Heidelberg: Steinkopff (Uni-Taschenbücher), S. 45–66.

Simmel, Georg 1984 [1917]: *Grundfragen der Soziologie.* Berlin/New York: Walter de Gruyter.

Tillmann, Klaus-Jürgen 2007: *Sozialisationstheorien. Eine Einführung in den Zusammenhang von Gesellschaft, Institution und Subjektwerdung.* 15. Aufl. Reinbek bei Hamburg: Rowohlt.

Winkler, Michael 1988: *Eine Theorie der Sozialpädagogik.* Stuttgart: Klett-Cotta.

Hinweise zu weiterführender Literatur

Abels, Heinz et al (Hrsg.): *Sozialisation. Über die Vermittlung von Gesellschaft und Individuum und die Bedingungen von Identität.* Wiesbaden: Springer VS.

Bauer, Ullrich/Grundmann, Matthias/Hurrelmann, Klaus/Walper, Sabine (Hrsg.): *Handbuch Sozialisationsforschung.* 8., vollst. überarb. Aufl. Weinheim und Basel: Beltz

May, Michael 2004: *Selbstregulierung. Eine neue Sicht auf die Sozialisation.* Gießen: Psychosozial-Verlag.

Scherr, Albert 2015: *Systemtheorie und Sozialisationsforschung.* In: Bauer, Ullrich/Grundmann, Matthias/Hurrelmann, Klaus/Walper, Sabine (Hrsg.): *Handbuch Sozialisationsforschung.* 8., vollst. überarb. Aufl. Weinheim und Basel: Beltz, S. 216–232.

2.2   Gesellschaft

Stephan Lorenz

Was Sie hier erwartet
Wie Gesellschaft zu verstehen ist, ist für Soziale Arbeit von entscheidender Bedeutung. Denn es bestimmt mit darüber, wie geeignete Unterstützungsmöglichkeiten für das „Hineinwachsen" in oder ein „Sich-Arrangieren" mit dieser Gesellschaft entwickelt werden können. Im vorliegenden Kapitel wird noch grundlegender überlegt, was überhaupt unter Gesellschaft zu verstehen ist. Denn davon kann abhängen, inwiefern Handlungsmöglichkeiten und -beschränkungen gesehen werden, aber beispielsweise auch, wer als zugehörig und hilfeberechtigt betrachtet wird und wer möglicherweise nicht. Schließlich gibt es kein einheitliches und dauerhaftes Verständnis von Gesellschaft, auch keine umfassende Theorie *der* Gesellschaft. Gesellschaft erschließt sich nur aus verschiedenen Perspektiven. Ein plurales und dynamisches Gesellschaftsverständnis macht Sozialisation ebenso wie Soziale Arbeit nicht einfacher, kann aber die Handlungsoptionen erweitern.

2.2.1   Persönlichkeitsentwicklung und Bewältigungsanforderungen

Über persönliche Entwicklung und dabei zu bewältigende Aufgaben nachzudenken, setzt bereits etwas voraus. Menschen erscheinen nämlich als *individuell Handelnde in einer Gesellschaft,* die ihnen sowohl Handlungsfreiheiten eröffnet als auch ihre Handlungsmöglichkeiten begrenzt. Das klingt heute recht selbstverständlich, war aber nicht immer so. Deshalb ist zunächst zu klären: Was heißt es überhaupt, in dieser Weise *gesellschaftlich* zu denken?

Dass Menschen in Gesellschaften leben, ist eine historisch recht junge Sichtweise. Lange Zeit sahen sich Menschen als Teil einer göttlich oder kosmisch gegebenen Ordnung, in der jede*r einen vorgesehenen Platz hat. Erst seit dem 19. Jahrhundert wird der Begriff *Gesellschaft* geläufig, und es entstehen erste Theorien dazu, was genau unter Gesellschaft zu verstehen ist, also Gesellschaftstheorien. Gründe dafür sind in den massiven Umbrüchen im 19. Jahrhundert zu sehen. Wissenschaftliche Entdeckungen, technologische Erfindungen und die Ausdehnung von Handelsnetzen seit dem Ausgang des Mittelalters zeigen in zunehmendem Maße, dass die Lebensumstände der Menschen nicht einfach gegeben, sondern gestaltbar sind. Dazu bedarf es keiner jenseitigen Begründungen und Kräfte, sondern die Menschen können ihren eigenen Verstand gebrauchen, wie es die Aufklärung fordert. So können sie sich aus überkommenen und einengenden Verhältnissen befreien. Überhaupt rückt der einzelne Mensch stärker in den Blickpunkt. In der Zeit politischer Revolutionen, der umfassenden Veränderungen von Arbeitsbedingungen durch aufkommende Industrien, der neuen Kommunikations- und Transportmöglichkeiten wie auch der Landflucht und Urbanisierung – in dieser Zeit erscheint der Platz des Einzelnen nicht länger als vorgegebener Teil längst bestehender Gruppen oder gar eines großen Ganzen.

Dabei stehen die neuen Möglichkeiten oft nur wenigen offen, während die Dynamik des Wandels vielen anderen die Lebensgrundlagen raubt und zu massenhafter Verelendung führt. So wird die *Soziale Frage* aufgeworfen, als Frage danach, welchen angemessenen Anteil Menschen am gesellschaftlichen Wohlstand haben sollen und wie sie vor Armut und Benachteiligungen zu schützen sind. Der Übergang von der feudalen Agrargesellschaft zur bürgerlichen Industriegesellschaft bringt also im 19. Jahrhundert Veränderungen mit sich, die die Selbstverständlichkeit sozialer Ordnung grundlegend erschüttern. Gesellschaft wird nun zum Problem und ihre Analytiker*innen nehmen diesen Wandel zum Anlass, fortan von *modernen* Gesellschaften zu sprechen, um sie von den vorangehenden abzugrenzen (vgl. Rosa et al. 2018, Rosa et al. (Hrsg.) 2019).

Zum Verständnis moderner Gesellschaften gehört von Beginn an die historisch keineswegs selbstverständliche Vorstellung, *dass das soziale Zusammenleben sich im Wandel befindet und dass Menschen darauf Einfluss nehmen.* Zugleich grenzen sich die entstehenden Gesellschaftstheorien von vorherigen politischen Philosophien ab, die die soziale Ordnung als eine politische betrachteten. Die neue Einsicht ist, dass politische Gestaltungsmöglichkeiten von Gesellschaft begrenzt sind und Gesellschaft umfassender verstanden werden muss. Mehr noch: In vielen Bereichen der Gesellschaft besteht man nun sogar darauf, dass politischer Einfluss zu begrenzen ist. Die Unabhängigkeit der Wissenschaft soll sich nicht politischen Vorgaben beugen, ebenso wenig die Freiheit der Kunst. In der Trennung von Staat und Kirche wird anerkannt, dass religiöser Glaube etwas anderes ist als politische Überzeugung und Durchsetzung. Die Unabhängigkeit der Gerichte, das freie Unternehmertum und der meinungsfreie Journalismus sind weitere emphatische Begriffe dafür, dass politische Einflussnahmen zurückzuweisen sind. Teilbereiche der Gesellschaft, wie eben bspw. Wissenschaft, Kunst, Religion, Recht, Wirtschaft oder Medien, haben ihren je eigenen Sinn und folgen eigenen Regeln. Andererseits ist es freilich der Anspruch demokratischer Politik, dass alle gleichermaßen über ihre Lebensverhältnisse bestimmen können sollen. Das ist aber kaum möglich, wenn wichtige Teile der Gesellschaft, wie etwa die Wirtschaft, eigenständigen und politisch kaum beeinflussbaren Mustern folgen. Vielmehr erscheint die Politik dann oft geradezu abhängig von anderen Teilen der Gesellschaft, etwa von einer prosperierenden Wirtschaft. Unabhängige gesellschaftliche Teilbereiche stehen folglich im Konflikt zum Anspruch, die Lebensverhältnisse in einem gesamtgesellschaftlichen Sinne gestalten zu können. Gesellschaftsdeutungen bewegen sich deshalb oft in einem Spannungsfeld zwischen optimistischen Fortschrittsgeschichten zu besseren Lebensverhältnissen und pessimistischen Perspektiven auf Kontrollverluste und sozialen Verfall.

Nach den großen Weltkriegen schienen sich die frühindustrialisierten Länder in der zweiten Hälfte des 20. Jahrhunderts als nationalstaatlich verfasste Gesellschaften stabilisiert zu haben. Doch dies steht spätestens seit den 1990er Jahren erneut infrage durch einen gesellschaftlichen Wandel, der meist im Begriff der Globalisierung zusammengefasst wird. Der Zerfall des ‚Ostblocks‘ und neue Kriege, die Expansion kapitalistischer Ökonomien und die Wahrnehmung globaler ökologischer Gefährdungen, die technologischen Entwicklungen, z. B. Rechen- und Kommunikationstechnologien (Computer, Internet), oder der Aufstieg neuer Mächte wie China, Indien oder Brasilien – all dies und auch damit einhergehende gewollte oder genötigte Migrationen von Menschen stellen die stark am Nationalstaat orientierten Gesellschaftsverständnisse infrage. Gesellschaftliche Prozesse und Zusammenhänge machen an staatlichen Grenzen nicht Halt. Dennoch spielen Nationalstaaten in der Gesellschaft weiterhin eine entscheidende Rolle für viele politische Regulierungen. Diese sind nicht zuletzt für soziale Ungleichheiten und Möglichkeiten sozialer Teilhabe höchst relevant, wie etwa die im internationalen Vergleich sehr unterschiedlichen Sozialpolitiken der Länder veranschaulichen.

Was heute unter Gesellschaft zu verstehen ist, ist keineswegs beschlossene Sache. Manche halten es für angemessen, den Begriff Gesellschaft ganz aufzugeben (z. B. Latour 2014). Andere sind längst den Schritt gegangen, Gesellschaft als „Weltgesellschaft" zu begreifen (z. B. Luhmann 1997). Menschen machen jedenfalls die Erfahrung, dass es soziale Entwicklungen gibt, die Handlungsmöglichkeiten beschränken, aber ebenso auch eröffnen, an denen sie zwar beteiligt sind, die sich aber nur bedingt beeinflussen lassen. Das trifft für jeglichen sozialen Zusammenhang zu, sei es die Familie, in die man hineingeboren wird, oder seien es Organisationen wie die Schule oder der Betrieb, in die man sich hineinfinden will oder muss. Der Begriff *Gesellschaft* steht für die umfassendsten Sozialverhältnisse. Mit anderen Worten: Die Familie kann man verlassen, den Job kündigen, aber aus der Gesellschaft kann man nicht aussteigen.

Welche Möglichkeiten sich in Sozialisationsprozessen für die Einzelnen ergeben beziehungsweise welche individuellen Anforderungen sich stellen, hängt auch davon ab, welches Gesellschaftsverständnis Menschen – als einzelne oder in verschiedensten Gruppen – haben und welche Mittel ihnen gesellschaftlich zur Verfügung stehen. Dass die Vorstellungen in der Gesellschaft recht unterschiedlich sind, ist wenig verwunderlich. Reich oder arm, hoch oder weniger gebildet, weiblich oder männlich, gesund oder krank, jung oder alt, in Arbeit oder arbeitslos – schon anhand solcher einfachen Unterscheidungen wird schnell ersichtlich, dass Menschen die gesellschaftlichen Gegebenheiten und ihre Handlungsoptionen in unterschiedlicher Weise erfahren können.

Gesellschaftstheorien können solche Alltagserfahrungen in umfassende soziale Zusammenhänge stellen, mit begrifflichen Mitteln ordnen und besser verständlich machen. Dennoch gilt, dass auch Analytiker*innen nicht „aus der Gesellschaft aussteigen" können. Sie können Gesellschaft nicht von außen betrachten und wie eine Chirurg*in mit dem Skalpell sezieren oder gar wie eine Handwerker*in mit ihren Werkzeugen bearbeiten. Sie sitzen, um ein geläufiges Bild aufzugreifen, mit allen anderen im selben Boot namens Gesellschaft und treiben auf offener See. Gesellschaftstheoretiker*innen und ihre Theorien sind immer Teil der Gesellschaft. Deshalb gibt es auch nicht *die* einheitliche Theorie von Gesellschaft, vielmehr verschiedene Perspektiven auf Gesellschaft oder genauer: innerhalb der Gesellschaft.

Im Folgenden werden statt einzelner Theorien übergreifende theoretische Perspektiven auf moderne Gesellschaftsentwicklung aufgeführt. Die Auswahl korrespondiert zudem mit der unter Punkt 6 empfohlenen Literatur, was eine vertiefende Beschäftigung erleichtern soll. So stützt sich die Darstellung zunächst auf Überlegungen von Hans van der Loo und Willem van Reijen (1997, vgl. Rosa et al. 2018). Theorien moderner Gesellschaften lassen sich ihnen zufolge entlang zentraler Dimensionen der Modernisierung systematisieren, die sie als *Domestizierung, Rationalisierung, Differenzierung* und *Individualisierung* bezeichnen. Darüber hinaus werden diese Perspektiven durch Theorien der *Beschleunigung* sowie *sozialer Ungleichheit* ergänzt. Abschließend werden die gesellschaftstheoretischen Ausführungen noch in Beziehung zu gesellschaftlichen *Zeitdiagnosen* gesetzt. Die theoretischen Perspektiven werden daraufhin vorgestellt, welche besonderen Bewältigungsanforderungen sich jeweils aus ihnen ergeben.

Domestizierung meint, dass moderne Gesellschaften durch eine zunehmende Technisierung und Naturbeherrschung charakterisiert sind. Schon für Karl Marx ist die Umgestaltung von Natur durch menschliche Arbeit entscheidend für gesellschaftliche Entwicklung. Seine Analyse ist dabei vom Fortschrittsoptimismus der Industrialisierung getragen, dass also Menschen Natur nach ihren Zwecken aneignen und auf dieser Basis eine humane Gesellschaft gestalten können. Im Zeichen der ökologischen Krise sind heute auch für die Theorie Bruno Latours (2014) Naturverhältnisse zentral, allerdings gerade im Sinne einer Kritik an den zerstörerischen Versuchen moderner Naturbeherrschung. Die Domestizierungsperspektive macht vor dem Hintergrund technologischen Wandels und ökologischer Gefährdungen auf zahlreiche noch recht neue, aber basale Anforderungen aufmerksam. Während Technologien aus der Abhängigkeit von Naturgewalten befreien sollten, sind heutige Gesellschaften in höchstem Maße abhängig von Technologien. Ein einfacher Stromausfall oder Computerabsturz kann das leicht veranschaulichen. Sozialisation ohne ‚Technisation' – ohne das Erlernen technologischer Kompetenzen – kann heute nicht gelingen (siehe hierzu ausführlicher Abschn. 4.5). Zudem zeigt die ökologische Krise, dass die vermeintlich erreichte Naturbeherrschung eine Illusion ist, etwa wenn im Zuge klimatischer Verschiebungen Extremwetterereignisse zunehmen und sich neue Krankheiten ausbreiten oder wenn verschiedenste Gifte über ökologische Kreisläufe zu den Menschen „zurückkehren". Mit der Formulierung der *Sustainable Development Goals* wurde seitens der Vereinten Nationen anerkannt, dass ökologische und soziale Fragen für das gesellschaftliche Leben gleichermaßen und oft auf eng verschlungene Weise relevant sind.

Rationalisierung steht unter anderem dafür, dass sich Handeln in modernen Gesellschaften mit Gründen rechtfertigen lassen muss. Dies hat besonders Jürgen Habermas theoretisch ausgearbeitet. Das befreiende Moment daran ist, dass nichts und niemand unhinterfragbare Autorität beanspruchen darf. Dass etwas „schon immer so war", heißt eben nicht, dass es nicht auch anders sein könnte. Dass politische Macht vererbt wird, muss nicht so bleiben; dass Männer schon immer den Ton angegeben haben, ist vielmehr Grund, dies zu ändern; dass sich die Sonne um die Erde dreht, kann man als Irrtum erkennen, ohne dass eine göttliche Strafe droht. Und doch wird genau dieses Leben ohne fraglose Gewissheiten keineswegs nur als Befreiung, sondern auch als Bürde erfahren – „Die Furcht vor der Freiheit" hat Erich Fromm (1989) dies genannt. Darüber hinaus haben moderne Gesellschaften Rationalität vor allem auf technische und kalkulierende

Rationalität reduziert: wie lassen sich gegebene Zwecke durch möglichst effizienten Mitteleinsatz erreichen. In diesem Sinne ist rational nur, was sich quantifizieren und berechnen lässt – Max Weber (1991) bezeichnete dies als „Entzauberung der Welt". So werden ökonomisches Kalkül (maximale Gewinne) und technologische Effizienz, heute etwa Algorithmen, zu dem, woran gesellschaftlicher Fortschritt bemessen wird. Dagegen treten scheinbar diffuse Fragen wie die nach Wohlbefinden, Geselligkeit, Muße und Lebensqualität in den Hintergrund. Ein Beispiel dafür ist auch die oft höhere Wertschätzung produktiver und technischer Tätigkeiten gegenüber sozialen Berufen.

Differenzierung besagt, wie oben schon bemerkt, dass Teilbereiche der Gesellschaft eine relative Unabhängigkeit voneinander erlangen und dabei eigenen Funktionsweisen und Werten verpflichtet sind, so etwa Wissenschaft, Wirtschaft, Recht, Kunst, Politik, Religion. Im Gegensatz zum mittelalterlichen Dorfleben sieht man sofort, dass dies die Gesellschaft vielfältiger macht, aber auch die Lebensformen der Menschen voneinander trennt. Zunehmende Arbeitsteilung oder vielfältige Konsummärkte sind Beispiele, die veranschaulichen, wie es zu immer weiteren Spezialisierungen oder immer kleinteiligeren sozialen Lebenswelten kommt. Allerdings finden die differenzierten Teile mitunter auf abstrakterer Ebene neu zusammen, seien es etwa größere Berufsverbände oder Online-Plattformen. Differenzierungsprozesse stellen deshalb sowohl Anforderungen in Richtung selbst gewählter Beschränkungen (Spezialisierungen) als auch an Abstraktionsfähigkeiten. Man wird seinen „gesellschaftlichen Platz" finden müssen und muss gleichzeitig in der Lage sein, sich in ganz verschiedenen, abstrakteren gesellschaftlichen Bereichen der Gesellschaft sicher zu bewegen, beispielsweise in Schule und Beruf, als Konsument*in, als Mediennutzer*in, im Zugang zu Kultur und Medizin wie auch in politischer und gegebenenfalls religiöser Beteiligung.

Individualisierung steht dazu offensichtlich in einem engen Verhältnis. Menschen haben in modernen Gesellschaften viele Freiräume – die sie allerdings selbst füllen müssen. Zwar sind sie durch traditionelle Vorgaben – wie es „schon immer war" – heute viel weniger gebunden. Damit aus Individualisierung nicht „Vereinzelung" wird, müssen sie ihre sozialen Zugehörigkeiten und Bindungen aber selbst finden, wählen und schaffen. Georg Simmel (1995) hatte vormodernes und modernes Leben mit Unterschieden vom ländlichen und städtischen Leben seinerzeit, das heißt um 1900, verglichen. Die moderne Stadt – er lebte in Berlin – bot viele neue und bis dato ungekannte Möglichkeiten individueller Entfaltung. Sie ließ die Einzelnen aber auch im anonymen Stadtalltag allein oder drängte sie in einen Wettbewerb um die Aufmerksamkeit anderer. Für die heutigen „Bastelbiographien", wie es Ulrich Beck und Elisabeth Beck-Gernsheim (1993) nennen, kann man sich nicht entscheiden, sie sind vielmehr eine von allen zu erfüllende Aufgabe (siehe hierzu auch Abschn. 3.3). Dabei sehen sich die Individuen oft allein abstrakten Verhältnissen, großen Organisationen und anonymen Systemen ausgesetzt, die sie kaum überblicken können: Schon einen Antrag bei einer Behörde zu stellen, kann so leicht zur Überforderung werden. Gar einen ganzen Berufsweg verlässlich zu planen, erscheint kaum möglich.

Beschleunigung untersucht die Zeitdimension moderner Gesellschaftsentwicklung. Sie wird von Rosa (2005) bestimmt als Zusammenspiel von technischen Innovationen, dynamisiertem sozialen Wandel und der Steigerung des Lebenstempos der Individuen. Aus den vielfältigen Konsequenzen soll hier nur eine hervorgehoben werden, nämlich die der sich im Zuge der Modernisierung verändernden Generationenverhältnisse. In traditionalen Gesellschaften blieben diese relativ stabil. Man lebte typischerweise in der Weise, wie bereits die Vorfahren lebten. In der Moderne ändert sich das zunächst hin zu *inter*generationalem Wandel, das heißt die Kinder leben anders als die Eltern. Sie gehen länger oder überhaupt zur Schule, lernen einen anderen Beruf, ziehen vielleicht vom Land in die Stadt oder in eine andere Stadt usw. Dies steigerte sich aber weiter bis zum heute vielfach anzutreffenden *intra*generationalen Wandel. Nicht nur die Folgegeneration ändert ihre Lebenspraxis, sondern die eigene Biografie wird zum Schauplatz anhaltender Veränderungen: Die Jobs wechseln mehrfach im Lebenslauf, wie auch die Wohnorte, die politischen Präferenzen, die religiöse Orientierung, die Lebensabschnittspartner*innen usw. Auch unter einer Beschleunigungsperspektive verschaffen die gesellschaftlichen Entwicklungen viele Handlungsfreiheiten. Zugleich können die Einzelnen viel weniger auf unterstützende Erfahrungen zurückgreifen, wie sie möglicherweise auch weniger Fähigkeiten ausbilden können, die einer langfristig und kontinuierlich ausgeübten Praxis bedürfen.

Ungleichheit trat in den bisherigen Perspektiven vor allem im Sinne von individueller Verschiedenheit in Erscheinung. Viele Unterschiedlichkeiten dieser Art werden als Pluralität oder Individualität in modernen Gesellschaften sogar als erstrebenswert geschätzt. Theorien *sozialer Ungleichheit* beschäftigen sich dagegen mit gesellschaftlichen Hierarchien, mit Rangordnungen, mit systematischen Privilegierungen beziehungsweise Benachteiligungen. Moderne Gesellschaften werden, wie gesehen, weder als eine natürliche noch als eine gottgegebene Ordnung aufgefasst. Deshalb können Ungleichheiten nicht als „natürlich" oder „immer schon" geltend gerechtfertigt werden. *Prinzipiell* werden die Menschen vielmehr als Gleiche betrachtet. Faktisch sind sie aber nicht nur in ihren Ansichten, Vorlieben und Gewohnheiten verschieden. Sie sind auch auf ungleichen Positionen in der Gesellschaft zu finden, die in unterschiedlichem Maße mit Ressourcen verbunden sind, wie beispielsweise Einkommen, Vermögen, Status, Bildungsabschlüsse oder einflussreiche Netzwerke. (siehe hierzu auch Abschn. 5.1) Auch für die Ungleichheitstheorie bietet Karl Marx eine frühe Referenz. Als entscheidendes Ungleichheitskriterium betrachtet er den Besitz oder Nicht-Besitz an Produktionsmitteln: Diejenigen, die die Fabriken und Maschinen besitzen (Bourgeoisie), lassen die in ihrem Wohlergehen oder sogar Überleben vom Arbeitslohn Abhängigen (Proletariat) für sich arbeiten. Sie zahlen ihnen genug zum Erhalt der Arbeitskraft, aber weniger als sie selbst für den Verkauf des Produzierten erhalten (Ausbeutung). Dies, so die Annahme von Marx, führt zur Polarisierung zweier sozialer Klassen (Bourgeoisie vs. Proletariat), erklärt die Verarmung des Proletariats und damit den Ursprung der *Sozialen Frage* (s. o.). Dass die Entwicklung nicht in dieser polarisierenden Weise verlaufen ist, hat wesentlich mit der Herausbildung des Wohlfahrtsstaats zu tun. Dieser garantiert soziale Rechte und verteilt gesellschaftlichen Wohlstand um, etwa über die Schaffung von Bildungszugang, Sozialversicherungen und Besteuerung. Er begründet nicht zuletzt die Rechtebasis Sozialer Arbeit. Damit sind aber längst nicht alle Ungleichheiten beseitigt. Für Pierre Bourdieu (1982) sind es im wirtschaftlichen Aufschwung der Nachkriegszeit vor allem die nicht auf den ersten Blick ersichtlichen „feinen Unterschiede", die über Chancen gesellschaftlichen Aufstiegs entscheiden. Wenn Lehrer*innen ihre Schüler*innen bei ähnlichen Leistungen unterschiedlich beurteilen und fördern, dann, so Bourdieu, reproduzieren sie systematisch die soziale Hierarchie: die Schüler*innen mit dem „besseren" Elternhaus werden besser beurteilt, haben deshalb bessere Karrierechancen und werden die besseren Jobs und höheren gesellschaftlichen Positionen einnehmen (siehe hierzu ausführlicher Abschn. 3.2). Seit etwa den 1990er Jahren wurden weitere Perspektiven auf soziale Ungleichheiten entwickelt. Zum einen werden Prekarisierungen und Ausgrenzungen analysiert, die aus Veränderungen der Arbeitswelt und der wohlfahrtsstaatlichen Sicherungen resultieren (z. B. Castel 2000). So machten vermehrte Befristungen, geringere Tarifbindung und einfachere Kündbarkeit die Einkommensbasis der Beschäftigten weniger verlässlich, während die Einführung des Arbeitslosengeldes II, das sogenannte Hartz IV, die soziale Absicherung von Arbeitslosigkeit absenkte. Daneben scheint es heute fast normal, was vor 25 Jahren sozialstaatlich unvorstellbar schien: dass sich hunderttausende Menschen bei Freiwilligen-Initiativen, den sogenannten „Tafeln", um Lebensmitteltüten anstellen, um über die Runden zu kommen (vgl. Lorenz 2012). Zum anderen ist die Sensitivität für andere als im engeren Sinne sozioökonomische Ungleichheiten gestiegen. Die Verbreitung von „Gleichstellungsbüros" und „Integrationsbeauftragten", die Veränderungen in der Ausschreibungs- bzw. Einstellungspraxis bei Stellenbesetzungen oder die geschlechtergerechte Sprache in Lehrbüchern sind Beispiele dafür. Mit dem Begriff der „Intersektionalität" verbindet sich der Anspruch, dass auch Ungleichheiten zwischen den Geschlechtern sowie Rassismus und ethnische Ungleichheiten systematisch Eingang in die Theorien finden (z. B. Lutz et al. (Hrsg.) 2013).

Zeitdiagnosen gibt es viele, sie beflügeln regelmäßig die Debatten der Feuilletons, sind aber unter gesellschaftstheoretischer Perspektive mit Vorsicht zu genießen. Man wird von Gesellschaftstheorien zu Recht erwarten, dass sie zum Verständnis aktueller Gesellschaftsentwicklung beitragen können. Verlässliche Zukunftsprognosen erlaubt das aber kaum, was ein Blick auf die Diagnosen durchaus bedeutender Gesellschaftstheoretiker seit Marx bestätigt. Auch gesellschaftstheoretisch fundierte Zeitdiagnosen beinhalten immer deutende Zuspitzungen und ein spekulatives Moment. Als solche können sie zur Diskussion über Gegenwart und *mögliche* Zukünfte der Gesellschaft beitragen, indem sie versuchen, bestimmte Aspekte genauer zu beleuchten. In diesem Sinne sind Deutungen, wie etwa die der Erlebnisgesellschaft, der Risikogesellschaft, der Informationsgesellschaft, der Überflussgesellschaft, der neoliberalen oder flüchtigen oder prekarisierten Gesellschaft, zweifellos instruktiv, wenn man sie nicht mit *der* Gesellschaft verwechselt (für Überblicke vgl. Kneer et al. (Hrsg.) 2001; Schimank und Volkmann (Hrsg.) 2000).

2.2.2 Erkenntnisgewinn und Praxisbezug für die Soziale Arbeit

Eine zentrale Erkenntnis der Ausführungen ist, dass es *keine einheitliche* Theorie *der* Gesellschaft gibt. Falsch wäre es allerdings, daraus den Schluss zu ziehen, dass Gesellschaftsverständnisse geradezu beliebig seien und sich jede*r gewissermaßen eine eigene Gesellschaft ausmalen solle. Vielmehr gibt es eine Reihe bewährter theoretischer Perspektiven, die es erlauben, weitreichende gesellschaftliche Zusammenhänge zu begreifen. Die Konsequenz daraus ist ein plurales und dynamisches Gesellschaftsverständnis, das eigene Anforderungen an die Soziale Arbeit mit sich bringt.

So besteht der Nutzen von Gesellschaftstheorie für Soziale Arbeit keineswegs darin, unmittelbar praktische Handlungsanleitungen gewinnen zu können. Allgemeine Gesellschaftsanalysen können niemals umstandslos auf Einzelfälle angewendet werden und ersetzen keine genauen Fallanalysen. Nützlich ist die Beschäftigung mit Gesellschaftstheorie vor allem deshalb, weil sie Reflexionsmöglichkeiten bietet und es damit erlaubt, das eigene Gesellschaftsverständnis zu hinterfragen. Denn dieses wird unausgesprochen das Selbstverständnis als Sozialarbeiter*in und das Verständnis von Rolle und Bedeutung Sozialer Arbeit in der Gesellschaft mitprägen.

Konsequenzen hat das zum einen dafür, welche Unterstützungsweisen in der Sozialen Arbeit für die Adressat*innen entwickelt werden. Belässt man es allein dabei, bleibt Soziale Arbeit eher eine Art Reparaturbetrieb für gesellschaftliche Inklusionsdefizite. Die Reflexion gesellschaftlicher Zusammenhänge kann dagegen auch weitreichendere Ursachenanalysen sozialer Probleme befördern. In diesem Sinne wird Soziale Arbeit ihre Aufgabe ebenso darin sehen, die Rahmenbedingungen sozialer Probleme und sozialer Hilfen mitzudenken und politische Gestaltung einzufordern.

Gerade die Verschiedenartigkeit von Gesellschaftstheorien ermöglicht es, auch verschiedene Perspektiven einzunehmen, also die Perspektive gegebenenfalls zu wechseln. Dies kann sich sowohl für das Selbstverständnis als auch für konkrete Fallanalysen als hilfreich erweisen. Und es bewahrt davor, auf einseitige Gesellschaftsbeschreibungen oder jede neue Zeitdiagnose „hereinzufallen". Dafür ist es keineswegs nötig, alle Gesellschaftstheorien zu kennen. Hilfreich wäre freilich eine vertiefende Beschäftigung mit mehr als einer und möglichweise mit durchaus gegensätzlichen. Das kann zum Beispiel eine Theorie sein, die sich vor allem mit wirkmächtigen Strukturen in der Gesellschaft beschäftigt, gegenüber einer anderen Theorie, die sich vor allem den Handlungsmöglichkeiten der Akteure widmet. Oder es kann eine Theorie sein, die sich ausdrücklich als kritische Gesellschaftstheorie versteht, gegenüber einer anderen, für die das nicht bestimmend ist.

2.2.3 Fazit

Die hohe Dynamik moderner Gesellschaftsentwicklung, die sich heute etwa in Begriffen wie Ökonomisierung, Globalisierung oder Digitalisierung ausdrückt, scheint den Gestaltungsansprüchen demokratischer Politik und anderer gesellschaftlicher Akteure und Institutionen, auch der Sozialen Arbeit, oft entgegen zu laufen. Ebenso steht die Annahme prinzipieller Gleichheit der Menschen zahlreichen faktischen sozialen Ungleichheiten gegenüber. Moderne Gesellschaften bieten tatsächlich Handlungsfreiheiten, verlangen den Individuen geradezu eigenständiges Entscheiden und Handeln ab, beschränken die Möglichkeiten dazu aber auch in ungleicher Weise.

Gesellschaftstheorien machen solche oft widersprüchlichen Anforderungen sichtbar und geben Erklärungen für Strukturen, Dynamiken und Konsequenzen gesellschaftlicher Entwicklungen. Sie beanspruchen aber nicht, eine allumfassende Erklärung *der* Gesellschaft anzubieten. Die Vielzahl an – mal mehr mal weniger theoretisch fundierten – Gesellschaftsdeutungen stellt gewissermaßen eine Anforderung eigener Art dafür dar, eigene Wege in der Gesellschaft beziehungsweise geeignete Unterstützungsmöglichkeiten dafür zu finden. Gesellschaftstheorien eröffnen verschiedene Perspektiven auf Möglichkeiten und Grenzen, die wiederum Perspektivenwechsel und damit ein facettenreicheres Bild von Gesellschaft ermöglichen.

Fragen zur Reflexion

Wofür steht der Begriff *Gesellschaft?* Sind Gesellschaft und Nationalstaat dasselbe?

Warum kann es kein einheitliches Verständnis von Gesellschaft geben? Was bedeutet das für Sozialisationen einerseits und Soziale Arbeit andererseits?

Gibt es Perspektiven auf Gesellschaft, die für Soziale Arbeit besonders relevant sind?

Braucht Soziale Arbeit Gesellschaftstheorie?

Literatur

Beck, Ulrich/Beck-Gernsheim, Elisabeth 1993: *Nicht Autonomie, sondern Bastelbiographie.* In: Zeitschrift für Soziologie 22 (3): 178–187.

Bourdieu, Pierre 1982 [1979]: Die feinen Unterschiede. Zur Kritik der gesellschaftlichen Urteilskraft. Frankfurt a.M.: Suhrkamp.

Castel, Robert 2000 (1995): Die Metamorphosen der sozialen Frage. Eine Chronik der Lohnarbeit. Konstanz: UVK.

Fromm, Erich 1989 [1941]: *Die Furcht vor der Freiheit.* In: Gesamtausgabe Band I. München: dtv, S. 215–392.

Kneer, Georg/Nassehi, Armin/Schroer, Markus (Hrsg.) 2001: *Soziologische Gesellschaftsbegriffe. Konzepte moderner Zeitdiagnosen*, 2. Aufl., München: Wilhelm Fink.

Latour, Bruno 2014: Existenzweisen. Eine Anthropologie der Modernen. Berlin: Suhrkamp.

Lorenz, Stephan 2012: Tafeln im flexiblen Überfluss. Ambivalenzen sozialen und ökologischen Engagements. Bielefeld: Transcript.

Luhmann, Niklas 1997: *Die Gesellschaft der Gesellschaft.* 2 Bde. Frankfurt a.M.: Suhrkamp.

Lutz, Helma/Herrerar Vivar, Maria Teresa/Supik, Linda (Hrsg.) 2013: *Fokus Intersektionalität. Bewegungen und Verortungen eines vielschichtigen Konzeptes*, 2. überarb. Aufl., Wiesbaden: Springer.

Rosa, Hartmut 2005: Beschleunigung. Die Veränderung der Zeitstruktur in der Moderne. Frankfurt a.m.: Suhrkamp.

Rosa, Hartmut/Oberthür, Jörg/Bohmann, Ulf/Gregor, Joris/Lorenz, Stephan/ Scherschel, Karin/Schulz, Peter/Schwab, Janos/Sevignani, Sebastian (Hrsg.) 2019: *Gesellschaftstheorie*. Konstanz: UVK. (im Erscheinen)

Rosa, Hartmut/Strecker, David/Kottmann, Andrea 2018: *Soziologische Theorien*, 3., akt. Aufl., Konstanz: UVK.

Schimank, Uwe/Volkmann, Ute (Hrsg.) 2000: *Soziologische Gegenwartsdiagnosen I*. Opladen: Leske+Budrich.

Simmel, Georg 1995 [1903]: *Die Großstädte und das Geistesleben*. In: Simmel, Georg: *Aufsätze und Abhandlungen 1901-1908*, Bd.1. Frankfurt a.M.: Suhrkamp, S. 116–131.

van der Loo, Hans/van Reijen, Willem 1997: *Modernisierung. Projekt und Paradox*, 2. akt. Aufl., München: dtv.

Weber, Max 1991 [1919]: *Wissenschaft als Beruf*. In: Weber, Max: *Schriften zur Wissenschaftslehre*. Stuttgart: Reclam, S. 237–273.

Hinweise zu weiterführender Literatur

Lessenich, Stephan/Nullmeier, Frank 2006: *Deutschland. Eine gespaltene Gesellschaft*. Frankfurt a.M./New York: Campus.

Rosa, Hartmut/Oberthür, Jörg (Hrsg.) 2019: *Gesellschaftstheorie*. Konstanz: UVK. (im Erscheinen)

Rosa, Hartmut/Strecker, David/Kottmann, Andrea 2018: *Soziologische Theorien*, 3., akt. Aufl., Konstanz: UVK.

Schimank, Uwe 2013: *Gesellschaft*. Bielefeld: Transcript.

Theoretische Perspektiven auf das Spannungsverhältnis von Individuum und Gesellschaft

3

Klaus Hurrelmann, Ullrich Bauer, Tanja Grendel und Lothar Böhnisch

3.1 Sozialisation als produktive Realitätsverarbeitung (Klaus Hurrelmann)

Klaus Hurrelmann, Ullrich Bauer und Tanja Grendel

Was Sie hier erwartet

Das Modell der produktiven Realitätsverarbeitung geht von einem *produktiv* bzw. *aktiv* am Sozialisationsprozess beteiligten Subjekt aus. Im Kontext von Entwicklungsaufgaben sind Menschen lebenslang gefordert, sich *individuell* mit *gesellschaftlichen* Erwartungen auseinanderzusetzen. Anlage

K. Hurrelmann
Hertie School of Governance, Berlin, Deutschland
E-Mail: hurrelmann@hertie-school.org

U. Bauer
Universität Bielefeld, Bielefeld, Deutschland
E-Mail: ullrich.bauer@uni-bielefeld.de

T. Grendel (✉)
Hochschule RheinMain, Wiesbaden, Deutschland
E-Mail: tanja.grendel@hs-rm.de

L. Böhnisch
Universität Bozen, Bozen, Italien
E-Mail: lothar.boehnisch@unibz.it

© Springer Fachmedien Wiesbaden GmbH, ein Teil von Springer Nature 2019
T. Grendel (Hrsg.), *Sozialisation und Soziale Arbeit*,
https://doi.org/10.1007/978-3-658-25511-4_3

und Umwelt werden dabei als gleichgewichtige Einflussgrößen der Persönlichkeitsentwicklung verstanden. Das Modell vermittelt einen umfassenden Überblick zur Bedeutung von Erfahrungen in unterschiedlichen Lebensphasen, sozialräumlichen Kontexten sowie aufgrund von Diversitäten. Für die Soziale Arbeit ist das Sozialisationsmodell u. a. relevant, weil es für einen verstehenden Zugang zu Adressat*innen der Sozialen Arbeit sensibilisiert und konkrete Anknüpfungspunkte für Unterstützungsangebote aufzeigt.

3.1.1 Grundzüge der Theorie

Das Modell der produktiven Realitätsverarbeitung (MpR) erweist sich seit Jahrzehnten als „stabiler Anker" (Bauer und Hurrelmann 2015, S. 155) sozialisationsbezogener Diskurse. Seine Bedeutung erklärt sich u. a. mit Blick auf den Entstehungskontext Anfang der 1980-er Jahre: Damals wurde die Frage nach der Stärke des Einflusses von Gesellschaft und Individuum auf die Persönlichkeitsentwicklung höchst kontrovers diskutiert. Mit dem MpR gelang schließlich eine Art Brückenschlag, weil es Einzeltheorien aus den Disziplinen Soziologie (mit dem Fokus Gesellschaft) und Psychologie (mit dem Fokus Individuum) in ein Gesamtmodell integrierte.[1] Als Verbindungslinie zwischen den Ansätzen diente das Verständnis von Sozialisation als „produktiver Realitätsverarbeitung", welches in folgender Definition zum Ausdruck kommt:

> „Sozialisation bezeichnet die Persönlichkeitsentwicklung eines Menschen, die sich aus der produktiven Verarbeitung der inneren und der äußeren Realität ergibt. […] Die Realitätsverarbeitung ist produktiv, weil ein Mensch sich stets aktiv mit seinem Leben auseinandersetzt und die damit einhergehenden Entwicklungsaufgaben zu bewältigen versucht. […] Durch alle Lebens- und Entwicklungsphasen zieht sich die Anforderung, die persönliche Individuation mit der gesellschaftlichen Integration in Einklang zu bringen, um die Ich-Identität zu sichern" (Hurrelmann und Bauer 2015, S. 97).

Aus der Definition leiten sich wesentliche Merkmale für die Betrachtung sozialisationsrelevanter Fragen ab, die im Folgenden erläutert werden. Wichtig

---

[1]Eine Übersicht zu den zugrunde liegenden Theorien findet sich in Hurrelmann und Bauer (2015, Kap. 2 und 3).

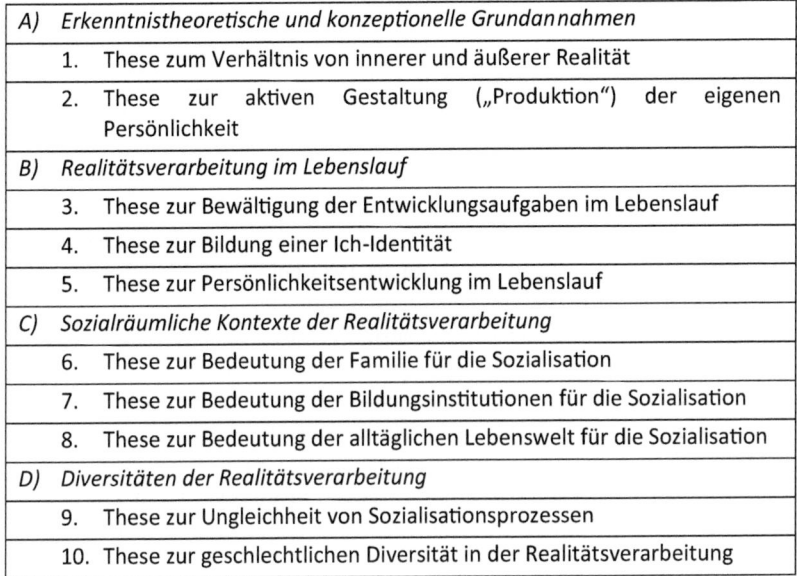

A)	*Erkenntnistheoretische und konzeptionelle Grundannahmen*
1.	These zum Verhältnis von innerer und äußerer Realität
2.	These zur aktiven Gestaltung („Produktion") der eigenen Persönlichkeit
B)	*Realitätsverarbeitung im Lebenslauf*
3.	These zur Bewältigung der Entwicklungsaufgaben im Lebenslauf
4.	These zur Bildung einer Ich-Identität
5.	These zur Persönlichkeitsentwicklung im Lebenslauf
C)	*Sozialräumliche Kontexte der Realitätsverarbeitung*
6.	These zur Bedeutung der Familie für die Sozialisation
7.	These zur Bedeutung der Bildungsinstitutionen für die Sozialisation
8.	These zur Bedeutung der alltäglichen Lebenswelt für die Sozialisation
D)	*Diversitäten der Realitätsverarbeitung*
9.	These zur Ungleichheit von Sozialisationsprozessen
10.	These zur geschlechtlichen Diversität in der Realitätsverarbeitung

Abb. 3.1 Kernannahmen des Modells der produktiven Realitätsverarbeitung. (Bauer und Hurrelmann 2015, S. 157 f.)

für das Verständnis ist zunächst, dass Gegenstand des Sozialisationsprozesses die Persönlichkeitsentwicklung ist, also die Entwicklung der individuellen und einmaligen Struktur von körperlichen und psychischen Merkmalen, Eigenschaften und Dispositionen eines Menschen.

Der Prozess der Persönlichkeitsentwicklung wird im MpR in Form von zehn Thesen erläutert, die wiederum vier Arbeitsschwerpunkte (A–D) bilden (siehe Abb. 3.1). Ausgehend von einem aktiven Subjektverständnis A) beschreibt das MpR anhand des Konzepts der Entwicklungsaufgaben Anforderungen und Ressourcen der Persönlichkeitsentwicklung B) und skizziert den Einfluss von sozialräumlichen Kontexten C) und Diversitäten auf die Realitätsverarbeitung D). Im Folgenden werden zunächst die Kernannahmen des Modells vorgestellt und im Anschluss im Hinblick auf deren Erkenntnisgewinn für die Soziale Arbeit diskutiert.

A) Erkenntnistheoretische und konzeptionelle Grundannahmen

Die ersten beiden Thesen des MpR beschreiben Annahmen zur Wechselbeziehung von innerer und äußerer Realität. Eingegangen wird insbesondere auf die jeweilige Bedeutung von genetischen Anlagen (innere Realität) und sozialer und physische Umwelt (äußere Realität) für die Persönlichkeitsentwicklung. Während die Annahmen des MpR ursprünglich primär auf theoretische Erklärungsansätze und empirische Befunde der Disziplinen Soziologie und Psychologie rekurrierten, liefern heute auch Neurowissenschaften und Genetik wichtige Impulse. Das erstmals 1983 publizierte Modell wird regelmäßig auf seinen Erklärungsgehalt hin überprüft und durch aktuelle Erkenntnisse weiterentwickelt (siehe hierzu ausführlich Bauer und Hurrelmann 2015).

Erste These zum Verhältnis von innerer und äußerer Realität

Wie groß der Einfluss von Anlagen und Umwelt auf die Persönlichkeitsentwicklung ist, lässt sich nicht pauschal beantworten. Grundsätzlich wird im MpR angenommen, dass Gene keinen direkten Einfluss ausüben, sondern „einen Möglichkeitsraum fest[legen], aus dem einzelne Elemente aktiviert werden können" (Bauer und Hurrelmann 2015, S. 158). Beispielsweise ist der Intelligenzquotient eines Menschen nicht allein genetisch zu begründen, sondern erklärt sich anhand des Wechselspiels von Disposition und Umweltanregung (vgl. Asendorpf und Neyer 2012). Insgesamt wird Umwelteinflüssen sowie der Interaktion zwischen Individuum und Umwelt sowohl bei komplexeren Handlungsvollzügen als auch in späteren Entwicklungsphasen eine höhere Wirkmächtigkeit zugeschrieben. Der Einfluss genetischer Prädispositionen zeigt sich vornehmlich im Kontext der frühen Entwicklung, u. a. in Bezug auf sensomotorische Fähigkeiten.

Zweite These zur aktiven Gestaltung („Produktion") der eigenen Persönlichkeit

Das MpR versteht den Menschen als Subjekt, welches *produktiv* seine innere und äußere Realität verarbeitet. Die Formulierung „produktiv" bezeichnet eine aktive Auseinandersetzung mit der äußeren Realität, die auf individuelle Art und Weise vor dem Hintergrund der eigenen Vorerfahrungen und Bedürfnisse wahrgenommen, bewertet und innerpsychisch eingeordnet wird. Diesem Verständnis nach ist der Mensch „schöpferischer Konstrukteur seiner sozialen Umwelt" (Hurrelmann 1983, S. 97). Das Modell grenzt sich somit ab von gesellschaftsdeterministischen Ansätzen und berücksichtigt gleichwertig den Einfluss von Gesellschaft und Individuum auf die Persönlichkeitsentwicklung. Wichtig für das Verständnis des MpR ist darüber hinaus, dass die Bezeichnung „produktiv" rein beschreibend zu verstehen ist. Sie verweist auf die Aktivität des Individuums im Prozess der Realitätsverarbeitung wobei unerheblich ist, ob eine „erfolgreiche" Verarbeitung bzw. Bewältigung von Problemen erfolgt. Sozialisation wird im MpR als ergebnisoffener Prozess verstanden. Die aktive Verarbeitung der Realität erfolgt darüber hinaus für das Subjekt nicht zwingend bewusst.

B) Realitätsverarbeitung im Lebenslauf

Die Verarbeitung von innerer und äußerer Realität vollzieht sich im Rahmen von Entwicklungsaufgaben, die im Lebenslauf zu bewältigen sind.

Dritte These zur Bewältigung der Entwicklungsaufgaben im Lebenslauf

Eine Entwicklungsaufgabe beinhaltet gesellschaftliche Erwartungen, die an Menschen in spezifischen Lebensphasen gerichtet werden. Auf diese Weise ist das Individuum gefordert, sich mit seiner Umwelt *aktiv* vor dem Hintergrund der eigenen Anlagen auseinanderzusetzen. Durch alle Entwicklungsaufgaben zieht sich die Anforderung, persönliche Individuation und soziale Integration miteinander in Einklang zu bringen, um eine stabile Ich-Identität aufbauen zu können. Beschrieben wird hiermit das Spannungsverhältnis zwischen dem Selbsterleben als individuelle und einzigartige Persönlichkeit und der Respektierung gesellschaftlicher Vorstellungen und der Eingliederung in soziale Strukturen.

Die Entwicklungsaufgaben lassen sich in vier Bereiche ordnen, die mit gleichartigen Anforderungen in unterschiedlichen Lebensphasen einhergehen (vgl. Hurrelmann und Quenzel 2016):

- Qualifizieren: Entwicklung von Kompetenzen, um Leistungs- und Sozial-
  anforderungen gerecht zu werden
- Binden: Zugang zu und Aufrechterhaltung von sozialen Beziehungen
- Konsumieren: Fähigkeiten im Umgang mit Wirtschafts-, Freizeit- und
  Medienangeboten
- Partizipieren: Entwicklung eines individuellen Werte- und Normensystems
  und der Fähigkeit zur politischen Partizipation

Zu bedenken ist, dass Entwicklungsaufgaben kulturabhängig sind und damit per se Veränderungen unterliegen. Insgesamt zeichnet sich ab, dass Entwicklungsaufgaben in der Gegenwartsgesellschaft vielfach nicht mehr eindeutig vorgegeben sind. Häufig werden Ziele definiert – beispielsweise das Einnehmen einer Berufsrolle – der Weg der Zielerreichung und die Ausgestaltung obliegen jedoch dem Individuum selbst. Für die/den Einzelnen erwächst hieraus die Anforderung, das eigene Leben *selbstdefiniert* zu gestalten.

Ob eine Entwicklungsaufgabe erfolgreich bewältigt wird, ist insbesondere eine Frage der verfügbaren Ressourcen und hängt u. a. von der jeweiligen sozialen

Position sowie der erfolgreichen Bewältigung vorangegangener Entwicklungsaufgaben ab.

Vierte These zur Bildung einer Ich-Identität
Eine Disbalance zwischen Anforderungen und verfügbaren Ressourcen hat
eine unzureichende Bewältigung von Entwicklungsaufgaben zur Folge. Diese
kann ursächlich für drei idealtypisch zu unterscheidende Risikowege sein (vgl.
Hurrelmann und Quenzel 2016, S. 222):

- Nach außen gerichteter Risikoweg: Als Reaktion auf den entstandenen
  Entwicklungsdruck wird in dieser Variante mit Aggression gegen andere
  reagiert. Auf diese Weise vermittelt sich dem Subjekt der Eindruck
  von Wirkmächtigkeit, ohne jedoch die eigentliche Herausforderung zu
  bewältigen.
- Ausweichender Risikoweg: Hier ist ausweichendes Verhalten mit
  fremd- und selbstaggressiven Zügen die Folge (z. B. in Form von sucht-
  gefährdetem Verhalten). Dieser Risikoweg verhindert die Arbeit an der
  eigenen Person und an der Veränderung schwieriger Lebenssituationen.
- Nach innen gerichteter Risikoweg: Mangelnde Bewältigungskompetenzen
  werden in diesem Fall als Schwäche der eigenen Person interpretiert.
  Folgen sind z. B. Isolation, Apathie, psychosomatische Störungen und
  depressive Stimmungen. Der Entwicklungsdruck richtet sich gegen das
  Subjekt selbst.

Nach dem MpR sind das Erleben der eigenen Selbstwirksamkeit und eine stabile Ich-Identität die Voraussetzung individueller Handlungsfähigkeit, psychischer Gesundheit und einer gelingenden Lebensbewältigung.

Fünfte These zur Persönlichkeitsentwicklung im Lebenslauf
Sozialisation wird als lebenslanger Prozess verstanden. Auch wenn das Individuum seine Persönlichkeit während des gesamten Lebens aktiv weiterentwickelt, hebt das MpR vor dem Hintergrund aktueller Forschungsbefunde
die prägende Wirkung der ersten Lebensjahre hervor.

C) Sozialräumliche Kontexte der Realitätsverarbeitung
Sozialisation findet innerhalb sozialer Kontexte statt, die eine dauerhafte
Unterstützung bei der Verarbeitung von innerer und äußerer Realität leisten.
Als zentrale Erfahrungskontexte berücksichtigt das MpR Familie, Bildungs-
institutionen und Institutionen der alltäglichen Lebenswelt.

Sechste These zur Bedeutung der Familie für die Realitätsverarbeitung
Ein hoher Einfluss auf die Persönlichkeitsentwicklung wird nach wie vor der
Familie zugeschrieben, die als eine Art Vermittlerin der äußeren Realität gilt.
Zu berücksichtigen ist, dass sich Familien sowohl aufgrund ihrer sozialen
Position voneinander unterscheiden, als auch innerhalb ähnlicher sozioöko-

nomischer Lebenslagen deutlich divergieren. Häufiger empirisch untersuchte Aspekte sind in dem Zusammenhang der elterliche Erziehungsstil oder das Bindungsverhalten (siehe hierzu ausführlich Abschn. 4.1).

Siebte These zur Bedeutung der Bildungsinstitutionen für die Realitätsverarbeitung

Deutlich gestiegen ist in den vergangenen Jahren die Bedeutung des Erziehungs- und Bildungswesens, deren Angebote (zunehmend) in allen Lebensphasen eine wichtige Rolle spielen (vgl. Rauschenbach 2009). Davon ausgehend, dass Kinder in betreuenden Einrichtungen bindungsähnliche Beziehungen eingehen, erscheint perspektivisch eine Abschwächung des Einflusses familiärer Beziehungen möglich. Diskutiert wird in dem Zusammenhang insbesondere die Möglichkeit der Kompensation ungleicher Startchancen. Studien für den Schulbereich zeigen jedoch nach wie vor, dass der Sozialstatus der Eltern eng mit schulischen Erfolgswahrscheinlichkeiten verknüpft ist (vgl. Horstkemper und Tillmann 2015). (siehe hierzu ausführlich Abschn. 4.2).

Achte These zur Bedeutung der alltäglichen Lebenswelt für die Realitätsverarbeitung

Einen Einfluss auf die Persönlichkeitsentwicklung üben darüber hinaus Sozialisationsinstanzen der alltäglichen Lebenswelt aus und damit Instanzen, die – anders als Bildungsinstitutionen – nicht mit der Intention der Beeinflussung der Persönlichkeitsentwicklung eingeführt wurden, darunter Arbeit und Beruf, Peers, Konsum- und Freizeitsektor, Medien, Institutionen von Religion und Weltanschauung, politisches System, Partnerschaft und sozialräumliche Umwelt (vgl. Hurrelmann und Bauer 2015, S. 181 f.). Insbesondere den Medien kommt in der Gegenwartsgesellschaft eine zentrale Bedeutung zu. (siehe zu ausgewählten Erfahrungskontexten Abschn. 4.3, 4.4 und 4.5)

D) Diversitäten der Realitätsverarbeitung

Weitere Determinanten der Persönlichkeitsentwicklung stellen ungleiche Lebensbedingungen und Diversitäten dar.

Neunte These zu Ungleichheiten der Rahmenbedingungen für die Realitätsverarbeitung

Unterschiede in den Sozialisationsprozessen lassen sich u. a. auf soziale Ungleichheiten zurückführen. Beispielsweise verfügen Menschen mit einem hohen sozialen Status i. d. R. über Ressourcen, die bessere Voraussetzungen für die Persönlichkeitsentwicklung und den Aufbau einer stabilen Ich-Identität bilden. Der soziale Status hat demnach Auswirkungen auf alle Sozialisationskontexte und -instanzen und bedingt, dass sozialen Ungleichheiten i. d. R.

von einer Generation zur nächsten fortbestehen. (siehe hierzu ausführlich
Abschn. 5.1)

Zehnte These zur geschlechtlichen Diversität in der Realitätsverarbeitung
Neben sozialen Ungleichheiten spielen weitere Unterschiede und Diffe-
renzierungen eine Rolle im Prozess der Persönlichkeitsentwicklung, darunter Geschlecht, sexuelle Orientierung, Alter, ethnische Zugehörigkeit,
Behinderung oder Religion und Weltanschauung. Die genannten Merkmale
sind mit jeweils unterschiedlichen Zuschreibungen und Erwartungen verknüpft, mit denen sich die Betreffenden im Zuge der Realitätsverarbeitung
auseinandersetzen (siehe hierzu ausführlich Kap. 5)
Als besonders relevant berücksichtigt das MpR die Bedeutung geschlechtlicher Diversität, welche in alle Bereiche der Persönlichkeitsentwicklung aus-
strahlt. Umstritten ist in der Forschung bislang, wie nachhaltig geschlechtliche
Unterschiede Einfluss auf die Anlage komplexer Verhaltensweisen nehmen.
(siehe hierzu ausführlich Abschn. 5.3)

3.1.2   Erkenntnisgewinn und Praxisbezug für die Soziale Arbeit

Die vorangegangenen Ausführungen haben das MpR in Form von Kernannahmen
skizziert. Hierbei ist deutlich geworden, dass das Modell einen spezifischen, von
anderen theoretischen Erklärungsmodellen zur Sozialisation unterscheidbaren
Blick auf das Spannungsverhältnis zwischen Individuum und Gesellschaft wirft.
Im Folgenden wird der Frage nachgegangen, inwieweit diese Perspektive für das
professionelle Handeln in der Sozialen Arbeit aufschlussreich ist. Dabei wird
Soziale Arbeit als Profession verstanden, deren Auftrag in Bezug auf die Gesellschaft in einer kritischen Reflexion und Veränderung ungleichheitsstiftender
Strukturen besteht und die mit Blick auf das Individuum die Ermöglichung von
personaler Selbstbestimmung und sozialer Integration fördert. (siehe hierzu ausführlich Kap. 1) Die Überlegungen greifen die Struktur der vier Arbeitsschwerpunkte des MpR auf.

A) Erkenntnistheoretische und konzeptionelle Grundannahmen
Kennzeichnend für das MpR ist zunächst, dass im Hinblick auf das Wechsel-
verhältnis von Anlage und Umwelt die genetischen Anlagen als *Möglich-*
keitsraum der Persönlichkeitsentwicklung verstanden werden. Insbesondere

hinsichtlich der Ausbildung komplexer Handlungsmuster sowie für bestimmte sensitiven Phasen der Entwicklung wird die Wirkmächtigkeit äußerer Einflüsse bzw. der Interaktion zwischen Individuum und Umwelt hervorgehoben. Das MpR stärkt somit letztlich den Geltungsanspruch der Sozialen Arbeit, welche mit ihren Erfahrungs- und Unterstützungsangeboten einen Einfluss auf eine gelingende Persönlichkeitsentwicklung intendiert.

In Bezug auf die erkenntnistheoretischen Grundlagen des Modells ist zudem das zugrunde liegende Subjektverständnis hervorzuheben: Das Individuum wird im Rahmen des MpR als ein die Realität produktiv verarbeitendes und damit aktives Subjekt verstanden. Die Verarbeitung von innerer und äußerer Realität erfolgt individuell, entsprechend den eigenen Voraussetzungen und Bedürfnissen. Der Ansatz sensibilisiert auf diese Weise für subjektive Realitäten und damit verbundene Bedürfnisse. Zwar beschreibt das MpR typische Bewältigungsanforderungen in unterschiedlichen Erfahrungskontexten und in Bezug auf Diversitäten (s. u.), wendet sich zugleich jedoch *gegen* ein deterministisches Sozialisationsverständnis und eröffnet damit eine Perspektive auf Vielfalt. Für Unterstützungsangebote der Sozialen Arbeit leitet sich hieraus – neben der Notwendigkeit einer Einzelfallorientierung – auch ab, dass Maßnahmen eine unterschiedliche Wirkung entfalten können.

B) Realitätsverarbeitung im Lebenslauf

Die Verarbeitung von Anlagen und Umwelt vollzieht sich nach den Annahmen des MpR im Kontext von Entwicklungsaufgaben. Im Kern handelt es sich hierbei um gesellschaftliche Erwartungen bezüglich der Entwicklung in unterschiedlichen Lebensphasen. Als aufschlussreich für die Praxis der Sozialen Arbeit erweist sich zum einen der Einblick in die Bewältigungsanforderungen in unterschiedlichen Lebensphasen sowie Bewältigungsanforderungen aufgrund notwendiger Anpassungs- und Veränderungsprozesse im Zuge der lebenslangen Sozialisation. Auch zeigt das MpR Muster abweichenden Verhaltens in Folge der Nicht-Bewältigung von Entwicklungsaufgaben auf. Konkret leiten sich hieraus für die Soziale Arbeit Ansatzpunkte für lebensphasenbezogene Angebote der Sozialen Arbeit ab.

Darüber hinaus sensibilisiert das Konzept für unterschiedliche Ressourcen, die im Einzelfall für die Bewältigung der Entwicklungsaufgaben zur Verfügung stehen. Als Anforderung der Sozialen Arbeit leitet sich hieraus die Stärkung vorhandener Ressourcen bzw. die Erschließung neuer Ressourcen ab. Eine besondere Bedeutung kommt in dem Zusammenhang der Förderung von Kompetenzen des Individuums zu, welche die Erfahrung der eigenen

Wirkmächtigkeit in Bezug auf die individuelle Lebensgestaltung begünstigen (vgl. auch Rothgang und Bach 2015, S. 106).

Zu vermeiden ist eine Engführung auf normative Vorstellungen über Entwicklungsverläufe, wie sie das Konzept der Entwicklungsaufgaben beinhaltet. Als wichtig für die Soziale Arbeit erweist sich ein reflektierter Umgang mit dem Konzept im Sinne einer für mögliche Herausforderungen sensibilisierenden Betrachtung ohne standardisierte Bewertung von Einzelfällen.

C) Sozialräumliche Kontexte der Realitätsverarbeitung

Das MpR berücksichtigt zentrale Sozialisationskontexte, darunter Familie, Bildungsinstitutionen und Institutionen der alltäglichen Lebenswelt. Beschrieben werden jeweils unterschiedliche Erfahrungsoptionen und deren Einfluss auf die Persönlichkeitsentwicklung. Auch hieraus leiten sich wichtige Impulse sowohl für einen verstehenden Zugang zu Adressat*innen der Sozialen Arbeit als auch für konkrete Unterstützungsangebote ab. Ansatzpunkte bilden Kenntnisse über förderliche und hinderliche Faktoren des Sozialisationsprozesses, die u. a. durch empirische Erkenntnisse gestützt werden.

D) Diversitäten der Realitätsverarbeitung

Neben Erfahrungskontexten üben Diversitäten einen Einfluss auf die Realitätsverarbeitung aus (siehe hierzu ausfürlich Kap. 5). Das MpR fokussiert in dem Zusammenhang auf Effekte der sozialen Herkunft sowie der Zuordnung zu Geschlechterkategorien. Deutlich wird hierbei insbesondere die Wirkmächtigkeit gesellschaftlicher Ungleichheitsstrukturen. Bedingungen von Benachteiligung kritisch zu reflektieren und in der Folge deren Veränderung zu initiieren stellt eine zentrale Aufgabe von Sozialarbeiter*innen dar und wird als „politisches Mandat" der Profession bezeichnet. Eine Entwicklung hin zu einer sozial gerechteren Gesellschaft setzt dabei immer auch ein erkennendes und reflektierendes Subjekt voraus. Im Sinne des Empowerments – also der Ermächtigung zu Autonomie und Selbstbestimmung – ist es das Ziel der Sozialen Arbeit, diese Kompetenzen zu fördern. Auch hierfür liefern das MpR sowie einschlägige empirische Befunde wichtige Hinweise.

3.1.3 Fazit

Das vorliegende Kapitel stellt die Grundzüge des Modells der produktiven Realitätsverarbeitung (MpR) vor und leitet hieraus Erkenntnisse für die Soziale Arbeit ab.

Die Vorstellung des MpR in Thesenform liest sich wie eine Art Steckbrief zur Sozialisation. Betrachtet wird der Prozess der Persönlichkeitsentwicklung, an dem das Individuum produktiv bzw. aktiv beteiligt ist. Das Modell beschreibt anschaulich, wie Menschen innere Realität (körperliche und psychische Dispositionen und Eigenschaften) und äußere Realität (Gegebenheiten der physischen und sozialen Umwelt) im Kontext von Entwicklungsaufgaben verarbeiten. Gelingt das Austarieren zwischen persönlicher Individuation und gesellschaftlicher Integration, kann eine stabile Ich-Identität gebildet werden. Einen Einfluss auf die Verarbeitung von innerer und äußerer Realität üben Erfahrungen in unterschiedlichen Sozialisationskontexten sowie aufgrund von Diversitäten aus. Insgesamt vermittelt das Modell Sozialarbeiter*innen zunächst einen Überblick zu relevanten Aspekten sozialisationsrelevanter Betrachtungen. Darüber hinaus machen folgende Punkte den Erkenntnisgewinn für die Soziale Arbeit aus:

1. Aus den erkenntnistheoretischen Grundannahmen des Modells, insbesondere der gleichgewichtigen Berücksichtigung von Anlage und Umwelt, leitet sich ab, dass Angebote der Sozialen Arbeit – als Teil der äußeren Realität – Einfluss auf die Persönlichkeitsentwicklung nehmen *können*. Ein stärker den Stellenwert genetischer Anlagen betonender Ansatz würde diese Möglichkeit negieren.
2. Von dem Verständnis eines *aktiven* Subjekts im Rahmen des MpR lassen sich Ableitungen für das Adressat*innenverständnis in der Sozialen Arbeit machen: Das Modell sensibilisiert für die Vielfältigkeit subjektiver Realitätsverarbeitungen, deren Berücksichtigung Voraussetzung eines *verstehenden* Zugangs zu Adressat*innen der Sozialen Arbeit ist. Gefordert ist eine Einzelfallorientierung, wenngleich von typischen Mustern in Sozialisationsprozessen ausgegangen wird.
3. Aus der Beschreibung hinderlicher und förderlicher Bedingungen infolge von Erfahrungen und Anforderungen in unterschiedlichen Lebensphasen, Kontexten und aufgrund von Diversitäten ergeben sich Anknüpfungspunkte für Angebote der Sozialen Arbeit. Diese bestehen in der Stärkung vorhandener und der Erschließung neuer Ressourcen. Ziel ist insbesondere die Befähigung der Adressat*innen, um den Aufbau einer stabilen Ich-Identität zu fördern. Auch der Bedarf einer Reflexion und Veränderung ungleichheitsstiftender gesellschaftlicher Strukturen leitet sich hieraus ab.

Fragen zur Reflexion

Was bedeutet eine „produktive" Realitätsverarbeitung? Was bedeutet produktive Realitätsverarbeitung *nicht?*

Welches sozialisationstheoretisch relevante Spannungsverhältnis wird im Konzept der Entwicklungsaufgaben beschrieben?

Welches „Risiko" geht mit der Orientierung am Konzept der Entwicklungsaufgaben für Sozialarbeiter*innen einher?

Literatur

Asendorpf, Jens B. Asendorpf und Neyer, Franz J. 2012: *Psychologie der Persönlichkeit.* 5. Aufl., Berlin, Heideberg: Springer-Verlag.

Bauer, Ullrich und Hurrelmann, Klaus 2015: *Das Modell der produktiven Realitätsverarbeitung in der aktuellen Diskussion.* In: Zeitschrift für Soziologie der Erziehung und Sozialisation, 35. Jg., H. 2, S. 155–170.

Horstkemper, Marianne und Tillmann, Klaus-Jürgen 2015: *Sozialisation in der Schule.* In: Bauer, Ullrich und Hurrelmann, Klaus und Grundmann, Matthias und Walper, Sabine (Hrsg.): Handbuch Sozialisationsforschung. 8. Aufl., Weinheim und Basel: Beltz, S. 437–452.

Hurrelmann, Klaus 1983: *Das Modell der produktiven Realitätsverarbeitung in der Sozialisationsforschung.* Zeitschrift für Sozialisationsforschung und Erziehungssoziologie, Jg. 3, H. 1, S. 91–103.

Hurrelmann, Klaus und Bauer, Ullrich 2015: *Einführung in die Sozialisationstheorie. Das Modell der produktiven Realitätsverarbeitung.* 11., vollständig überarbeitete Aufl., Weinheim und Basel: Beltz.

Hurrelmann, Klaus und Quenzel, Gudrun 2016: *Lebensphase Jugend. Eine Einführung in die sozialwissenschaftliche Jugendforschung.* 13., überarbeitete Aufl., Weinheim: Juventa.

Rauschenbach, Thomas 2009: *Zukunftschance Bildung. Familie, Jugendhilfe und Schule in neuer Allianz.* Weinheim: Beltz.

Rothgang, Georg-Wilhelm und Bach, Johannes 2015: *Entwicklungspsychologie.* 3., überarbeitete und erweiterte Aufl., Stuttgart: Kohlhammer.

Hinweise zu weiterführender Literatur

Hurrelmann, Klaus und Bauer, Ullrich 2015: *Einführung in die Sozialisationstheorie. Das Modell der produktiven Realitätsverarbeitung.* 11., vollständig überarbeitete Aufl., Weinheim und Basel: Beltz.

3.2 Sozialisation als Verinnerlichung sozial ungleicher Strukturen (Pierre Bourdieu)

Tanja Grendel

Was Sie hier erwartet

Pierre Bourdieu erklärt den Einfluss *sozialer* Unterschiede auf die Persönlichkeitsentwicklung. Mit seinen Konzepten lassen sich einerseits die Verschiedenheiten von Sozialisationsbedingungen beschreiben, andererseits wird nachvollziehbar, wie im Sozialisationsprozess – geprägt durch die Lebensbedingungen – typische Denk-, Wahrnehmungs- und Bewertungsmuster entstehen, die ähnliche Lebensstile hervorbringen. Gezeigt wird, dass die Chancen auf gesellschaftliche Teilhabe ungleich sind, weil die oberen Klassen ihre Lebensstile als Maßstab durchsetzen und Menschen dazu neigen, sich am Gewohnten zu orientieren. Bourdieu entlarvt diese „verborgenen Mechanismen der Macht" und zeigt auf, wie wir alle bei der Herstellung sozialer Ungleichheit mitwirken.

3.2.1 Grundzüge der Theorie

Sie freuen sich seit Wochen auf dieses Konzert: Bevor das Licht gedimmt wird schweift ihr Blick durch den Saal und verweilt auf einzelnen Konzertbesucher*innen: Coole Schuhe, ausgefallener Rock, schrilles Lachen, teure Uhr – es sind die Unterschiede, die ihnen ins Auge fallen. Diese Unterschiede verändern sich jedoch, wenn sie das Veranstaltungsgenre wechseln, z. B. von Indie zu Volksmusik oder von Jazz zu Klassik. Zwischen der Kleidung, dem Verhalten und der Präferenz für bestimmte Getränke der Besucher*innen liegen mitunter Welten. Möglicherweise ist ihnen *eine* dieser Welten besonders vertraut. Sie fühlen sich wohl, auch weil das Umfeld ihnen – neben allen individuellen Unterschieden – u. a. im Hinblick auf Bildungsstatus, Einkommen und Werthaltungen in gewisser Weise *ähnlich* ist. Diese Beziehung zwischen den Vorlieben der Menschen und ihrer sozialen Herkunft rückt der französische Soziologe Pierre Bourdieu in den Mittelpunkt seines Erkenntnisinteresses. Ausgehend von umfangreichen empirischen Analysen der Lebensstile von Menschen aus unterschiedlichen sozialen Klassen in den 1960er/70er Jahren hält er fest:

„Nicht nur jede kulturelle Praxis (der Besuch von Museen, Ausstellungen, Konzerten, die Lektüre, usw.), auch die Präferenz für eine bestimmte Literatur, ein bestimmtes Theater, eine bestimmte Musik erweisen ihren engen Zusammenhang primär mit dem Ausbildungsgrad, sekundär mit der sozialen Herkunft" (Bourdieu 1987, S. 17 f.).

Geschmack und kultureller Konsum sind folglich immer auch gesellschaftlich geprägt, sie sind Ergebnis von Sozialisation.

Inzwischen haben sich Lebensstile stärker ausdifferenziert und es schließt sich z. B. nicht aus, sowohl Indie- als auch klassische Musik zu mögen. Grundlegende Unterschiede in den Lebensstilen von Menschen verschiedener sozialer Positionen zeigen sich jedoch auch heute noch, wie der vorliegende Beitrag zeigt. Im Folgenden werden zunächst Unterschiede der Lebens- und Sozialisationsbedingungen sozialer Klassen beschrieben, bevor der Zusammenhang zwischen sozialer Position und Lebensstil erläutert wird. Anschließend wird auf das Phänomen der Reproduktion ungleicher gesellschaftlicher Teilhabechancen eingegangen.

Um Bourdieu zu verstehen, ist es wichtig zu wissen, dass er moderne Gesellschaften per se als sozial ungleiche Gesellschaften versteht, in denen Menschen – je nach sozialer Position – in *unterschiedlichem* Maße über Ressourcen verfügen und *ungleiche* Chancen auf gesellschaftliche Teilhabe haben.

Um die soziale Zusammensetzung der Gesellschaft analytisch beschreibbar zu machen, verwendet er das Konzept des *Sozialen Raums*. Der Soziale Raum ist strukturiert nach sogenannten *Klassen*. Je nach Ressourcenausstattung stehen diese Klassen unter- oder übereinander. Der Soziale Raum ist folglich zunächst hierarchisch strukturiert – d. h. es gibt ein „oben" und ein „unten" in der Gesellschaft. Darüber hinaus unterscheidet Bourdieu innerhalb der Klassen „Fraktionen", die sich horizontal nach Art und Umfang der jeweils verfügbaren Ressourcen unterscheiden.

„Ressourcen" nennt Bourdieu „Kapital", dieses kann in unterschiedlichen Formen vorliegen: Neben Geld und Besitz als *ökonomisches* Kapital berücksichtigt er *soziales* und *kulturelles* Kapital. Als soziales Kapital werden Ressourcen bezeichnet, die aus Beziehungen resultieren, etwa Vorteile, die umgangssprachlich als „Vitamin B" bezeichnet werden. Das kulturelle Kapital kann nach Bourdieu in objektivierter Form (z. B. als Besitz von Kulturgütern wie Gemälden und Büchern), in institutionalisierter Form (z. B. als Bildungszertifikate) oder in inkorporierter Form (z. B. als verinnerlichte Kompetenzen des Zugangs zu und des Verständnisses von Bildungs- und Kulturgütern; vgl. ausführlich Bourdieu

1983; Bourdieu 1987, S. 19) vorliegen.[2] Erläutern lässt sich die Form des inkorporierten kulturellen Kapitals z. B. anhand der Praxis des Vorlesens: Wird Kindern regelmäßig vorgelesen, kann dies u. a. einen selbstverständlicheren Zugang zu und Umgang mit Büchern fördern, welcher als Vorbereitung auf schulisches Lernen von Vorteil ist.[3] Insbesondere der Zugang zur sogenannten Hochkultur – darunter etwa klassische Musik – ist nach Bourdieu abhängig von dem inkorporierten Kapital.

An dieser Stelle kann festgehalten werden, dass Menschen – je nach sozialer Position – über eine unterschiedliche Kapitalausstattung verfügen. Mit dem Kapitalansatz lassen sich ökonomische, soziale und kulturelle Unterschiede der (typischen) Sozialisationsbedingungen sozialer Klassen beschreiben. Dies hat Folgen für gesellschaftliche Teilhabechancen. Menschen können das ihnen verfügbare Kapital als Ressourcen nutzen: Beispielsweise vermag soziales Kapitel – etwa das Kennen eines Firmenchefs – zu einem guten Job verhelfen oder ökonomisches Kapital die Option eines Jahresabos für die Oper eröffnen. Je nach sozialer Klasse unterscheiden sich die nutzbaren Ressourcen auf gesellschaftliche Teilhabe.

Kommen wir zurück auf die eingangs erwähnte Beobachtung, dass zwischen Lebensstil und sozialer Position ein Zusammenhang existiert: „Wie wir uns kleiden, was wir lesen, wie wir unsere Wohnungen einrichten, was wir für ein gutes Essen halten – dies alles [...] weist einen einheitsstiftenden Stil auf, der unsere Zugehörigkeit zu einer bestimmten gesellschaftlichen Gruppe kenntlich macht" (Baumgart 2008, S. 202). Bourdieu erklärt die Verknüpfung zwischen sozialer Position und Lebensstil anhand des *Habitus* eines Menschen: „Als Vermittlungsglied zwischen der Position oder Stellung innerhalb des sozialen Raumes und spezifischen Praktiken, Vorlieben, usw. fungiert das, was ich ‚Habitus' nenne, das ist eine allgemeine Grundhaltung, eine Disposition gegenüber der Welt, die zu systematischen Stellungnahmen führt" (Bourdieu 1997, S. 31).

Der Habitus wird definiert als internalisierte (d. h. verinnerlichte) Denk, Wahrnehmungs- und Bewertungsmuster, die zugleich als „Erzeugungsprinzip" und „Klassifikationssystem" kultureller Praxisformen wirksam werden (vgl. Bourdieu 1987, S. 277). Unter dem *Erzeugungsprinzip* wird in dem Zusammenhang

---

[2]Die Form des inkorporierten Kapitals ist Teil des Habitus, siehe hierzu ausführlicher unten.

[3]Bei dem darüber hinaus teilweise in der Literatur berücksichtigten symbolischen Kapital handelt es sich nicht um eine Kapitalart als solche, sondern vielmehr um gesellschaftliche Reaktionen auf das verfügbare Kapital, wie beispielsweise Anerkennung und Reputation (vgl. Niederbacher und Zimmermann 2011, S. 54).

verstanden, dass der Habitus bestimmte Lebensstile erzeugt, also *hervorbringt*. Veranschaulichen lässt sich dies, indem man sich den Habitus als eine Art „Brille" vorstellt: Angehörige sozialer Klassen nehmen – ausgehend von den Deutungsmustern ihres Habitus – die Welt auf eine spezifische Art und Weise wahr. Dies legt einen bestimmten Lebensstil nahe, u. a., weil bestimmte Denkweisen und Praktiken (un)möglich sind. Strukturelle Gegensätze von Lebensstilen beschreibt Bourdieu am Beispiel des kulturellen Konsums und des Essens wie folgt:

> „Der Gegensatz von Quantität und Qualität, von ausladendem Teller und kleiner Platte, Substanz und Form wie Formen deckt sich mit der – an ungleiche Distanz zum Notwendigen gebundenen – Opposition zweier Varianten von Geschmack: dem aus Not und Zwang geborenen, der zu gleicherweise nahrhaften und kostensparenden Speisen greifen lässt; dem aus Freiheit – oder Luxus – geborenen Geschmack, der, anders als beim Drauflos-Essen der populären Kreise, das Hauptaugenmerk von der Substanz auf die Manier (des Vorzeigens, Auftischens, Essens, usw.) verlagert, und dies vermittelt über die Intention zur Stilisierung, die der Form und den Formen eine Verleugnung der Funktion abverlangt." (Bourdieu 1987, S. 25 f.)

Mit dem Habitus gehen darüber hinaus spezifische – anerkennende oder ablehnende – Bewertungen von Lebensstilen einher, was mit der Funktion des Habitus als *Klassifikationssystem* beschrieben wird. „Die sozialen Subjekte [...] unterscheiden sich voneinander durch die Unterschiede, die sie zwischen schön und häßlich, fein und vulgär machen und in denen sich ihre Position in den objektiven Klassifizierungen ausdrückt und verrät" (ebd., S. 24). Über die Struktur der Bewertung entscheidet zum einen die Vertrautheit der Lebensstile gemessen an eigenen Erfahrungen (siehe hierzu ausführlicher unten), zum anderen spielen in dem Zusammenhang auch Strategien der sozialen Klassen zu Statuserhalt bzw. -verbesserung eine Rolle. Bourdieu bezeichnet diese Abgrenzungen als *Distinktionen*. Darunter versteht man Unterschiede setzende Verhaltensweisen. Kennzeichnend für die oberen Klassen ist nach Bourdieu z. B. das Bestreben, die eigene soziale Position nach „unten" durch Abwertungen aufsteigender Gruppen zu sichern. Die mittleren Klassen kennzeichnet das – i. d. R. vergebliche – Bemühen um sozialen Aufstieg und die Abgrenzung nach unten, wohingegen die Lebensbedingungen der unteren Klassen so sehr durch „Notwendigkeit" bestimmt sind, dass diese um ihre bloße Existenz kämpfen (vgl. Baumgart 2008, S. 200). Ziel dieser Strategien ist es, die Lebensstilmuster der eigenen Positionsgruppe aufzuwerten. Lebensbedingungen und Bestrebungen des Positionserhalts prägen demnach den Habitus.

Für die Analyse von Sozialisationsprozessen stellt sich die Frage, wie die Muster des Habitus ausgebildet werden. Bourdieu verweist diesbezüglich auf die Erfahrungen, die Heranwachsende innerhalb ihrer sozialen Klasse machen. Die Aneignung habitueller Muster erfolgt durch die Teilhabe an Alltagspraxis (= *implizite* Lernprozesse) sowie durch erzieherische Interventionen (= *explizite* Lernprozesse). Was „angemessenes" Verhalten und Denken ist, was als schön oder häßlich, fein oder vulgär gilt, wird auf diese Weise vermittelt. Da wir nach sozialer Anerkennung in unserem Nahumfeld streben, orientieren wir uns an Erwartungen und Vorgaben. „Anerkennung, Ansehen", so schreibt Bourdieu, „das heißt ganz einfach Daseinsberechtigung" (Bourdieu 2011b, S. 186). Die Chance, Anerkennung zu erfahren, ist dabei erwartungsgemäß größer, wenn die gezeigten Praxisformen den Konventionen des sozialen Umfelds entsprechen.

Stabilisierend wirken sich auf die Muster des Habitus zudem Interaktions-erfahrungen in anderen Erfahrungskontexten aus. Davon ausgehend, dass der Habitus immer geprägt ist durch die Klasse, treten „in jeder Interaktion […] nicht nur Individuen, sondern ganze Dispositionssysteme […] einander gegenüber" (Rehbein 2011, S. 96 mit Verweis auf Bourdieu 1976, S. 180). In Interaktionen versuchen Akteure, ihre eigene soziale Position zu sichern bzw. zu verbessern und sind entsprechend darum bemüht, die vorteilhaften Merkmale der eigenen Positionsgruppe durchzusetzen (vgl. Bourdieu 1987, S. 742). Zu diesem Zweck kommt es wechselseitig zu Distinktionen. Menschen, die gerne volkstümliche Konzerte besuchen, empfinden klassische Musikveranstaltungen möglicherweise als „steif" wohingegen Klassikfans die Botschaften der Volksmusik als „banal" bewerten. Entscheidend ist, dass sich *beide* voneinander abgrenzen. In der Abgrenzung zueinander wird letztlich die eigene Gruppenzugehörigkeit gestärkt: „Soziale Identität gewinnt Kontur und bestätigt sich in der Differenz", schreibt Bourdieu hierzu (Bourdieu 1987, S. 279). Besucht werden i. d. R. kulturelle Veranstaltungen, auf denen man sich wohlfühlt.

Ausgetragen werden diese Positionskämpfe in allen Teilbereichen der Gesellschaft, darunter z. B. Wirtschaft, Bildung und Justiz. Diese Teilbereiche bezeichnet Bourdieu als „Soziale Felder" und erläutert deren Funktionsweise anhand der Metapher des „Spiels": Das Soziale Feld ist in diesem Bild „ein nach einer eigenen Logik funktionierendes ‚Spiel' um Macht und Einfluss" (Krais und Gebauer 2002, S. 56). Akteure kämpfen innerhalb der sozialen Felder um den Erhalt oder die Verbesserung ihrer sozialen Position und versuchen die Spielregeln so zu verändern, dass ihre Stärken zum Tragen kommen. Dabei verfügen die oberen Klassen i. d. R. über größere Einflussmöglichkeiten. Sie haben die Macht, Maßstäbe für Teilhabe und Erfolg zu definieren und damit bessere Möglichkeiten, die eigene Vormachtstellung zu sichern (s. u.).

Jedwede Praxis ist somit zugleich geprägt von individuellen Ressourcen und Bedingungen des konkreten Felds (vgl. Bourdieu 1987, S. 175). Demnach bestimmen

> „die in der Lebensgeschichte erworbenen Handlungsressourcen und Handlungsmuster (Kapital und Habitus) die gegenwärtigen Handlungen eines Menschen [...]. Aber sie finden nicht im luftleeren Raum statt, sondern in einer sich stets verändernden Wirklichkeit (Felder), die wiederum determiniert, welche Ressourcen und Dispositionen zu einem gegebenen Zeitpunkt eingesetzt werden können und sollen (Praxis)" (Rehbein 2011, S. 168).

Einfacher formuliert bedeutet dies, über Teilhabechancen entscheiden nicht allein die qua Sozialisation verfügbaren Ressourcen, sondern insbesondere die Bewertungsmaßstäbe, die in bestimmten Bereichen der Gesellschaft angelegt werden. Die Chancen auf Teilhabe können dabei in den einzelnen Feldern divergieren, da jeweils unterschiedliche Kapitalarten gefragt sind. Beispielsweise spielt im Wirtschaftssystem das ökonomische Kapital eine zentrale Rolle, wohingegen im Bildungssystem vorwiegend das kulturelle Kapital von Bedeutung ist. Der Habitus entscheidet über Erfolg oder Misserfolg. Er kann in dem Zusammenhang als ein „Sinn für das Spiel" verstanden werden: In einem vertrauten Umfeld kennt man die Konventionen, weiß intuitiv, wie man sich – etwa auf einer Konzertveranstaltung – zu verhalten und zu kleiden hat.

Bourdieu analysiert das Phänomen ungleicher Teilhabechancen insbesondere am Beispiel der Bildungsungleichheit. In seiner Studie „Die Illusion der Chancengleichheit" (Bourdieu und Passeron 1971) macht er darauf aufmerksam, dass die Bewertungsmaßstäbe des Bildungssystems vornehmlich mittelschichtorientiert sind. Alle Schüler*innen werden an diesen gemessen, bringen jedoch qua Sozialisation unterschiedliche Ressourcen mit. Ein Teil der Schüler*innenschaft weist also per se eine höhere Passung mit den Anforderungen auf, wohingegen Kinder aus unteren Klassen häufig in geringerem Maße als gefordert über kulturelles Kapital verfügen (verwiesen sei in diesem Zusammenhang auf das oben genannte Beispiel des Vorlesens, was als Vorbereitung auf schulisches Lernen verstanden werden kann). Als besonders perfide erweist sich, dass Kinder aus nicht-akademischen Familien diese *kulturellen* Passungsunterschiede als *individuelles* Kompetenzdefizit deuten (vgl. Bourdieu 2001a, S. 21). Dass bei Eintritt in das Bildungssystem mitunter Sprachduktus, Allgemeinwissen und Bildungsverständnis deutlich voneinander divergieren wird nicht auf Sozialisationserfahrungen zurückgeführt, sondern als Mangel an Fähigkeiten interpretiert. Bourdieu spricht diesbezüglich von einem subjektiv empfundenen „Fremdheitsgefühl" (vgl. Bourdieu 2001b, S. 217). Sozialisationsprozesse sind entsprechend nicht allein geprägt von einer unterschiedlichen Verfügbarkeit über Kapital, sondern auch von „Gefühlen der Inkompetenz und der Unwürdigkeit sowie [dem, TG] Erwerb eines ‚Sinns für die eigene Stellung im sozialen Raum'" (Scherr 2014, S. 176).

Das beschriebene Fremdheitsgefühl kann sich in unterschiedlichen Kontexten einstellen. Möglicherweise, wenn sie ein für sie – gemessen an ihrer sozialen Herkunft – nicht vertrautes Konzert der Hochkultur besuchen, im Anschluss in ein Gespräch über die Veranstaltung verwickelt werden und ihr Unwissen sichtbar wird. Mit Verweis auf Abels und König (2016, S. 187) zeigt sich an dieser Stelle, dass – neben habitualisierten Präferenzen – eine weitere Determinante über unsere Praxisformen – z. B. zukünftige Veranstaltungsbesuche – entscheidet: die „soziale Sicherheit [..., TG], die mit dem Habitus gegeben ist und gesucht wird". Menschen suchen Kontexte – z. B. Kulturveranstaltungen – auch in dem Wissen aus, „was einen dort erwartet und wie ‚man' sich dort verhält" (ebd.). Weil wir alle uns am liebsten in Umgebungen bewegen, die uns vertraut sind, tragen wir auf diese Weise – unbewusst – zur Reproduktion von Ungleichheitsverhältnissen bei.

Im Kern greift Bourdieu mit dem Habituskonzept die für sozialisationstheoretische Betrachtungen relevante Frage auf, wie frei bzw. wie beeinflusst das Individuum von gesellschaftlichen Prägungen ist. Bei Abels und König (2016, S. 190, Herv. im Original) heißt es hierzu: „Das Individuum meint, frei zu handeln, aber der Habitus reproduziert die Strukturen des Denkens und Handelns, die in seinem sozialen Raum Anerkennung finden, und generiert deshalb auch immer aufs Neue die *sozialen Muster einer typischen Identität*". In der Literatur wird diese Perspektive sehr unterschiedlich rezipiert. Teilweise wird Bourdieu aufgrund des postulierten Zusammenhangs zwischen sozialer Position und Habitus eine deterministische Betrachtung vorgeworfen (vgl. u. a. Scherr 2014), teilweise werden u. a. aktuelle Befunde der Persönlichkeitspsychologie als Beleg der Prägekraft positionsspezifischer Haltungen interpretiert (vgl. Hurrelmann und Bauer 2015, S. 221).

Bourdieu selbst hat den Vorwurf des Determinismus versucht zu relativieren, indem er auf gewisse Gestaltungsspielräume des Habitus verweist. Im Hinblick auf grundlegende Veränderungen des Habitus zeigt er sich jedoch verhalten: Es ist, so schreibt er, „nicht auszuschließen, dass unter gewissen Umständen insbesondere in Krisensituationen, in denen die unmittelbare Angepasstheit von Habitus und Feld auseinanderbricht – andere Prinzipien, so das bewusste und rationale Kalkül, an seine Stelle [gemeint ist der Habitus, TG] treten" (Bourdieu 1989, S. 397). Systematisch ausgearbeitet hat Bourdieu diese Facette des Habitus jedoch nicht. U. a. Studien zu Bildungsaufstiegen versuchen diese Wissenslücke zu schließen und zeichnen die biografische Transformation bzw. Veränderung habitueller Muster nach (vgl. El-Mafaalani 2012; Grendel 2012). Vernachlässigt wird von Bourdieu darüber hinaus der Aspekt der Subjektivität, also die „Fähigkeit zu Deutungen, Bewertungen, Urteilen und Handlungen, die weder genetisch noch sozial vollständig determiniert und folglich auch nicht vorhersagbar sind" (Scherr 2014, S. 169). (siehe hierzu Abschn. 2.1)

3.2.2 Erkenntnisgewinn und Praxisbezug für die Soziale Arbeit

Sozialisationsansätze nehmen das Spannungsverhältnis zwischen Individuum und Gesellschaft in den Blick. Die Konzeption Bourdieus unterscheidet sich von anderen Ansätzen insofern, als sich hier Individuum und Gesellschaft nicht einander gegenüberstehen: „Das Individuum ist (im Sinne von ‚verkörpert') Gesellschaft" (Abels und König 2016, S. 181). Sozialisation – deshalb die gleichlautende Überschrift des Kapitels – kann entsprechend bei Bourdieu als „Verinnerlichung sozial ungleicher Strukturen" verstanden werden, das Ergebnis des Sozialisationsprozesses ist der Habitus.

Welchen Gewinn haben Bourdieus Überlegungen für die Soziale Arbeit? Bei der Beantwortung dieser Frage werden im Folgenden einerseits Erkenntnisse berücksichtigt, die mit Blick auf die Förderung von personaler Selbstbestimmung und sozialer Integration nutzbar sind, zum anderen Einsichten, die eine kritische Reflexion ungleichheitsstiftender Strukturen der Gesellschaft ermöglichen (siehe hierzu ausführlicher Kap. 1, Abschn. 5.1, Kap. 6).

Die Arbeiten Bourdieus sensibilisieren für die strukturelle Rahmung von Sozialisationsprozessen und die unterschiedliche Kapitalausstattung sozialer Klassen (vgl. auch Abels und König 2016, S. 192; Niederbacher und Zimmermann 2011, S. 55). Anhand des Kapitalansatzes werden unterschiedliche Lebensbedingungen und damit verknüpfte Ressourcen beschreibbar. Aufgezeigt werden Ansatzpunkte der Sozialen Arbeit im Sinne der Stärkung des ökonomischen, sozialen und kulturellen Kapitals.

Wesentlich für die Profession ist darüber hinaus die Erkenntnis, dass die Chancen auf Teilhabe und Erfolg in bestimmten Bereichen der Gesellschaft durch privilegierte Klassen definiert werden. *Unterschiedliche* Ressourcen werden auf diese Weise zu *ungleichen* Voraussetzungen für gesellschaftlichen Erfolg. Bourdieu zeigt auf, dass soziale Ungleichheit auf gesellschaftlichen Machtverhältnissen gründet, die für das Individuum nicht transparent sind – er bezeichnet diese deshalb als „verborgene Mechanismen der Macht": Die ungleichen Voraussetzungen für Teilhabe werden in der Folge als *individuelles,* nicht als *strukturelles*

Defizit wahrgenommen. Als Auftrag der Sozialen Arbeit leitet sich hieraus ab, den Einfluss struktureller Begrenzungen auf individuelle Entwicklungsprozesse offen zu legen und Begrenzungen von Teilhabe in den gesellschaftspolitischen Diskurs einzubringen und deren Veränderung zu initiieren.

Neben Unterschieden in Folge der sozialen Herkunft berücksichtigt Bourdieu auch weitere Dimensionen sozialer Ungleichheit, darunter z. B. Geschlecht und Ethnie. In seinem Werk „Die männliche Herrschaft" (Bourdieu 2005) etwa veranschaulicht er exemplarisch, wie geschlechterspezifische Konstruktionen von Leistung und Begabung mit geschlechterspezifischen Erfolgschancen in der Wissenschaft korrelieren. Auch hier nutzen bestimmte gesellschaftliche Gruppen ihre Definitionsmacht und werten andere Gruppen ab, um die eigene Position zu sichern (siehe hierzu die Kapitel in Kap. 5).

Das Verständnis des Habitus als verinnerlichte soziale Struktur legt darüber hinaus die Berücksichtigung habitueller Unterschiede von Adressat*innen in der Sozialen Arbeit nahe. Folgt man Bourdieu, sind alle Lebensäußerungen Ergebnis des Habitus: „Wer den Habitus einer Person kennt, der spürt oder weiß intuitiv, welches Verhalten dieser Person verwehrt ist" (Baumgart 2008, S. 207). Habituelle Begrenzungen können mitunter Begrenzungen der personalen Selbstbestimmung darstellen – etwa wenn das Zutrauen in bestimmte Bildungswege aufgrund von Passungsproblemen und Fremdheitsgefühlen im Bildungssystem fehlt. Dieses Wissen ist insbesondere für einen *verstehenden* Zugang zu Adressat*innen von Bedeutung. In der aktuellen Professionalisierungsdebatte der Sozialen Arbeit wird diese Kompetenz als „Habitussensibilität" bezeichnet. Hierunter gefasst wird eine „soziale Sensibilität, welche den Einzelnen – oder milieumäßige Gruppen – in seiner/ihrer zunächst eigensinnigen Erwartungshaltung an ‚die Welt' und damit auch an den eigenen `Fall` ernst zu nehmen versucht" (Sander 2014, S. 10). Eine Sensibilität für den Habitus der Adressat*innen verhilft Professionellen dazu, den Anteil habitueller Deutungsmuster an Ursprung und Umgang mit Problemen nachzuvollziehen (vgl. Weckwerth 2014, S. 59). Beispielsweise können die Einstellung über die Inanspruchnahme von Hilfe, die Art der Problemschilderung oder auch das Verhältnis zu Professionellen habituell unterschiedlich sein (vgl. ebd., S. 38) (siehe hierzu ausführlicher Kap. 6).

Als weitere Erkenntnis leitet sich aus den vorgestellten Konzepten die Notwendigkeit ab, dass Sozialarbeiter*innen auch *eigene* habituelle Muster kritisch reflektieren. Im Sozialisationsprozess werden häufig Normalitätsvorstellungen und Weltbilder verinnerlicht und nicht mehr hinterfragt. Denkbar ist es, dass in Interaktionen Distinktionen zum Tragen kommen, die eine Reproduktion sozialer Ungleichheit zur Folge haben, wie Grendel und Scherschel (2019) exemplarisch am Beispiel ethnisierender Klassifikationen im Kontext der Flüchtlingssozialarbeit zeigen (siehe hierzu ausführlicher Kap. 6).

3.2.3 Fazit

Bourdieu beschreibt ungleiche Sozialisationsbedingungen und erklärt den Zusammenhang zwischen Sozialer Position und Lebensstil. Übersetzt in die Terminologie des Modells der produktiven Realitätsverarbeitung (siehe hierzu Abschn. 3.1) bedeutet dies, der Fokus seiner Betrachtung liegt auf dem Einfluss der äußeren Umwelt auf die Persönlichkeitsentwicklung, wohingegen er innere Anlagen und *individuelle* Verarbeitungsprozesse vernachlässigt.

Skizziert wird in seinen Arbeiten das Bild einer Gesellschaft mit ungleichen Teilhabechancen. Diese sind darauf zurückzuführen, dass höhere Positionsgruppen ihre habituellen Muster als allgemeingültigen Maßstab durchsetzen und sich auf diese Weise Vorteile sichern. Da Menschen sich zudem bevorzugt in Kontexten bewegen, die ihnen vertraut sind und zu ihren habituellen Mustern „passen", werden die Ungleichheitsstrukturen i. d. R. reproduziert. Für die Soziale Arbeit leitet sich hieraus eine Einsicht in die Wirkmechanismen sozialer Ausgrenzung und sozialer Ungleichheit ab.

Für die Soziale Arbeit ergibt sich aus den Konzepten des Weiteren eine Einsicht in ökonomische, soziale und kulturelle Unterschiede von Sozialisationsbedingungen, die Anknüpfungspunkte für die Soziale Arbeit darstellen können. Darüber hinaus verdeutlicht das Habituskonzept, dass Menschen – je nach sozialer Herkunft – unterschiedliche Perspektiven und Präferenzen entwickeln. Eine Sensibilität für diese kulturellen Muster ist Voraussetzung eines verstehenden Zugangs zu Adressat*innen der Sozialen Arbeit. Zudem verdeutlichen die theoretischen Überlegungen den Stellenwert der Selbstreflexion für Sozialarbeiter*innen, denn die eigenen, im Sozialisationsprozess erworbenen habituellen Muster, können im Sinne von Normalitätsvorstellungen die Förderung von Teilhabe und personaler Selbstbestimmung konterkarieren.

Fragen zur Reflexion

Worin unterscheiden sich die Lebensbedingungen in unterschiedlichen sozialen Klassen?

Was versteht Bourdieu unter dem Habitus?

In welcher Situation hatten Sie ein „Fremdheitsgefühl" im Sinne Bourdieus. Worauf lässt sich dieses zurückführen?

Was ist unter den „verborgenen Mechanismen der Macht" zu verstehen?

Worum tragen wir alle zur Reproduktion ungleicher Strukturen bei?

Literatur

Abels, Heinz/König, Alexandra 2016: *Sozialisation. Über die Vermittlung von Gesellschaft und Individuum und die Bedingungen von Identität.* 2., überarb. und erw. Aufl., Wiesbaden: Springer VS.

Baumgart, Franzjörg 2008: *Theorien der Sozialisation. Erläuterungen, Texte, Arbeitsaufgaben.* 4., durchges. Aufl., Bad Heilbrunn: Verlag Julius Klinkhardt.

Bourdieu, Pierre/Passeron, Jean-Claude 1971: *Die Illusion der Chancengleichheit: Untersuchungen zur Soziologie des Bildungswesens am Beispiel Frankreichs.* Stuttgart: Klett.

Bourdieu, Pierre 1983: *Ökonomisches Kapital, kulturelles Kapital, soziales Kapital.* In: Kreckel, Reinhart (Hrsg.): *Soziale Ungleichheiten.* Soziale Welt, Sonderband 2, S. 183–198.

Bourdieu, Pierre 1987: *Die feinen Unterschiede. Kritik der gesellschaftlichen Urteilskraft.* Frankfurt am Main: Suhrkamp.

Bourdieu, Pierre 1989: *Antworten auf einige Einwände.* In: Eder, Klaus (Hrsg.): *Klassenlage, Lebensstil und kulturelle Praxis. Beiträge zur Auseinandersetzung mit Pierre Bourdieus Klassentheorie.* Frankfurt a.M.: Suhrkamp, S. 395–411.

Bourdieu, Pierre 1997: *Die verborgenen Mechanismen der Macht.* Hamburg: VSA.

Bourdieu, Pierre 2001a: *Wie die Kultur zum Bauern kommt. Über Bildung, Schule und Politik.* Herausgegeben von Margareta Steinrücke, Hamburg: VSA.

Bourdieu, Pierre 2001b: *Mediationen. Zur Kritik der scholastischen Vernunft,* Frankfurt a.M.: Suhrkamp.

Bourdieu, Pierre 2005: *Die männliche Herrschaft.* Aus dem Französischen von Jürgen Bolder. Frankfurt am Main: Suhrkamp.

El-Mafaalani, Aladin 2012: *BildungsaufsteigerInnen aus benachteiligten Milieus: Habitustransformation und soziale Mobilität bei Einheimischen und Türkeistämmigen.* Wiesbaden: Springer VS.

Grendel, Tanja 2012: *Bezugsgruppenwechsel und Bildungsaufstieg. Zur Veränderung herkunftsspezifischer Bildungswerte.* Wiesbaden: Springer VS.

Grendel, Tanja und Scherschel, Karin 2019: *Dilemmata des professionellen Habitus in der Sozialen Arbeit mit Geflüchteten.* In: Sander, Tobias/Weckwerth, Jan (Hrsg.): *Das Personal der Professionen: Soziale und fachkulturelle Passungen bei Ausbildung, Berufszugang und professioneller Praxis.* Weinheim: Beltz Juventa. S. 124–144.

Hurrelmann, Klaus/Bauer, Ullrich 2015: *Einführung in die Sozialisationstheorie. Das Modell der produktiven Realitätsverarbeitung.* 11. Aufl., Weinheim: Beltz Juventa.

Krais, Beate/Gebauer, Gunter 2002: *Habitus*. Bielefeld: Transcript Verlag.

Niederbacher, Arne/Zimmermann, Peter 2011: *Grundwissen Sozialisation. Einführung zur Sozialisation im Kindes- und Jugendalter.* 4., überarb. und aktual. Aufl. Wiesbaden: Springer VS.

Rehbein, Boike 2011: *Die Soziologie Pierre Bourdieus.* 2., überarb. Aufl. Konstanz: UVK.

Sander, Tobias 2014: *Soziale Ungleichheit und Habitus als Bezugsgrößen professionellen Handelns: Berufliches Wissen, Inszenierung und Rezeption von Professionalität.* In: ders. (Hrsg.): *Habitussensibilität. Eine neue Anforderung an professionelles Handeln.* Wiesbaden: Springer VS, S. 9–36.

Scherr, Albert 2014: *Subjektivität und Habitus.* In: Bauer, Ullrich u. a. (Hrsg.): *Bourdieu und die Frankfurter Schule.* Bielefeld: Transcipt Verlag, S. 163–188.

Weckwerth, Jan 2014: *Sozial sensibles Handeln bei Professionellen. Von der sozialen Lage zum Habitus des Gegenübers.* In: Tobias Sander (Hrsg.): *Habitussensibilität. Eine neue Anforderung an professionelles Handeln.* Wiesbaden: Springer VS, S. 37–66.

Hinweise zu weiterführender Literatur

Rehbein, Boike 2011: *Die Soziologie Pierre Bourdieus.* 2., überarb. Aufl. Konstanz: UVK.

Niederbacher, Arne/Zimmermann, Peter 2011: *Grundwissen Sozialisation. Einführung zur Sozialisation im Kindes- und Jugendalter.* 4. überarb. und aktual. Aufl., Wiesbaden: VS-Verlag. [hier: S. 52–55]

Bourdieu, Pierre 1987: *Die feinen Unterschiede. Kritik der gesellschaftlichen Urteilskraft.* Frankfurt am Main: Suhrkamp.

3.3 Sozialisation als Lebensbewältigung (Lothar Böhnisch)

Lothar Böhnisch

Was Sie hier erwartet

Das vorliegende Kapitel beschreibt die mit der zweiten Moderne verbundenen Entgrenzungs- und Freisetzungsdynamiken als individuelle Bewältigungsaufforderung und -zwänge. Bewältigung dient dabei der (Wieder-)Herstellung der subjektiven Handlungsfähigkeit und wird verstanden als die individuelle Auseinandersetzung mit gesellschaftlichen

Rahmenbedingungen. Skizziert wird das Bewältigung als Modell bestehend aus einem inneren Kreis des *Bewältigungsverhaltens*, einem mittleren Kreis der *Bewältigungskulturen* und einem äußeren Kreis der *Bewältigungslagen*. Abschließend wird die Bedeutung des Ansatzes für die Soziale Arbeit herausgestellt.

3.3.1 Grundzüge der Theorie

Das Leben in der sogenannten *Zweiten Moderne* ist durch spezifische Bewältigungsanforderungen gekennzeichnet. Ulrich Beck (1986) führt diese insbesondere auf gesellschaftliche Individualisierungstendenzen zurück, die sich aus einem Bedeutungsverlust traditioneller Bindungen (z. B. von Religion und Klasse) ergeben. In der Folge erweitern sich die Gestaltungsoptionen für die Biografie der/des Einzelnen, diese sind zugleich jedoch – aufgrund fehlender traditioneller Orientierungsmuster und dem individuellen Risiko des Scheiterns – mit Unsicherheiten verbunden.

Matthias Junge (2004) hat im Blick auf den gesellschaftlichen Strukturwandel der Zweiten Moderne argumentiert, dass die klassischen Sozialisationstheorien eine Weiterentwicklung in die Richtung brauchen, dass sie „den historisch neuen Bedingungen postmoderner Vergesellschaftung" genügen. Dies müsse vor allem subjekttheoretische Konsequenzen dahin gehend haben, dass die Tragweite der Transformation von „Identitäts- in Identifikationsprobleme", die den flexiblen wie ausgesetzten Menschen der Zweiten Moderne bewegen, erkannt wird (ebd., S. 46).

Mit Junges Argumentation kann man m. E. die Notwendigkeit einer sozialisationstheoretischen Relativierung des Identitätskonzepts zugunsten einer Hinwendung zur Bewältigungsperspektive begründen. Denn das traditionelle Konzept der Identitätsformation setzt stabile gesellschaftliche Kontexte und darin eingebettete Lebensläufe voraus (siehe hierzu ausführlicher Abschn. 2.1). Identität als internalisiertes Bild von sich selbst in Interaktion mit anderen ist danach eingebunden in verlässliche soziale Milieus und institutionelle Arrangements. Dieses Konzept erweist sich den gesellschaftlichen Entgrenzungsprozessen der Zweiten Moderne gegenüber als zu starr. Entsprechend hat sich der sozialwissenschaftliche Identitätsdiskurs inzwischen dahin gehend entwickelt, dass Einvernehmen darüber herrscht, dass die Identitätsformation in den Gesellschaften der Zweiten Moderne eher instabil und in Brüchen und offenen Übergängen verläuft, Identität also immer wieder herausgefordert wird. Dies verweist auf biografische

Bewältigungssituationen und -konstellationen, in denen das Individuum nicht nur seiner Identität in ihrer Fragilität gewahr wird, sondern sie auch immer wieder neu „herstellen" muss. Für diesen Zusammenhang hat sich inzwischen der Begriff der *Identitätsarbeit* (vgl. Keupp und Höfer 1997) eingebürgert. Dieser Begriff geht von einer Bestimmung des Verhältnisses von Subjekt und Gesellschaft aus, in dem die Frage im Vordergrund steht, wie es der/dem Einzelnen gelingen könne, in einer unübersichtlicher gewordenen sozialen Welt Identität für sich herzustellen, wie sie/er sich gleichsam aus der sozialen Umwelt das herausnehmen kann, was ihr/ihm zu einer für sie/ihn gelungenen Biografie verhilft. Begriffe wie „Bastel-" oder „Patchworkidentität" (vgl. Beck 1986) illustrierten dieses Konzept. Identitäten – so wurde argumentiert – seien nun wechselnd und fließend und lediglich in der Integrität der Biografie aufeinander bezogen. Die konsumkapitalistische Industrie hat längst auf diese Entwicklung reagiert und bietet entsprechende Module an. Sie bietet den Menschen Identität als lustvolles Aufgehen in der Welt der neuen Ökonomie, preist Erfüllung an, die sich in der neuen Arbeitswelt und im grenzenlosen Konsum sozial ungehemmt entfalten soll. Wie der Mensch in der sozial eingebetteten Alltagswelt dann mit sich und den anderen zurechtkommt, ist dagegen seine Sache. So verschwimmen die sozialen Orte der Identitätsbildung, es bleibt das biografische Bemühen, *authentisch zu bleiben*. Dieser Begriff der Authentizität als Vorstellung von Identität, der die Interpretation der eigenen Lebensgeschichte zugrunde liegt, begegnet uns im heutigen Sozialisationsdiskurs immer wieder. „Die Selbstentwürfe von Einzelpersonen haben einen geringer werdenden Anspruch auf Dauerhaftigkeit und Verbindlichkeit." Sozial gerichtete Identität gelingt heute „häufig nur noch als punktuelle, szenische und primär ästhetische Inszenierung von Persönlichkeit. Die Gemeinschaften und die Gesellschaft […] stellen nicht länger Strukturen und Einflüsse bereit, die in Form von Identität […] in den Individuen auffindbar sind" (Liebsch 2002, S. 79 f.). Auch dort, wo der Begriff der Identitätsarbeit gebraucht wird, wird nicht mehr von zu erreichenden Identitäten, sondern von „postmodernen Selbsten" gesprochen (vgl. Keupp und Höfer 1997). Damit tritt nicht mehr so sehr der identitätsstabilisierende Kohärenzaspekt, sondern das Streben nach *Handlungsfähigkeit* in den Vordergrund der Analyse. Keupp (2006, S. 197) argumentiert nun auch, dass man ein subjektives Bedürfnis nach Kohärenz – also einem konsistenten Gesamtzusammenhang der eigenen Identität – nicht einfach voraussetzen könne. Es gehe heute nicht mehr um Kohärenz als Gleichgewicht, sondern um ein wiederkehrendes „Herausgefordertsein". Doch auch wenn die kritische Relativierung des Identitätskonzepts auf die Perspektive der Lebensbewältigung verweist, müssen wir die Grundideen des Identitätskonzepts nicht aufgeben. Identität wird weiter gesucht, aber diese Suche bewegt sich stärker denn je auf der brüchigen Linie des Strebens nach Handlungsfähigkeit. Die Subjekte können nicht mehr selbstverständlich über ihre Subjektivität verfügen. Subjektivität stellt sich vielmehr in ambivalenten Bewältigungsprozessen des Strebens nach Handlungsfähigkeit, die sich immer wieder der Selbstkontrolle der Einzelnen entziehen können, jeweils neu her.

Die Perspektive der Lebensbewältigung öffnet auch den Blick für die gesellschaftliche Sphäre der Sozialisation dergestalt, dass sie uns auf die *Bewältigungsaufforderungen* verweist, welche gesellschaftlich freigesetzt werden und das Streben nach biografischer Handlungsfähigkeit von dieser Seite her motivieren oder erzwingen. Solche Bewältigungsaufforderungen ergeben sich heute vor allem aus der *Entgrenzung des institutionalisierten Lebenslaufs,* in den ja bestimmte Entwicklungs- und Sozialisationsbilder in die Lebensphasen eingeschrieben sind und gesellschaftlich sanktioniert werden.

Schließlich kann man mit dem Bewältigungskonzept auch in die personalen Tiefenstrukturen des Sozialisationsprozesses vordringen. Dieter Geulen (2005) beklagte schon früher, dass die Psychoanalyse als Bezugswissenschaft der Sozialisationstheorie mit der dominanten Stellung der Entwicklungspsychologie in der empirischen Sozialisationsforschung und mit der späteren konstruktivistischen Wende in den Hintergrund getreten, nicht mehr in ihren analytischen Möglichkeiten integriert ist. Das Bewältigungskonzept kann mit seiner Kenntnis der Psychodynamik des Bewältigungshandelns den Zugang zu dieser tiefenpsychischen Zone aufschließen. Dabei können vor allem auch die tiefenpsychischen Antriebe und Mechanismen aufgedeckt werden, die das Streben nach biografischer Handlungsfähigkeit gerade in entstrukturierten bis entgrenzten Lebenskonstellationen beeinflussen. Dabei zeigt sich auch, dass dieses tiefenpsychisch dynamisierte Streben nach Handlungsfähigkeit und sozialer Integration nicht unbedingt den sonst gewohnten Interaktionsmustern des gesellschaftlichen Normalitätspfades folgen muss.

Um Zugang zu dieser *psychodynamischen Zone* der Selbstwert- und Anerkennungsstörungen zu finden, gehe ich von einem tiefenpsychologischen Argumentationskern aus. Danach wirkt im Handeln des Menschen eine innere Kraft zur Selbstbehauptung. Dieser emotionale Grundantrieb trifft auf die Anpassungserwartungen und -zwänge der sozialen Umwelt. Die damit zwangsläufig entstehenden Spannungen, Entwicklungs- und Bewältigungskonflikte entfalten sich schon in der frühen Kindheit und bestimmen die Tiefendynamik des weiteren Lebenslaufs. Ausgangspunkt ist die Frage, wie auf Bedürfnisse von Kindern, Jugendlichen und auch Erwachsenen eingegangen wird. Denn je mehr – so Arno Gruen (1992) – das, was aus dem Selbst kommt, verwehrt oder abgewertet wird, desto eher beginnt man selbst, diese eigenen Bedürfnisse zu unterdrücken und schließlich antisozial oder selbstdestruktiv *abzuspalten*. So kann sich ein entsprechend gestörtes Selbst entwickeln, mit dem wir es gerade in sozialpädagogischen Fallbezügen immer wieder zu tun haben. Hinter verstetigtem, antisozialem oder autoaggressivem Verhalten können also mit großer Wahrscheinlichkeit Selbstwert-, Anerkennungs- und Selbstwirksamkeitsstörungen vermutet werden und weiter, dass die Betroffenen in ihrer bisherigen Biografie nie die Chance hatten, sie zu *thematisieren* und diese damit unter Abspaltungszwang gerieten. Bewältigungsprozesse, auch wenn sie sozial induziert sind, werden *leibseelisch* ("somatisch") angetrieben, sind also *emotional* aufgeladen. Die Betroffenheit und Hilflosigkeit in kritischen Lebenssituationen drängt danach, ausgesprochen zu werden *("Thematisierung")* oder – wenn diese nicht gelingen kann – nach außen antisozial oder aber selbstdestruktiv abgespalten zu werden.

Das Bewältigungskonzept bleibt aber beileibe nicht in diesem tiefenpsychischen Kontext stecken. Aus ihm heraus lassen sich Zugänge zu interaktiven Bezügen wie gesellschaftlichen Kontexten der Lebensbewältigung aufschließen. Deshalb können wir analytisch zwischen einer tiefendynamisch-emotionalen, einer interaktiven und einer gesellschaftlichen Dimension von Lebensbewältigung unterscheiden. Diese Dimensionen sind miteinander verschränkt, sind in verschiedenen biografischen Bewältigungskonstellationen unterschiedlich akzentuiert. Emotionen werden nicht nur psychologisch, sondern auch kulturell erzeugt und in der Dynamik gesellschaftlicher Prozesse aktiviert. Kulturübergreifende Basisemotionen wie Neugier, Furcht, Schuldgefühle, Angst und Freude stellen affektive Antriebe des Bewältigungsverhaltens dar und je offener und wenig planbarer die Gesellschaft wird, desto stärker kommen Emotionen ins Spiel. Dies trifft gerade für die zweite Moderne zu. Schon hier öffnet sich das Bewältigungskonzept für die interaktive Ebene *Aneignungskulturen* genauso wie hin zu den gesellschaftlichen Entwicklungen als Entgrenzungen, die dazu führen, dass die sozialen Bewältigungsaufforderungen nicht nur pluraler, sondern auch in sich widersprüchlicher, die Verhaltensmuster kontingenter und die tiefenpsychischen Antriebe zwiespältiger werden.

In der Bewältigungsperspektive können wir auch zu neueren entwicklungspsychologischen Diskursen in Bezug treten und dortige Ansätze und Befunde integrieren, ohne wieder auf ein persönlichkeitszentriertes Sozialisationskonzept zurückzufallen. Gerade die *Entwicklungspsychologie der Lebensspanne* (vgl. Brandstädter und Lindenberger 2007) orientiert sich nicht mehr schematisch an altersgradierten Entwicklungsstufen und -aufgaben, sondern sucht nach lebensumspannenden Entwicklungskontexten und -prozessen – quer durch die Lebensalter – in denen Entwicklung und Bewältigung aufeinander bezogen sind: „Im gesamten Lebenslauf mischen sich erwünschte und unerwünschte, kontrollierte und unkontrollierte, vorhergesehene und unvorhergesehene Ereignisse; Entwicklungsveränderungen in verschiedenen Funktionsbereichen implizieren stets Gewinne und Verluste. Der Versuch, diese Bilanz günstig zu gestalten, ist ein wesentliches Grundmotiv menschlicher Lebensaktivität" (Brandstädter 2007, S. 58). Dieses gleichsam entwicklungspsychologische Pendant zum Konzept des Strebens nach biografischer Handlungsfähigkeit und Integrität finden wir auch bei Vertreter*innen der entwicklungspsychologischen *Resilienzforschung,* die danach fragt, wie es Kindern aus sozial benachteiligten, regressiv strukturierten Herkunftsverhältnissen trotzdem gelingen kann, eine erweiterte Lebensperspektive zu entwickeln und zu realisieren. Dabei wird deutlich, dass es vor allem dort, wo das Bedürfnis nach Anerkennung und Wirksamkeit eine entsprechende Resonanz in der sozialen Umwelt findet (z. B. bei Gleichaltrigen oder in familienexternen Vorbildbeziehungen) möglich wird, aus der regressiven Entwicklungsperspektive herauszufinden. Allerdings darf nicht übersehen werden, dass man auch von sozialemotionalen Magnetfeldern angezogen werden kann, die regressive Ausgangsbedingungen weiter transformieren und verstärken können. Hier ist wieder die Eigendynamik von Bewältigungsprozessen im Streben nach biografischer Handlungsfähigkeit zu thematisieren. Insofern kommen sozialisationstheoretisch nur jene Resilienzkonzepte infrage, welche die Zusammenhänge zwischen psychischen und sozialen Variablen in ihrer Ambivalenz aufschließen können und nicht nur psychogene Antriebe isolieren. Aus deren Befunden können wir auch schließen, dass sich Bewältigungserfahrungen zu biografischen Lernprozessen verdichten können. Dies führt uns darüber hinaus zu der These, dass wir mit der Bewältigungsperspektive nicht nur den Antriebs- und Prozesscharakter von Sozialisation erfassen, sondern auch die Dimension des *lebensgeschichtlichen Lernens* als Aufschichtung von Bewältigungserfahrungen thematisieren können. „Lebensgeschichtliches Lernen ist [...] eine ganz besondere Form des Lernens. Es ist nicht auf eine Lernsituation ausgerichtet, sondern steht im Bezug zur Gesamtheit des erfahrenen Lebens und des biografischen Selbstkonzepts" (Ecarius 1998, S. 101). Generell aber wird im neuen Bildungsdiskurs – in der Perspektive des lebenslangen Lernens – übersehen, dass sich die Lebensläufe entgrenzt haben und somit offene und riskante Übergangskonstellationen freigesetzt werden, die bewältigt werden müssen. Der psychosoziale Druck, biografische Brüche und Entwertungen durchstehen zu müssen und gleichzeitig der Druck, Neu- und Umqualifikationen ausgesetzt zu sein, stehen meist nebeneinander.

Das Bewältigungskonzept stellt sich als ein Modell dreier Kreise dar, in denen sich Sozialisation formt und erweitert. Es besteht

a) aus einem *inneren* Kreis des psychodynamisch angetriebenen und sozial gerichteten personalen *Bewältigungsverhaltens,*

b) einem *mittleren* Kreis der *Bewältigungskulturen* und

c) einem *äußeren* Kreis der gesellschaftlichen Bewältigungsaufforderungen, die in *Lebens- und Bewältigungslagen* eingelassenen sozialen und kulturellen Spielräume.

Der *innere* Kreis des Bewältigungsverhaltens ist als Magnetfeld des psychosozialen Strebens nach Handlungsfähigkeit in immer wieder entgrenzten Lebenskonstellationen beschreibbar, in dem drei Bewältigungsimpulse aufeinander zulaufen: Das Verlangen nach einem stabilen *Selbstwert,* entsprechender *sozialer Anerkennung* und nach Erfahrung von *Selbstwirksamkeit* (als dem Gefühl, etwas bewirken, seine Handlungen kontrollieren und etwas erreichen zu können). Dieses innere Magnetfeld ist auf *biografische Handlungsfähigkeit* gepolt, die ihre unbedingte Verwirklichung sucht, auch dann, wenn sie sie im gegebenen gesellschaftlichen Rahmen nicht finden kann. Soziale Anerkennung kann unterschiedlich gesucht werden: Sowohl im kulturellen Anerkennungskontext geltender gesellschaftlicher Normen als auch im aufmerksamkeitserregenden Auffälligkeitsverhalten. Selbstwirksamkeit wiederum kann in der sozialen Partizipation wie in der Gewalt gleichermaßen gespürt werden (vgl. Böhnisch 2016a).

Das Wirken dieser innerpersonalen Tiefenstrukturen muss in einem weiteren Schritt in Bezug zu dem jeweiligen Milieu, in dem Kinder und Jugendliche aufwachsen – Familie, Schule, Gruppe, Medien – gesetzt werden. Vor allem aber wird in solchen *Bewältigungskulturen* seit der frühen Kindheit (Familie) nachhaltig beeinflusst, welche Chancen ich habe, das was in mir ist in der Spannung zu den vorgegebenen Erwartungen und Zwängen zur Geltung zu bringen; ob ich darin überhaupt Anerkennung finde, und wie autonom oder abhängig ich in sozialen und beruflichen Beziehungen sein kann (in der Familie, Gruppe oder Organisation), über welche Möglichkeiten des sozial erweiterbaren Handelns ich verfüge und wie ich mit der Diskrepanz zwischen sozial realer und virtueller Welt zurechtkomme (Medien). Diese Bewältigungskulturen sind miteinander vermittelt. Welchen Einfluss z. B. Medien auf das Bewältigungsverhalten haben, hängt gerade bei Jugendlichen eng zusammen mit der Bewältigungskultur der jeweiligen Gleichaltrigengruppe, der sie sich zugehörig fühlen. Männliche ‚externalisierende' Bewältigungsmuster wiederum können sich im biografischen Verlauf über Geschlechtstypisierungen in den familialen Erziehungsstilen, maskulinen Cliquenstrukturen und konkurrenzzentrierten Organisationsstrukturen interdependent ausbilden. Ich unterscheide hier zwischen sozial regressiven,

Abspaltungszwang erzeugenden und sozial erweiternden, Thematisierung fördernden Bewältigungskulturen.

Regressive Bewältigungskulturen verweisen in der Regel auf entsprechend einengende ökonomisch-soziale Lebensverhältnisse. Damit befinden wir uns in der *gesellschaftlich-sozialstrukturellen Zone der Lebens- und Bewältigungslagen.* Es geht hier um die ökonomisch-sozialen Ressourcen der Lebensbewältigung. Mit dem Lebenslagenkonzept kann der Zusammenhang zwischen gesellschaftlicher Entwicklung und der jeweiligen Ausformung von sozialen Spielräumen, in denen das Leben je biografisch unterschiedlich bewältigt wird, aufgeschlossen werden. In diesem Sinne bezeichnet der Begriff Lebenslage das Insgesamt der gesellschaftlich vermittelten Ressourcen wie Einkommen, Bildung, Rechte und sozialen Zugänge, über die die Einzelnen verfügen können.

Wenn wir Lebenslagen weiter unter der Ermöglichungs- und Verwehrungsperspektive aufschließen und so an das Bewältigungsmodell rückkoppeln, können wir – bezogen auf das Streben nach biografischer Handlungsfähigkeit vor dem sozialstrukturellen Hintergrund der Lebenslage – eine handlungswirksame *Bewältigungslage* darstellen. Diese kann in den Dimensionen *Sprache, Beziehung, Zeit* und *Raum operationalisiert werden.* Danach lässt sich das Konstrukt der Bewältigungslage vierfach dimensionieren: In der Dimension des *Ausdrucks (als der Chance,* seine Betroffenheit mitteilen zu können und nicht abspalten zu müssen); in der Dimension der *Anerkennung* (als der Chance wie der Verwehrung, sozial eingebunden und geachtet zu sein); in der Dimension der *Abhängigkeit* (als der Chance wie der Verwehrung, selbstbestimmt handeln zu können) und schließlich in der Dimension der *Aneignung* (als der Chance wie der Verwehrung, sich in seine sozialräumliche Umwelt personal wie sozial erweiternd einbringen zu können). Diese Dimensionen korrespondieren mit den Dimensionen der psychodynamischen Zone. Die Bewältigungslagen können gleichsam als die Fließ- aber auch Stauzonen des Sozialisationsstroms beschrieben werden.

Durch den lebenslangen Sozialisationsprozess hindurch ziehen sich empirisch nachweisbare Dynamiken der Geschlechterdifferenz, die mit dem Bewältigungskonzept besonders aufgeschlossen werden können. Das enthebt die bewältigungsorientierte Sozialisationsforschung nicht der Notwendigkeit, neben dem Geschlecht auch soziale Herkunft, ethnische Zugehörigkeit, Alter oder Wohnquartier in ihrer Differenzierungskraft wie in ihrem Zusammenwirken zu berücksichtigen. Man muss aber dabei aufpassen, dass man damit die Besonderheit der Kategorie Geschlecht gegenüber den anderen Kategorien nicht verwischt. Denn – das zeigen zahlreiche Befunde (z. B. zu Männlichkeit und abweichendem Verhalten von Jungen und Männern) – die Kategorie Geschlecht

tritt dann – quer durch alle Schichten und Ethnien – dominant hervor, wenn es
um die Bewältigung kritischer Lebenssituationen geht. Keine soziale Kategorie
entfaltet und vermittelt sich in so vielen Dimensionen – leib-seelische, psychosoziale, sozial-interaktive und gesellschaftsstrukturelle – wie das Geschlecht.
Dass sich hinter „geschlechtstypischen" Bewältigungsmustern vor allem auch
soziale, kulturelle oder/und ethnische Benachteiligungen verbergen, wird dabei
nicht außer Acht gelassen. Bei Jungen und Männern und Mädchen und Frauen
finden wir in deutlicher empirischer Tendenz unterschiedliche Bewältigungs-
und darin Abspaltungsmuster. Aber wie gesagt, es ist eine Tendenz. Männer und
Frauen sind nicht so, sie *neigen* mehrheitlich dazu, was auch Ergebnis sozialer
Zuschreibungen in Bezug auf Männlichkeit und Weiblichkeit zu verstehen ist
(siehe hierzu ausführlicher Abschn. 5.2).

3.3.2 Erkenntnisgewinn und Praxisbezug für die Soziale Arbeit

Indem die Soziale Arbeit zunehmend mit kritischen Lebenskonstellationen,
Brüchen und riskanten Übergängen im Lebenslauf zu tun hat, braucht sie eine
Sozialisationstheorie, die einen besonderen Zugang dazu ermöglichen kann.
Ihr Blick richtet sich dementsprechend darauf, wie Kinder, Jugendliche und
Erwachsene in Auseinandersetzung mit der sozialen Umwelt und darin mit
sich selbst in die Gesellschaft hineinwachsen und sich dort lebenslang immer
wieder neu *behaupten* müssen. Diese Perspektive der personalen wie sozia-
len Selbstbehauptung fasse ich in den Begriff „Sozialisation als Bewältigung".
Damit ist ein Prozess bezeichnet, der das Streben nach Handlungsfähigkeit in
Risikosituationen des Lebenslaufs als sozialisatorischen Antriebsmechanismus
in den Mittelpunkt stellt. Es ist eine subjektorientierte Sozialisationstheorie,
die der Sozialarbeit auch Anknüpfungspunkte für praktisches Handeln bietet.
Gleichwohl kann das risikogesellschaftliche Bedingungsgefüge immer sichtbar
gemacht werden.

Wie ich gezeigt habe, bezeichnet „Handlungsfähigkeit" einen Zustand des
psychosozialen Gleichgewichts, der sich nicht nur in konformem, sondern auch in
abweichendem Verhalten herstellen kann. Ein Großteil der Fälle, mit denen es die
Soziale Arbeit zu tun hat, resultieren aus Selbstwert- und Anerkennungsstörungen
und den antisozialen oder selbstdestruktiven Antrieben und Versuchen, wieder ein
psychosoziales Gleichgewicht herzustellen. Hinter verstetigtem antisozialen oder
autoaggressivem Verhalten können mit großer Wahrscheinlichkeit Selbstwert-,
Anerkennungs- und Selbstwirksamkeitsstörungen vermutet werden.

Als sozialpädagogische Handlungsaufforderung leitet sich aus dem Bewältigungskonzept ab, den Betreffenden Spielräume zu eröffnen, in denen sie Anerkennung erhalten und damit Distanz zu ihrer bisherigen Situation gewinnen und ihre Befindlichkeiten thematisieren können. Wichtig ist in dem Zusammenhang die Ermöglichung von Anerkennungs- und Selbstwerterlebnissen (vgl. Böhnisch 2016b).

3.3.3 Fazit

Der Bewältigungsansatz berücksichtigt kritische Lebenssituationen und -konstellationen und nimmt Strategien der personalen und sozialen Selbstbehauptung in den Blick. Bewältigung dient dabei der (Wieder)Herstellung subjektiver Handlungsfähigkeit und kann auf unterschiedliche Art und Weise erfolgen. Der Ansatz eröffnet auf diese Weise u. a. einen *erklärenden* Zugang zu abweichendem Verhalten. Ein Mehrwert für die Soziale Arbeit besteht insbesondere darin, dass auf diese Weise konkrete Handlungsansätze aufgezeigt werden.

Fragen zur Reflexion

Was versteht man unter Bewältigung?

Wie lässt sich abweichendes Verhalten mit dem Bewältigungsansatz erklären?

Warum ist das Verständnis von Sozialisation als Lebensbewältigung in besonderer Weise anschlussfähig für die Praxis Sozialer Arbeit?

Literatur

Beck Ulrich 1986: *Risikogesellschaft: Auf dem Weg in eine andere Moderne.* Frankfurt a. M: Suhrkamp.

Böhnisch, Lothar 2016a: *Abweichendes Verhalten.* Weinheim Basel: Juventa.

Böhnisch, Lothar 2016b: *Der Weg zum sozialpädagogischen Konzept Lebensbewältigung.* In: Lithau, John (u. a.) (Hrsg.): *Theorie und Forschung zur Lebensbewältigung. Methodologische Vergewisserungen und empirische Befunde.* Weinheim, Basel: Beltz Juventa, S. 18–38.

Brandstädter, Jochen und Lindenberger, Ulman 2007: *Entwicklungspsychologie der Lebensspanne.* Stuttgart: Kohlhammer.

Brandstädter, Jochen 2007: *Entwicklungspsychologie der Lebensspanne. Leitvorstellungen und pragmatische Orientierungen.* In: Brandstädter, Jochen und Lindenberger, Ulman (Hrsg.): *Entwicklungspsychologie der Lebensspanne.* Stuttgart: Kohlhammer, S. 34–66.

Ecarius, Jutta 1998: *Was will die jüngere mit der älteren Generation?* Opladen: Leske und Budrich.

Geulen, Dieter 2005: *Subjektorientierte Sozialisationstheorie. Sozialisation als Epigenese des Subjekts in Interaktion mit der gesellschaftlichen Umwelt.* Weinheim und München: Juventa.

Gruen, Arno 1992: *Der Verrat am Selbst.* München: Deutscher Taschenbuch-Verlag.

Junge, Matthias 2004: *Sozialisationstheorien vor dem Hintergrund von Modernisierung, Individualisierung und Postmodernisierung.* In: Hoffmann, Dagmar und Merkens, Hans (Hrsg.): *Jugendsoziologische Sozialisationstheorie.* Weinheim und München: Juventa., S. 35–50.

Keupp, Heiner und Höfer, Renate (Hrsg.) 1997: *Identitätsarbeit heute.* Frankfurt a. M.: Suhrkamp.

Keupp, Heiner 2006: *Identitätskonstruktionen: Das Patchwork der Identitäten in der Spätmoderne.* Reinbek bei Hamburg: Rowohlt.

Liebsch, Katharina 2002: *Identität und Habitus.* In: Korte, Hermann und Schäfers, Bernhard (Hrsg.): *Einführung in die Hauptbegriffe der Soziologie.* Opladen: Leske und Budrich, S. 67–8.

Hinweise zu weiterführender Literatur

Böhnisch, Lothar 2018: *Sozialpädagogik der Lebensalter. Eine Einführung,* 8., erw. Aufl., Weinheim: Beltz Juventa.

Böhnisch, Lothar 2016: *Lebensbewältigung: Ein Konzept für die Soziale Arbeit.* Weinheim: Beltz Juventa.

Böhnisch, Lothar 2015: *Pädagogik und Männlichkeit: Eine Einführung.* Weinheim: Beltz Juventa.

Sozialisation und Soziale Arbeit in unterschiedlichen Lebensphasen und Erfahrungskontexten

4

Regina Remsperger-Kehm, Nicole Pötter, Arne Schäfer, Karin Scherschel und Walid Hafezi

4.1 Kindheit und Familie

Regina Remsperger-Kehm

Was Sie hier erwartet

Mit Blick auf die Sozialisationsprozesse eines Menschen kommt der frühen Kindheit als Lebensphase von der Geburt bis zum Schuleintritt eine herausragende Bedeutung zu. Sozialisation findet in der Kindheit ihren Ursprung und dauert ein Leben lang an. Wie sich jedoch ein einzelnes Kind mit der inneren und äußeren Realität auseinandersetzt und Entwicklungsaufgaben bewältigt, ist

R. Remsperger-Kehm (✉)
Hochschule Koblenz, Koblenz, Deutschland
E-Mail: remsperger@hs-koblenz.de

N. Pötter
Hochschule für angewandte Wissenschaften München, München, Deutschland
E-Mail: nicole.poetter@hm.edu

A. Schäfer · K. Scherschel · W. Hafezi
Hochschule RheinMain, Wiesbaden, Deutschland
E-Mail: arne.schafer@hs-rm.de

K. Scherschel
E-Mail: karin.scherschel@hs-rm.de

W. Hafezi
E-Mail: walid.hafezi@hs-rm.de

© Springer Fachmedien Wiesbaden GmbH, ein Teil von Springer Nature 2019   73
T. Grendel (Hrsg.), *Sozialisation und Soziale Arbeit*,
https://doi.org/10.1007/978-3-658-25511-4_4

höchst individuell und gleichzeitig abhängig von den Sozialisationserfahrungen in der Familie und in dem sich stetig erweiternden Sozialisationsumfeld eines Kindes. In diesem Beitrag werden zunächst Bewältigungsanforderungen in der Kindheit dargestellt, um auf dieser Grundlage auf die Sozialisation in der Familie als zentralem Erfahrungskontext von jungen Kindern eingehen zu können. Das Schwerpunktthema fokussiert auf Belastungen in Familien und deren Auswirkung auf die Sozialisation und Entwicklung von Kindern. Schließlich wird die Kindertagesbetreuung näher betrachtet, die als Praxisfeld der Sozialen Arbeit in Bezug auf die Erfahrungen im familiären Kontext kompensatorisch wirken kann.

4.1.1 Persönlichkeitsentwicklung und Bewältigungsanforderungen in der Kindheit

Von Beginn ihres Lebens an sind Menschen fortwährend mit körperlichen, psychischen und sozialen Herausforderungen konfrontiert, die sie mithilfe individueller Handlungskompetenzen bewältigen müssen. In der Sozialisationstheorie wurde das entwicklungspsychologische Konzept der Entwicklungsaufgaben aufgenommen und weiterentwickelt (vgl. Bründel und Hurrelmann 2017 mit Verweis auf Havighurst 1952). Entwicklungsaufgaben beschreiben die kulturellen und sozialen Erwartungen an ein Kind sowie die Bewältigungsanforderungen, die sich aus der eigenen körperlichen und psychischen Entwicklung ergeben. Zugleich definieren Entwicklungsaufgaben, auf welche Art und Weise sich ein Kind mit den vielfältigen Anforderungen auseinandersetzt (ebd.). Während die Entwicklungsaufgaben in der frühen Kindheit aus entwicklungspsychologischer Perspektive in Aufgaben des Säuglings-, Kleinstkind- und Vorschulalters differenziert werden (vgl. Fröhlich-Gildhoff 2013), ordnen Bründel und Hurrelmann (2017) die einzelnen Entwicklungsaufgaben vier Bereichen zu, die im gesamten Lebenslauf eines Menschen feststellbar sind. (siehe hierzu Abschn. 3.1). Während im Bereich „Binden" in der frühen Kindheit der Aufbau emotionaler Beziehungen zu engen Bezugspersonen, erste Interaktionserfahrungen sowie eine erste Identifikation mit dem eigenen Geschlecht im Mittelpunkt stehen, umfasst der Bereich „Qualifizieren" den Aufbau der sensomotorischen Intelligenz und des vorbegrifflichen Denkens sowie die Entwicklung der sprachlichen Ausdrucksfähigkeit und des anschaulichen Denkens. Im Bereich „Konsumieren" geht es bereits in der frühen Kindheit u. a. um die Verarbeitung von Medieninhalten und Medienreizen, im Bereich „Partizipieren" um das Erfahren einer vielfältigen Lebenswelt durch den Kontakt mit anderen Menschen (ebd.).

Neben einer Vielzahl an Entwicklungsaufgaben können auch sogenannte kriti-
sche Lebensereignisse, wie die Geburt von Geschwistern oder die Trennung der
Eltern, zu den Anforderungen gehören, die kleine Kinder bewältigen müssen.
Für die Entwicklung von Kindern spielt es eine große Rolle, *wie* die Bewältigung
von Entwicklungsaufgaben und kritischen Lebensereignissen verläuft (vgl.
Fröhlich-Gildhoff 2013). Da die „grundlegenden Strukturen der kindlichen
Persönlichkeitsentwicklung […] auch heute maßgeblich durch den Kontakt im
Elternhaus geprägt" werden (Dittrich 2015, S. 816), soll nun die Sozialisation in
der Familie als zentraler Erfahrungskontext von Kindern betrachtet werden.

4.1.2 Zentraler Erfahrungskontext: Familie

Im Kindesalter ist die Familie die wichtigste Sozialisationsinstanz. Sie hat
einen großen Einfluss darauf, wie Kinder sich ihre äußere und innere Realität aneignen und diese verarbeiten (vgl. Dittrich 2015). Als Basis für die Entwicklung von Bindungsfähigkeit und Persönlichkeitsentwicklung „kommt der
Familie eine paradigmatische Bedeutung als Sozialisationskontext zu, stellt sie
doch einen zentralen Ort für den *lebenslangen* Prozess der Entwicklung sozialer
Handlungsfähigkeit dar" (Walper et al. 2015, S. 364). Neben den Eltern können
Geschwister, Großeltern und weitere Verwandte zum personellen Sozialisationsrahmen von Kindern gehören, der ggf. um Freunde der Eltern oder auch durch
Fachkräfte in der Kindertagesbetreuung ergänzt wird (vgl. Dittrich 2015). Der
familiäre Sozialisationsrahmen von Kindern ist also äußerst vielfältig. Hinzu
kommt, dass „sich das Verständnis von Partnerschaft für viele nicht mehr selbstverständlich aus der Elternschafts- und Familienfunktion ableitet [und] auch das
Kindsein nicht mehr so ohne weiteres in der Familie" aufgeht (Böhnisch 2017,
S. 87). Viele Kinder leben in Familienformen, die nicht mehr an eine Vorstellung
von Familie als Ehe- oder Partnerbeziehung gebunden sind – wie z. B. Alleinerziehende, nicht eheliche Lebensgemeinschaften oder Patchworkfamilien. Darüber hinaus zeichnet sich eine Pluralisierung von Ehe und Partnerschaft durch
gleichgeschlechtliche Lebensgemeinschaften ab. Obwohl sich Familie durch
das Zusammenleben mindestens zweier Generationen, emotionale Verbunden-
heit, solidarische Beziehungen und verlässliche Betreuung auszeichnet, gibt es
die Familie nicht. Vielmehr muss Familie von ihren Mitgliedern im Alltag fortwährend neu hergestellt und gestaltet werden (ebd.).

Trotz des gerade skizzierten differenzierten Familienbildes sind es in erster
Linie die Eltern, die Impulse für die Entwicklung von Kindern geben. Auch wenn
die Bereitschaft zum Aufbau von Bindungen angeboren ist und Säuglinge diese

durch das eigene Bindungsverhalten aktiv mitgestalten, wird die Qualität der Bindungsbeziehungen von den Erfahrungen beeinflusst, die ein Kind in der Interaktion mit seinen Fürsorgepersonen macht (vgl. Bründel und Hurrelmann 2017; Walper et al. 2015 mit Verweis auf Bowlby 1969). Die Bindungsforschung zeigt, dass eine hohe Feinfühligkeit der Bezugspersonen hinsichtlich der Bedürfnisse des kleinen Kindes für die Entwicklung einer sicheren Bindung ausschlaggebend ist (vgl. Walper et al. 2015). Bezugspersonen müssen sich dauerhaft und verlässlich um ihr Kind kümmern und dessen physische und psychische Bedürfnisse befriedigen. Hierzu gehört es, die Signale des Kindes wahrzunehmen und richtig zu interpretieren, sich in das Kind einzufühlen sowie prompt und angemessen auf die Signale des Kindes zu reagieren (vgl. Bründel und Hurrelmann 2017). Die zentrale Bedeutung von Bindungsbeziehungen wurde in der Bindungsforschung vielfach nachgewiesen. So stärkt eine gute Bindungsorganisation das Explorationsverhalten des Säuglings und legt damit die Grundlage für die Erkundung der Umwelt (ebd.). Darüber hinaus beeinflusst die Qualität von Bindungsbeziehungen die Emotionsregulation von Kindern in belastenden Situationen, die sozioemotionale Entwicklung von Kindern, ihre psychosozialen Kompetenzen sowie die spätere Gestaltung intimer Beziehungen (vgl. Walper et al. 2015).

Stehen im ersten Lebensjahr die Erfüllung der kindlichen Grundbedürfnisse im Vordergrund, so beginnen Eltern im zweiten Lebensjahr das Verhalten ihres Kindes stärker durch ihre Erziehung zu lenken (vgl. Walper et al. 2015). Im Erziehungsstil der Eltern bildet sich ab, „inwieweit die Bedürfnisse des Kindes berücksichtigt, aber auch die Vorstellungen der Eltern über die Persönlichkeitsentwicklung ihres Kindes realisiert werden können" (Bründel und Hurrelmann 2017, S. 77). Die Persönlichkeiten von Eltern und Kindern, die Beziehungserfahrungen der Eltern zu ihren Eltern, die Qualität der Paarbeziehung, das soziale Netzwerk und die eigene Arbeitszufriedenheit prägen den elterlichen Erziehungsstil (ebd.). Es lassen sich fünf Erziehungsstile unterscheiden: *autoritativ-partizipativ* (ausgewogenes Verhältnis von Wärme und Kontrolle), *autoritär* (wenig Wärme, starke Kontrolle), *überbehütend* (Berücksichtigung kindlicher Bedürfnisse, starke Kontrolle), *permissiv* (verwöhnende Haltung, wenig Kontrolle) und *vernachlässigend* (fehlendes Engagement für kindliches Wohlergehen, wenig Kontrolle) (vgl. Bründel und Hurrelmann 2017; Walper et al. 2015). Betrachtet man die Kennzeichen der Erziehungsstile, so müssen die Dimensionen Wärme und Kontrolle – und damit die Berücksichtigung kindlicher Bedürfnisse und der Einsatz elterlicher Autorität – stetig ausbalanciert werden (vgl. Bründel und Hurrelmann 2017). Im Gegensatz zum autoritären, permissiven und vernachlässigenden Erziehungsstil, die u. a. zu psychischen Problemen, Verhaltensproblemen, niedrigem Selbstwert und verminderter Frustrationstoleranz führen können, wird der autoritativ-partizipative Erziehungsstil als besonders entwicklungsförderlich charakterisiert (vgl. Walper et al. 2015). Eltern, die ihren Kindern zuhören, sie verstehen, an Entscheidungsprozessen teilhaben lassen, emotional unterstützen, das eigene Handeln begründen und gleichzeitig die Notwendigkeit von Regeln und Konventionen erläutern, tragen zu einer positiveren Verhaltensentwicklung und zur emotionalen Stabilität ihrer Kinder bei (vgl. Bründel und Hurrelmann 2017; Walper et al. 2015).

4.1.3 Schwerpunktthema: Belastungen in Familien

Der zentrale Erfahrungskontext von kleinen Kindern in der Familie zeigt, dass die elterliche Responsivität für den Aufbau einer Bindungsbeziehung zum Kind und auch für die Gestaltung eines entwicklungsförderlichen Erziehungsstils zentral ist. Die Möglichkeiten von Eltern, feinfühlig auf die Bedürfnisse ihrer Kinder einzugehen und diese in einem ausgewogenen Verhältnis von Wärme, Zuneigung, Lenkung und Kontrolle zu erziehen, sind jedoch eingeschränkt, wenn Belastungssituationen in der Familie existieren. Risikobelastungen können zu Erschöpfung, Überforderung, Depression und weiteren psychischen Belastungen bei Eltern führen und somit auch dazu, dass die „intuitiven elterlichen Kompetenzen gehemmt" werden (Papoušek 2010, S. 124). Vor allem häufige, anhaltende Konflikte zwischen den Eltern stellen einen Risikofaktor für die kindliche Entwicklung dar und können durch Beeinträchtigungen des elterlichen Erziehungsverhaltens zu Belastungen bei Kindern führen (vgl. Walper et al. 2015). Gestalten Eltern in konfliktbelasteten Partnerschaften die Interaktionen mit ihrem Kind weniger positiv und ist ihr Erziehungsverhalten geprägt von Inkonsistenz, starker Kontrolle, wenig Unterstützung sowie von dem Gefühl, das eigene Kind als Belastung zu erleben, kann sich dies bei Kindern „in internalisierenden und externalisierenden Verhaltensproblemen, Problemen in der Schule aber auch in einer unsicheren Bindung […] niederschlagen" (ebd., S. 378) (siehe hierzu Abschn. 3.3). Kinder müssen also „schon früh riskante Bewältigungskonstellationen durchlaufen" (Böhnisch 2017, S. 86).

Schwierige Bewältigungskonstellationen für Kinder entstehen insbesondere in Familien, die aufgrund von Armut bzw. Armutsrisiko und den damit einhergehenden ökonomischen Einschränkungen mit emotionalen Belastungen konfrontiert sind (vgl. Dittrich 2015). Beeinträchtigungen der emotionalen Qualität in der Eltern-Kind-Beziehung und des Erziehungsklimas können auch auf den sozioökonomischen Hintergrund der Familien zurückgehen. Gerade die Einkommensarmut der Eltern wirkt sich besonders nachteilig auf die Eltern-Kind-Beziehung, das elterliche Erziehungsverhalten und schließlich auf das Sozialverhalten von Kindern aus (vgl. Walper et al. 2015). Mangelnde finanzielle Mittel gelten als weitreichender Stressor, der das Risiko für psychische Belastungen, Partnerschaftsprobleme und ein wenig unterstützendes Erziehungsverhalten erhöht. Als besonders problematisch ist zu erachten, dass ein erhöhter Stress in armutsbelasteten Familien zu Verhaltens- und Leistungsproblemen bei Kindern führen kann und dass diese Probleme wiederum die Befindlichkeit der Eltern und deren Erziehungsverhalten negativ beeinflussen. Offenbar kumulieren „Belastungsprozesse vor allem in denjenigen Familien [...], in denen die Ausgangsbedingungen der Kinder ohnehin eher ungünstig sind" (ebd., S. 384).

Trennungen bzw. Scheidungen von Eltern sind ein weiteres zentrales Risiko in der kindlichen Sozialisation. Für Kinder stellen Streitigkeiten der Eltern und die Zerrüttung der elterlichen Partnerschaft eine erhebliche Belastungssituation dar, die u. a. zu emotionaler Unsicherheit, Unruhe, einer schlechteren Anpassung und zu emotionaler Labilität führen kann (vgl. Ahnert 2013). Vor allem die häufigen Konflikte in Scheidungsfamilien führen dazu, dass Kinder emotionale Schwierigkeiten und Verhaltensprobleme zeigen (vgl. Walper et al. 2015). Da sie abhängig von den Partnerbeziehungen ihrer Eltern sind, müssen Kinder gleichzeitig mit der erlebten Unbeständigkeit und Unsicherheit umgehen, „ohne gestaltend auf sie einwirken zu können" (Bründel und Hurrelmann 2017, S. 26). Trennung und Scheidung gehen mit Kummer und Leid von Kindern einher und haben zur Folge, dass Kinder mit schwierigen Anforderungen konfrontiert werden. Hierzu gehört die Bewältigung von Spannungen, die aus Veränderungen wie einer neuen Partnerbeziehung der Eltern oder der Neuorganisation des Alltags resultieren (vgl. ebd. 2017). Wie erfolgreich Kinder diese Anforderungen bewältigen, hängt in hohem Maße auch davon ab, ob Eltern nach der Trennung ihr Konfliktniveau reduzieren können. Auch nach der elterlichen Trennung erschweren weitere Stressoren wie bspw. die Reduktion finanzieller Ressourcen bei Alleinerziehenden die Bewältigung der neuen Lebenssituation (vgl. Walper et al. 2015). Da Kinder von alleinerziehenden Eltern vor allem dann einem erhöhten Sozialisationsrisiko ausgesetzt sind, „wenn die Eineltern-Kind-Beziehung unsichere Bindungsmerkmale aufweist und über keine oder nur eingeschränkte soziale Netze und Unterstützungssysteme verfügt", kommt der Sozialisationsinstanz Kindertagesbetreuung eine zentrale Bedeutung zu (vgl. Ahnert 2013, S. 80).

4.1.4 Praxisfeld Sozialer Arbeit: Kindertagesbetreuung

Neben der Sozialisation in der Familie gehört für einen Großteil der in Deutschland lebenden Kinder im Alter bis zu sechs Jahren „die Sozialisation in einer

Kindertageseinrichtung zur Normalbiografie" (Schmerse und Tietze 2015, S. 430). Kindertagesstätten sowie Einrichtungen der Kindertagespflege ergänzen per gesetzlichem Auftrag die Betreuungs-, Erziehungs-, und Bildungsarbeit des Kindes in der Familie (vgl. Bründel und Hurrelmann 2017). Der Förderauftrag der Kindertagesbetreuung bezieht sich dabei gemäß § 22 Kinder- und Jugendhilfegesetz auf die soziale, emotionale, körperliche und geistige Entwicklung des Kindes (vgl. Schmerse und Tietze 2015). Die Systeme Familie und öffentliche Kindertagesbetreuung sind eng miteinander verflochten, da Kinder ihre Beziehungs- und Bildungserfahrungen in die jeweiligen Sozialisationskontexte mitbringen und dadurch die Erfahrungen im jeweils anderen Sozialisationsfeld modifiziert werden können (vgl. Liegle 2010; Böhnisch 2017). Entgrenzungstendenzen im Sozialisationsumfeld der Familie führen dazu, dass die Lebensprobleme und Bewältigungsleistungen von Kindern bereits früh in den Fokus der Sozialpädagogik rücken (vgl. Böhnisch 2017). In der Kindertagesbetreuung werden national und international Programme zur frühen Förderung von Kindern in belastenden Lebenssituationen entwickelt und durchgeführt (vgl. Schmerse und Tietze 2015). Untersuchungen zeigen, dass eine hohe Qualität der institutionellen Erziehung sowie stabile Beziehungen zwischen pädagogischen Fachkräften und Kindern „kompensatorisch wirken und negative familiäre Beziehungserfahrungen zumindest ein Stück weit ausgleichen" können (Fröhlich-Gildhoff 2013, S. 86). Dabei bieten Tageseinrichtungen für Kinder und Eltern „bzw. für die Familien im Ganzen zusätzliche soziale Netzwerke" (Liegle 2010, S. 75).

Vor diesem Hintergrund wurde in den letzten Jahren in der Kindertagesbetreuung eine stärkere Anbindung an das Sozialisationsfeld Familie gesucht (vgl. Schmerse und Tietze 2015). Um gerade „Familien mit jungen Kindern in ihrer Beziehungs- und Sozialisationskompetenz zu unterstützen", wurden Kindertageseinrichtungen zu Familienzentren weiterentwickelt (ebd., S. 430). Neben der Erziehung, Bildung und Betreuung von Kindern stellen Familienzentren zusätzliche Familienbildungs-, Beratungs- und Hilfedienstleistungen bereit, um die elterliche Erziehungskompetenz zu stärken, die Entwicklung von Kindern zu fördern sowie Angebote im Sozialraum zu vernetzen (vgl. Schwertfeger 2016). Das Ziel von Familienzentren ist es, durch leicht zugängliche Angebote Eltern aus möglichst allen sozialen Milieus zu erreichen und ihnen eine Teilhabe am Gemeinwesen zu ermöglichen. Hierfür kooperieren Familienzentren mit unterschiedlichen „Einrichtungen der Kinder- und Jugendhilfe, des Sozial-, Gesundheits- und Bildungswesens, Sprachförderungs- und Migrationsdiensten sowie ortsansässigen Unternehmen" (ebd., S. 50).

Mit Blick auf die Unterstützung von Familien mit kleinen Kindern sind Frühe Hilfen weitere wichtige Akteure. „Frühe Hilfen sollen einen altersgruppenbezogenen, präventiven Beitrag zu einem breit aufgestellten, Sektoren übergreifenden Kinderschutzsystem leisten und dabei systematisch Akteure und Institutionen außerhalb der Kinder- und Jugendhilfe einbeziehen, vornehmlich solche aus dem Gesundheitswesen" (Sann 2016, S. 60). Die Leistungen der Frühen Hilfen sind seit dem Inkrafttreten des Bundeskinderschutzgesetzes 2012 in § 16, Abs. 3, SGB VIII verankert. Ihr Ziel ist es, die Erziehungs- und Beziehungskompetenzen von (werdenden) Eltern in belasteten Lebenslagen zu unterstützen (ebd.). Der Blick richtet sich vor allem auf sozial isolierte, alleinerziehende Eltern, Eltern mit psychischen Störungen, Suchterkrankungen oder schweren Partnerschaftskrisen, gewaltbelastete Familien, Familien in Armut sowie auf Familien mit verhaltensauffälligen Säuglingen oder Kleinkindern (vgl. Papoušek 2010). Die Aufgabenfelder der Frühen Hilfen umfassen die Früherkennung von Belastungen, die Unterstützung von Familien und die Förderung positiver Entwicklungsbedingungen sowie die fallübergreifende Vernetzung und Kooperation mit Einrichtungen der Kinder- und Jugendhilfe, der Schwangerschaftsberatung, der Frühförderung sowie weiterer Sozialleistungssysteme (vgl. Sann 2016). Da pädagogische Fachkräfte in der Kindertagesbetreuung überproportional häufig Kinder und Eltern aus belasteten Familien begleiten, kommt ihnen „im Netz regionaler Frühwarnsysteme" eine wichtige Rolle zu (Papoušek 2010, S. 130).

Als Vertreter*innen des Sozialisationsrahmens Kindertagesbetreuung beeinflussen pädagogische Fachkräfte die primäre Sozialisation von Kindern (vgl. Dittrich 2012). Mit Blick auf eine angemessene und ggf. kompensatorische Begleitung frühkindlicher Entwicklungs- und Bildungsprozesse sind Kinder im Säuglings- und Kleinkindalter auch in der Kindergruppe auf Bezugspersonen angewiesen, die sich intuitiv von den kindlichen Signalen leiten lassen (vgl. Papoušek 2010). Die Fachkräfte gehen hierfür bindungsähnliche Beziehungen mit Kindern ein, die durch Zuwendung, Sicherheit, Stressreduktion, Explorationsunterstützung und Assistenz charakterisiert werden können (Schmerse und Tietze 2015, S. 423 mit Verweis auf Ahnert 2007). Die Herausforderung besteht für die Fachkräfte im Alltag darin, mit einer hohen sensitiven Responsivität auf die verbalen und nonverbalen Signale eines Kindes einzugehen und dabei gleichzeitig die Dynamik der Kindergruppe zu berücksichtigen (vgl. Bründel und Hurrelmann 2017; Remsperger 2011). Mit Blick auf die Entwicklung kindlicher Resilienz, d. h. der psychischen Widerstandskraft gegenüber Belastungen, sollten die Fachkräfte Kindern eine optimistische Grundhaltung vermitteln, Probleme als Lernchancen verstehen, Kinder mit herausfordernden Anforderungen konfrontieren, sie ermutigen und positiv bestärken (vgl. Wustmann 2009; Fröhlich-Gildhoff 2013). Eine „familienergänzende Förderung von Kindern aus hoch belasteten Familien kann [jedoch] nur dann nachhaltig wirken, wenn es gelingt, die Eltern für eine Erziehungspartnerschaft zu gewinnen" (Papoušek 2010, S. 129). Gerade überforderte, psychisch kranke oder sozial benachteiligte Eltern brauchen verlässliche und vertraute Ansprechpartner*innen für ihre Fragen und Sorgen sowie schützende und entlastende Räume, in denen sie sich entspannt auf ihr Kind einlassen und sich für Hilfsangebote öffnen können. Verständnisvolle, wertschätzende und unterstützende Beziehungserfahrungen mit pädagogischen Fachkräften sind demzufolge für Kinder und Eltern gleichermaßen bedeutsam (ebd.).

4.1.5   Fazit

Zur Erfüllung der Vielfalt an höchst anspruchsvollen Aufgaben in den Sozialisationskontexten Familie und Kindertagesbetreuung brauchen die dort tätigen Fachkräfte (d. h. u. a. Erzieher*innen, Sozialarbeiter*innen, Kindheitspädagog*innen) sozialisationstheoretisches, entwicklungspsychologisches, bindungstheoretisches und sozial- bzw. frühpädagogisches Wissen. Zudem benötigen sie Kenntnisse über elterliche Beziehungs- und Erziehungskompetenzen sowie über soziale, ökonomische und psychische Belastungsfaktoren in Familien. Gesprächs-, Beratungs- und Vernetzungskompetenzen dienen außerdem dazu, Familien mit kleinen Kindern in Belastungssituationen zu unterstützen. Nicht zuletzt sollten Fachkräfte in den Sozialisationskontexten der frühen Kindheit den „Blick auf die eigene Bindungs- und Beziehungsgeschichte" richten, um „ein reflektiertes Verständnis der eigenen künftigen Rolle als sekundäre Bindungsperson und Bezugsperson für die Eltern" entwickeln zu können (Papoušek 2010, S. 132).

Fragen zur Reflexion
Welche Maßnahmen könnten die Beziehungs- und Erziehungskompetenz von Eltern unterstützen?

Welche Faktoren erschweren eine Erziehungspartnerschaft mit Eltern? Wie würden Sie damit umgehen?

Welches professionelle Selbstverständnis bringen Sie in die Kooperation mit anderen Akteur*innen im Sozialisationskontext Familie ein?

Literatur

Ahnert, Lieselotte 2013: *Entwicklungs- und Sozialisationsrisiken bei jungen Kindern.* In: Fried, Lilian/Susanna Roux (Hrsg.): *Handbuch der Pädagogik der frühen Kindheit*, 3. Aufl., Berlin: Cornelsen, S. 75–85.

Böhnisch, Lothar 2017: *Sozialpädagogik der Lebensalter. Eine Einführung,* 7., überarb., erw. Aufl., Weinheim/Basel: Beltz Juventa.

Bühler-Niederberger, Doris 2015: *Sozialisation in der Kindheit*. In: Hurrelmann, Klaus/Bauer, Ullrich/Grundmann, Matthias/Walper, Sabine (Hrsg.): *Handbuch Sozialisationsforschung*, 8. vollst. überarb. Aufl., Weinheim/Basel: Beltz, S. 833–849.

Bründel, Heidrun/Hurrelmann, Klaus 2017: *Kindheit heute – Lebenswelten der jungen Generation*, 1. Aufl., Weinheim/Basel: Beltz.

Dittrich, Irene 2015: *Frühkindliche Sozialisation*. In: Hurrelmann, Klaus/ Bauer, Ullrich/Grundmann, Matthias/Walper, Sabine (Hrsg.): *Handbuch Sozialisationsforschung*, 8. vollst. überarb. Aufl., Weinheim/Basel: Beltz Juventa, S. 808–832.

Dittrich, Irene 2012: *Kinder in den ersten drei Lebensjahren. Eine empirische Analyse der Umweltbedingungen, ihrer Identität und Bildungsergebnisse auf der Grundlage des Sozio-oekonomischen Panels*. Weinheim/Basel: Beltz Juventa.

Liegle, Ludwig 2010: *Familie und Tageseinrichtungen für Kinder als soziale Orte der Erziehung und Bildung*. In: Cloos, Peter/Karner, Britta (Hrsg.): *Erziehung und Bildung von Kindern als gemeinsames Projekt*. Hohengehren: Schneider Verlag, S. 63–79.

Papoušek, Mechthild 2010: *Zusammenarbeit mit Familien in belasteten Situationen*. In: Leu, Hans Rudolf/von Behr, Anna (Hrsg.): *Forschung und Praxis der Frühpädagogik. Profiwissen für die Arbeit mit Kindern von 0–3 Jahren*. München/Basel: Ernst Reinhardt Verlag, S. 121–134.

Remsperger, Regina 2011: *Sensitive Responsivität – Zur Qualität pädagogischen Handelns im Kindergarten*. Wiesbaden: VS Verlag für Sozialwissenschaften.

Sann, Alexandra 2016: *Frühe Hilfen*. In: Helm, Jutta/Schwertfeger, Anja (Hrsg.): *Arbeitsfelder der Kindheitspädagogik. Eine Einführung*. Weinheim/Basel: Beltz Juventa, S. 60–71,

Schmerse, Daniel/Tietze, Wolfgang 2015: *Sozialisation in Krippe und Kindergarten*. In: Hurrelmann, Klaus/Bauer, Ullrich/Grundmann, Matthias/Walper, Sabine (Hrsg.): *Handbuch Sozialisationsforschung*, 8., vollst. überarb. Aufl., Weinheim/Basel: Beltz, S. 414–436.

Schwertfeger, Anja 2016: *Familienzentren*. In: Helm, Jutta/Schwertfeger, Anja (Hrsg.): *Arbeitsfelder der Kindheitspädagogik. Eine Einführung*. Weinheim/ Basel: Beltz Juventa, S. 47–59.

Walper, Sabine/Langmeyer, Alexandra/Wendt, Eva-Verena 2015: *Sozialisation in der Familie*. In: Hurrelmann, Klaus/Bauer, Ullrich/Grundmann, Matthias/

Walper, Sabine (Hrsg.): *Handbuch Sozialisationsforschung*, 8. vollst. überarb. Aufl., Weinheim/Basel: Beltz, S. 364–393.
Wustmann, Corina 2009: *Resilienz: Widerstandsfähigkeit von Kindern in Tageseinrichtungen fördern*, 2. Aufl., Berlin: Cornelsen Scriptor.

Hinweise zu weiterführender Literatur
Liegle, Ludwig 2013: *Frühpädagogik. Erziehung und Bildung kleiner Kinder – ein dialogischer Ansatz.* Stuttgart: Kohlhammer.
Trost, Alexander 2014: *Bindungsorientierung in der Sozialen Arbeit: Grundlagen – Forschungsergebnisse – Anwendungsbereiche.* Dortmund: Borgmann.
Zimmermann, Peter/Spangler, Gottfried (Hrsg.) 2017: *Feinfühlige Herausforderung. Bindung in Familie, Kita, Kinderheim und Jugendhilfe.* Gießen: Psychosozial-Verlag.

4.2   Jugend und Schule

Nicole Pötter

Was Sie hier erwartet
Den Leser*innen wird in den folgenden Abschnitten eine sozialpädagogische Perspektive auf das Themenfeld „Jugend und Schule" offeriert. Systematisch wird beschrieben, welche Aufgaben in der Lebensphase Jugend zu bewältigen sind und in welchem Spannungsverhältnis Bedürfnisse und Entwicklungsphasen von Jugendlichen mit selektiven und allokativen Zielen der Schule stehen. Übergänge innerhalb des Bildungssystems stellen für Jugendlichen besondere Herausforderungen dar. Beispielhaft wird ein zentrales Thema – die berufliche Orientierung als Vorbereitung auf den Übergang zwischen Schule und Beruf – herausgegriffen und an ihm verdeutlicht, dass Jugendliche sozialpädagogisch zu begleiten sind, insbesondere wenn diesen keine ausreichenden Ressourcen oder adäquaten Bewältigungsstrategien zur Verfügung stehen. Die *produktive Realitätsverarbeitung* dieser Prozesse ist entscheidend für die Selbstwahrnehmung und das Selbstvertrauen der jungen Menschen und damit ihrer Bewältigungsmöglichkeiten im späteren Leben.

4.2.1 Persönlichkeitsentwicklung und Bewältigungsanforderungen im Jugendalter

Der 15. Kinder- und Jugendbericht der Bundesregierung (BMFSFJ 2017) legt – nachdem in den Jahren zuvor der Schwerpunkt der Aufmerksamkeit auf der (frühen) Kindheit lag – den Fokus auf die Jugendphase. Obwohl diese zunehmend nicht mehr nur als ein Übergang von der Kindheit ins Erwachsenenleben, sondern als eigenständige Lebensphase gesehen wird (siehe hierzu ausführlicher Abschn. 4.3), hat sie zuletzt kaum noch eine Rolle in der öffentlichen Aufmerksamkeit gespielt. Vielleicht hat dies damit etwas zu tun, dass Jugendstudien (Shell, SINUS, Bertelsmann etc.) den Jugendlichen schon seit längerem bescheinigen, dass sie sich überwiegend an den gesellschaftlichen Normen und Werten orientieren und sich in das gesellschaftliche Gesamtsetting integrieren wollen. Auch die Arbeitslosenzahlen zeigen, dass in Bezug auf Jugendliche scheinbar kein besonderer Handlungsbedarf besteht, denn die Jugendarbeitslosenquote beträgt aktuell nur 4,3 % und liegt damit unter der Arbeitslosenquote der Gesamtbevölkerung von 5,2 %. Die jungen Menschen werden zunehmend umworben, denn es fehlt an gut ausgebildeten Fachkräften und dies rückt die Notwendigkeit einer effektiven Ausbildung und eines optimalen ‚Matchings' zwischen Ausbildungsplatz und Jugendlichem in den Mittelpunkt der Aufmerksamkeit. Dabei stehen aber vor allem die Interessen der Wirtschaft auf die Behebung des Fachkräftemangels im Zentrum und nicht die Bedürfnisse der Jugendlichen. Der 15. Kinder- und Jugendbericht macht hier zu Recht darauf aufmerksam, dass junge Menschen nicht nur diese eine Aufgabe (Qualifizierung) in der Jugendphase bewältigen müssen, sondern sich auch den, wie es dort heißt, „Kernherausforderungen" der Selbstpositionierung und Verselbstständigung stellen müssen. Zu den klassischen ‚transition markers' gehören neben dem Abschluss der allgemeinbildenden Schule und dem Übergang in die Ausbildung, der Einstieg in die Erwerbsarbeit, das Eingehen einer Paarbeziehung, die Familiengründung sowie der Auszug aus dem Elternhaus. Je nach kulturellem Hintergrund und zeitgeschichtlichem Kontext können diese Übergänge unterschiedliche Wertigkeit besitzen. Sie sind mit divergenten Erwartungshaltungen der Familie gegenüber den Jugendlichen verknüpft, können parallel oder auch zeitlich stark versetzt zum Übergang in den Beruf stattfinden und die damit einhergehenden neuen Rollen müssen mit einander in eine Balance gebracht werden, welche die/der Jugendliche dann als in sich einigermaßen stimmiges Selbstkonzept begreifen kann.

In seinem Modell der „produktiven Realitätsverarbeitung" stellt Klaus Hurrelmann heraus, dass sich die Persönlichkeit durch eine produktive Verarbeitung innerer und äußerer Realität entwickelt (vgl. Hurrelmann und Quenzel 2016,

S. 94 ff.) (siehe hierzu ausführlich Abschn. 3.1). Damit unterstreicht er die aktive Bewältigungsleistung jedes Menschen. Gleichzeitig macht er deutlich, dass auch die zur Verfügung stehenden Ressourcen für das Gelingen der Entwicklungsaufgaben von erheblicher Bedeutung sind. Die Aufgabe der produktiven Realitätsverarbeitung stellt sich im Grunde in jedem Lebensalter, sie ist also prozesshaft und zu keinem Zeitpunkt abgeschlossen. Allerdings sind die Bewältigungsanforderungen in der Jugendphase besonders hoch, da sich die Erwartungen an den jungen Menschen durch den bevorstehenden Übertritt ins Erwachsenenalter deutlich verändern und die bis zum Erwachsenenalter erlernten Bewältigungsmuster zwar nicht unumstößlich, aber doch prägend sind (vgl. ebd., S. 99). Lothar Böhnisch und Werner Schefold sprachen bereits 1985 in diesem Zusammenhang von der Gefahr, dass sich kulturell verfestigte Bewältigungsstereotype ausbilden, die sowohl erlerntes Bewältigungsverhalten als auch sozial erwartetes Bewältigungsverhalten spiegeln und die gegebenenfalls innovativen Formen der Lebensbewältigung blockieren. Die Bewältigungsversuche der Jugendlichen, die den vorgegebenen Mustern nicht entsprechen, würden als ‚abweichendes Verhalten' desavouiert statt sich ihrer Vorstellungen vom Leben anzunehmen (vgl. Böhnisch und Schefold 1985, S. 124 f.). (siehe hierzu ausführlicher Abschn. 3.2).

Neben den Familien, Gleichaltrigen (‚peers'), Medien, Jugendverbänden und -vereinen, sind insbesondere die allgemeinbildenden und beruflichen Schulen zentrale Sozialisationsorte für Jugendliche.

4.2.2 Zentraler Erfahrungskontext: Schule

Sozialisationsbedingungen und Sozialisationsinstanzen, wie insbesondere die Schule, haben für das Aufwachsen und die Identitätsentwicklung von jungen Menschen eine besondere Bedeutung, „da sie als Ausgangslage wesentlich darüber bestimmen, wie eine Person sich ihre Umwelt aneignet, eine Ich-Identität bildet bzw. Umweltbedingungen innerpsychisch verarbeitet" (Spies und Stecklina 2015, S. 26). Neuenschwander (2017, S. 5) beschreibt diesen Prozess in Anlehnung an Heinz folgendermaßen: „Das Bildungssystem schafft Strukturen und Normen, mit denen sich Jugendliche auseinandersetzen und dadurch eigene Positionen und Überzeugungen erarbeiten". Für viele Kinder und Jugendliche ist die Schule der erste Ort, an dem sie die unterschiedlichen Webstrukturen der lebensweltlichen und der gesellschaftlichen Lebensbedingungen „am eigenen Leib" erfahren (vgl. Spies und Pötter 2011, S. 21): In Schule werden klare Verhaltens- und Leistungsanforderungen gestellt. Wie ihre Eltern, ihre Lehrer*innen oder Mitschüler*innen mit diesen unterschiedlichen Anforderungen umgehen, wie sie die daraus entstehenden Dilemmata lösen oder das Ineinandergreifen bestimmter kultureller Ressourcen mit den gesellschaftlichen Strukturen nutzen (siehe hierzu Abschn. 3.2), prägt ihre weiteren Erfahrungen und kann sowohl einen Rückzug in das ihnen bekannte und vertraute Umfeld, als auch eine Offenheit und Neugier bzw. eine bewusste Auseinandersetzung mit den gesellschaftlichen Widersprüchen verstärken.

Um die Sozialisationsbedingungen in der Schule zu verstehen, muss man sich die unterschiedlichen Funktionen der Schule anschauen, denn sie bestimmen maßgeblich den organisatorischen Rahmen. So unterscheidet Fend zwischen der Qualifikationsfunktion, der Selektions- oder Allokationsfunktion sowie der Integrationsfunktion (vgl. Spies und Stecklina 2015, S. 100). Die Qualifikationsfunktion besteht in der Vermittlung funktional fachlicher und extrafunktionaler Kenntnisse und Fertigkeiten (z. B. Pünktlichkeit, Fleiß), die im späteren (Arbeits) Leben von allen Menschen benötigt werden. Die Integrationsfunktion bezieht sich auf die kulturelle Sozialisation, die Regeln, Werte und Normen der Gesellschaft an alle vermittelt. Die Allokationsfunktion bezieht sich auf die Zuweisung einer Position innerhalb des gesellschaftlichen Gesamtgefüges. D. h. über den Erwerb von schulischen Abschlüssen werden auch Zugangsberechtigungen zu weiteren Qualifizierungen oder Positionen innerhalb der Gesellschaft zugewiesen. Je nachdem, wie stark eine Schule eine der drei Funktionen in ihrem Selbstverständnis und in ihren Zielsetzungen betont, entsteht Raum für Chancen bewahrende und den Einzelnen unterstützende oder eben eher für kompetitive und damit stärker ausgrenzende Strukturen.

Angesichts der Tatsache, dass in anderen Gesellschaftsformen ein Aufstieg innerhalb des sozialen Gefüges nicht möglich war, ist das heutige System der leistungsbasierten Selektion sicherlich als Fortschritt zu bezeichnen. Insgesamt gibt es aber eine nicht unerhebliche Kluft zwischen dem Versprechen gleicher Chancen und der tatsächlich stattfindenden Selektion. Alle Forschungen (allen voran die PISA Studien der OECD) bestätigen, dass die Selektion nicht allein nach Leistung erfolgt und das bestimmte Gruppen trotz gleicher Leistungen schlechtere Chancen auf das Erreichen von höherer Bildung und Berufsabschlüssen haben. Dabei vermitteln sich die Werte und Normen der Gesellschaft eben nicht nur den Erfolgreichen im System Schule, sondern die Sozialisation prägt auch die weniger erfolgreichen oder an den gegebenen Anforderungen und Strukturen scheiternden Jugendlichen. Auch hier ist wieder eine *produktive Realitätsverarbeitung* notwendig. Angesichts der zu bewältigenden Aufgabe und den gerade bei diesen Jugendlichen meist erschwerten Voraussetzungen ist der Umgang mit der negativen Selektionserfahrung eine Herausforderung, die sie in der Regel nicht alleine hinbekommen können. Fehlende soziale Anerkennung, die sich in einer Arbeitsgesellschaft maßgeblich über den beruflichen Erfolg vermittelt, kann zu dysfunktionalen und selbstschädigenden Verhaltensweisen führen, die die Desintegrationsprozesse weiter verstärken können (vgl. Böhnisch und Schefold 1985).

4.2.3 Schwerpunktthema: Berufliche Orientierung im Kontext Schule

Ein wichtiger Bereich des schulischen Angebots ist die Berufsorientierung. Die Qualität der Berufsorientierung und der Umgang mit jungen Menschen, die sehr wahrscheinlich keinen reibungslosen Wechsel von der Schule in die Ausbildung und Erwerbsarbeit hinbekommen werden, hat einen Einfluss auf deren Bewältigungsmuster in der Zukunft.

Angesichts der Ermahnung des 15. Kinder- und Jugendberichts, ins Zentrum der Jugenddebatte nicht nur die Herausforderung der Qualifikation, sondern auch die der Selbstpositionierung und Verselbstständigung zu stellen, mag die Wahl für das Schwerpunktthema „berufliche Orientierung" konservativ erscheinen. Ziel dieses Abschnitts ist es allerdings, das Thema durch die sozialpädagogische Brille auszuarbeiten, um deutlich zu machen, dass es bei der ganzheitlichen Bearbeitung des Qualifizierungsthemas eben auch immer um die Themen der Selbstpositionierung und Verselbstständigung (und vice versa) geht und vor allem um eine Kompetenzentwicklung aufseiten der Jugendlichen, die weit über die anstehende berufliche Entscheidung („Was mache ich nach der Schule?") hinausreicht.

Die Institutionen, die in erster Linie für die berufliche Orientierung verantwortlich sind, sind die Schulen und die Agenturen für Arbeit. In den Schulgesetzen der Länder wird den weiterführenden Schulen diese Aufgabe übertragen. Dabei bestehen meist enge Kooperationen mit den Berufsberater*innen der örtlichen Agentur für Arbeit. Die Komplexität der Aufgabe, insbesondere im Hinblick auf die Erwartungen der zukünftigen Arbeitgeber*innen, aber auch mit Blick auf das mögliche Nicht-Gelingen des Übergangs von der Schule in den Beruf, macht es allerdings notwendig, dass die Schule sich mit weiteren Kooperationspartner*innen zusammentut, nicht zuletzt den Trägern der Jugendsozialarbeit und Jugendberufshilfe. Sofern Schulsozialarbeit an der Schule existiert, muss auch sie sich mit diesen Fragen beschäftigen, denn eine Schulsozialarbeit, die sich „an den Kindern und Jugendlichen und deren Lebenswelten [orientiert, NP] [...] muss das Thema Übergang Schule – Beruf fast zwangsläufig aufgreifen, denn für die Schülerinnen und Schüler der weiterführenden Schulen ist dies ein zentrales Lebensthema, welches sie zu bearbeiten und zu bewältigen haben" (Pötter 2014, S. 22).

Im Sinne der *produktiven Realitätsverarbeitung* geht das Verständnis von beruflicher Orientierung heute weit über die Vorstellung einer Information über verschiedene Tätigkeitsfelder und Berufsbilder hinaus. Deeken und Butz (2010, S. 19) formulieren hierzu: Berufsorientierung ist ein Prozess „der Annäherung und Abstimmung zwischen Interessen, Wünschen, Wissen und Können des Individuums auf der einen und den Möglichkeiten, Bedarfen und Anforderungen der Arbeits- und Berufswelt auf der anderen Seite". D. h. es geht nicht allein um die Vermittlung von konkreten beruflichen und arbeitsrelevanten Fähigkeiten und Fertigkeiten, sondern um die Herausbildung von personalen und psychosozialen Kompetenzen, die es jeder/jedem ermöglichen, einen Selbstfindungsprozess zu durchlaufen, biografische Selbstkompetenz zu erwerben und eine Balance zwischen der beruflichen und der privaten Lebenssphäre zu finden (vgl. ebd., S. 17 f.). Mit Blick auf die Jugendlichen, denen der Schritt ins Berufsleben erwartbar nicht oder zumindest nicht gleich gelingt, geht es auch um die *produktive Realitätsverarbeitung* just dieser Erfahrung. Im Allgemeinen zählen hierzu die sogenannten „sozial benachteiligten und/oder individuell beeinträchtigten Jugendlichen" (SGB VIII § 13). Auch wenn dieser unbestimmte Rechtsbegriff zu unterschiedlichen Zeiten durchaus unterschiedlich ausgelegt wurde, kann man sagen, dass hierzu erfahrungsgemäß Jugendliche gehören, die die Schule ohne einen Abschluss verlassen, Jugendliche, die einen Migrationshintergrund haben, Jugendliche, die aus armen oder von Armut bedrohten Familien kommen oder Jugendliche, die ihren Abschluss an einer Förder- oder Hauptschule gemacht haben. Kommen mehrere Benachteiligungsfaktoren zusammen, wird ein reibungsloser Übergang in eine Ausbildung unwahrscheinlicher. Für die *produktive Realitätsverarbeitung* benötigen diese Jugendlichen in der Regel familiäre und sozialpädagogische Unterstützung, da es ihnen meist an ausreichenden Ressourcen und adäquaten Bewältigungsmöglichkeiten fehlt. Allerdings sollten sich nicht nur diese jungen Menschen mit schwierigen Startchancen mit den Normalitätsvorstellungen ihrer Umwelt kritisch auseinandersetzen und Erwartungen an ihre Person hinterfragen lernen, sondern diese bewusste Auseinandersetzung mit den meist unausgesprochenen und verdeckten Werten und Normen unserer Gesellschaft – also eben jenes Sozialisationsprozesses, an welchem sie seit ihrer Geburt teilhaben – sollte mit allen jungen Menschen expliziert und damit reflektierbar gemacht werden. Dies verspricht zumindest ein größeres (gegenseitiges) Verständnis und bildet damit die Grundlage für solidarisches Handeln innerhalb der gesellschaftlichen Strukturen.

4.2.4 Praxisfeld Sozialer Arbeit: Jugendsozialarbeit und Schulsozialarbeit

Jugendsozialarbeit

Die Jugendsozialarbeit hat nach § 13 SGB VIII den expliziten Auftrag, die „schulische und berufliche Ausbildung, Eingliederung in die Arbeitswelt und [...] soziale Integration [zu] fördern." (SGB VIII § 13, Abs. 1). Allerdings begrenzt das Gesetz diesen Auftrag auf „junge Menschen, die zum Ausgleich sozialer Benachteiligungen oder zur Überwindung individueller Beeinträchtigungen in erhöhtem Maße auf Unterstützung angewiesen sind" (ebd.). Viele Jahre galt dieses Gesetz auch als Grundlage für die Schulsozialarbeit. Zunehmend setzte sich allerdings die Erkenntnis durch, dass es für die Schulsozialarbeit bisher keine gesetzliche Verankerung gibt (vgl. Spies und Pötter 2011, 59 ff.).

Angebote der Jugendsozialarbeit können in den Schulen implementiert sein, viele dieser Angebote stehen aber, zusammen mit ähnlich gelagerten Angeboten der Jugendberufshilfe, erst nach der Schulzeit als meist zehn bis zwölf Monate dauernde Maßnahmen für Jugendliche zur Verfügung. Die in die Schulzeit hineinverlagerten Angebote folgen dem Grundsatz der Prävention und wollen verhindern, dass Jugendliche überhaupt erst in das sogenannte „Übergangssystem" hineinrutschen. Als „Übergangssystem" bezeichnet man eben jene Maßnahmen und Angebote, die entweder über das SGB II, III oder VIII finanziert werden, eine Berufsorientierung oder -vorbereitung, manchmal auch eine (Teil-)Qualifizierung der Jugendlichen zum Ziel haben und in der Regel bei Trägern der Jugendberufshilfe und Jugendsozialarbeit mit sozialpädagogischer Unterstützung durchgeführt werden. Manchen Jugendlichen gelingt es in dieser Zeit, einen Schulabschluss nachzuholen, dennoch werden die Maßnahmen von vielen kritisiert und es haftet ihnen der Ruf an, dass sie vor allem die jungen Menschen aus der Arbeitslosenstatistik heraushalten sollen. Dass es sich oft um konzeptionell sehr innovative Angebote handelt, die auch Jugendliche erreichen, die sich bereits seit längerer Zeit vom Bildungssystem und nicht selten auch von Ausbildungsambitionen verabschiedet haben oder die mit Multiproblemlagen zu kämpfen haben, wird bei der Bewertung der Erfolge dieser Maßnahmen meist zu wenig berücksichtigt. Führen solche Maßnahmen nicht direkt in eine Ausbildung, sondern zum Beispiel in eine Anschlussmaßnahme, kommt es erneut zu Fragen bezüglich der Sinnhaftigkeit der Angebote.

Seit vielen Jahren steht dieses Übergangssystem mit seinen vielen Angeboten und Maßnahmen auch deshalb in der Kritik von Fachexpert*innen und Politiker*innen, weil es unübersichtlich und schwer steuerbar ist. Seit ca. zehn Jahren wurden daher eine Reihe von Vorschlägen unterbreitet, wie man die Angebote regional so steuern könnte, dass es zu keinen unnötigen Warteschleifen für die Jugendlichen kommt. Die deutliche Forcierung von Berufsorientierungsangeboten an Schulen ist ebenfalls in diesem Kontext als der Versuch einer Vermeidung von Umwegen und damit auch als Versuch der Einsparung von öffentlichen Ressourcen zu sehen. Auf der einen Seite bedeutet dies, dass mehr Hilfen angeboten werden, um diesen Schritt erfolgreich zu bewältigen und dies gilt nicht nur für sozial benachteiligte Jugendliche. Auf der anderen Seite wird dadurch gleichzeitig der Druck erhöht, zumindest die ‚erste Schwelle' (Übergang von der Schule in die Ausbildung) zügig zu bewältigen. Auch die Verkürzung der Gymnasialzeit auf 8 statt 9 Jahre und die Umstellung der Studiengänge auf Bachelor-Abschlüsse statt Diplom senden vor allem ein Signal an die nachwachsenden Generationen: werdet schneller mit der Qualifizierung fertig und stellt euch schneller dem Arbeitsmarkt als Arbeitskraft zur Verfügung. Dass diese Beschleunigungsprozesse irgendwann an ihre Grenzen stoßen müssen, zeigt sich an den Widerständen in der Bevölkerung und der Wiedereinführung des G9 an vielen Gymnasien. Nichtsdestotrotz wirken diese sozialisationsrelevanten Veränderungen im Selbstverständnis der jungen Menschen nach. Dies gilt es in der Sozialen Arbeit mit ihnen aufzugreifen und zu berücksichtigen.

Schulsozialarbeit
Schulsozialarbeit hat – wie die Soziale Arbeit selbst – keine thematische Einschränkung, da „alles was das Alltagsleben an Problemen hergibt […] zum Gegenstand sozialpädagogischer Unterstützungsleistungen werden [kann, NP]" (Galuske und Müller 2012, S. 590). Das Alltagsleben der jungen Menschen ist – wie bereits oben ausgeführt – stark geprägt durch den schulischen Alltag. Neben dem Arbeitsbereich der individuellen Orientierung und Hilfe, bestehen zentrale Aufgabenfelder der Schulsozialarbeit im Bereich der Förderung des sozialen Lernens und der Bildungsbedingungen (vgl. Spies und Pötter 2011, S. 89 ff.). Je nach dem in welcher Schulform und -stufe die Schulsozialarbeit angesiedelt ist, ergeben sich andere Grundthemen. So sind in Grundschulen andere Anforderungen zu bewältigen als in weiterführenden Schulen und eine Berufsschule stellt wieder vor andere Herausforderungen, ebenso wie die Lebensphasen der Schüler*innen sich altersbedingt unterscheiden. Die Übergänge können dabei als besondere Herausforderungen gesehen werden: So stellt z. B. Neuenschwander (2017, S. 4) heraus, dass „während des Übertritts von einem [Bildungs-] Kontext in einen anderen Lern- und Entwicklungsprozesse beschleunigt ablaufen".

Schulsozialarbeit kann diesen Entwicklungsprozess von Beginn an begleiten und durch präventive Angebote Fehlentwicklungen vermeiden helfen. Vorbildlich auch im Hinblick auf die Vorbereitung des Übergangs Schule-Beruf ist das 3-Stufenmodell der Schulsozialarbeit Wiesbaden (vgl. Goldmann und Brülle 2014, S. 131 ff.): In diesem Stufenmodell wird bereits in den ersten Jahren an der weiterführenden Schule eine Klassenbetreuung angeboten, die bis in die Abgangsklassen aufrechterhalten wird. In der zweiten Stufe werden für bestimmte Schüler*innen, die mehr Unterstützung bedürfen, zusätzliche Angebote gemacht. Zu diesem Gruppenangeboten zählen Freizeiten, Stadtteilarbeit und systematische Hilfe im Übergang Schule-Beruf. Auch diese Angebote bestehen bis zum Ende der Abgangsklassen weiter. In der dritten Stufe werden diese Angebote durch gezielte Einzelfallarbeit ergänzt für Schüler*innen, die aufgrund besonderer Lebenslagen weitergehender Kompensation bedürfen. Diese Maßnahmen zielen zum einen auf den erfolgreichen Abschluss der Schule, was, wie oben deutlich geworden ist, eine entscheidende Voraussetzung für einen gelingenden Übergang in Ausbildung und Beruf darstellt, und zugleich auf die Ausbildung sozialer Kompetenzen und die gezielte Unterstützung der Vorbereitung auf den Übergang in Ausbildung und Beruf. Das Modell ist niedrigschwellig, präventiv und vermeidet die Gefahr des ‚labeling‘ durch eine frühe Anbindung aller Schüler*innen an die Schulsozialarbeit.

4.2.5 Fazit

Das Ergebnis von Allokationsprozessen wird von den meisten weitgehend akzeptiert, wenn sie davon überzeugt sind, dass Leistung in diesem Prozess anerkannt und belohnt wird. Gleichzeitig zeigen uns die Ergebnisse der Bildungsforschung seit Jahren, dass die Abhängigkeit des schulischen und beruflichen Erfolgs von der sozialen Herkunft nirgendwo größer ist als in Deutschland. Dies macht deutlich, dass das schulische Angebot in Deutschland bislang nicht in der Lage ist, die Ungleichheiten bei den Startchancen abzumildern oder auszugleichen. Qualitativ hochwertige Ganztagsschulen können Ungleichheiten ausgleichen. Qualitativ hochwertige Schulsozialarbeit auch. Beides erfordert sozialpädagogische Konzepte und eine ausreichende personelle und finanzielle Ausstattung. Konzeptionell sollten vor allem die Übergänge in der Jugendphase Berücksichtigung finden, weil sie besondere Herausforderungen darstellen und Entwicklungsprozesse beschleunigen.

Fragen zur Reflexion

Welche Bewältigungsanforderungen haben Jugendliche in und neben Schule? Welche Bewältigungsherausforderungen werden aus einer sozial-pädagogischen Perspektive auf die berufliche Orientierung deutlich?

Wie hat sich berufliche Orientierung in den letzten Jahren verändert? Welche Erfahrungen haben Sie selbst gemacht?

Wie könnte die Chancengleichheit erhöht werden? Welchen Beitrag leistet das Übergangssystem zur Chancengleichheit?

Literatur

Böhnisch, Lothar/Schefold, Werner 1985: *Lebensbewältigung – Soziale und pädagogische Verständigungen an den Grenzen der Wohlfahrtsgesellschaft.* Weinheim, München: Juventa.

Bundesministerium für Familien, Senioren, Frauen und Jugend 2017: *Bericht über die Lebenssituation junger Menschen und die Leistungen der Kinder- und Jugendhilfe in Deutschland.* Deutscher Bundestag, Drucksache 18/11050.

Deeken, Sven/Butz, Bert 2010: *Berufsorientierung. Beitrag zur Persönlichkeitsentwicklung. Expertise im Auftrag des Good Practice Center (GPC) im Bundesinstitut für Berufsbildung (BIBB).* Bonn: Eigenverlag.

Galuske, Michael/Müller, C. Wolfgang 2012: *Handlungsformen in der Sozialen Arbeit – Geschichte und Entwicklung.* In: Thole, Werner (Hrsg.): *Grundriss der Sozialen Arbeit.* Wiesbaden: Springer VS.

Goldmann, Dan Pascal/Brülle, Heiner 2014: *Schulsozialarbeit im Übergang Schule – Beruf: Jugendhilfe zur Kompensation herkunftsbedingter Bildungsbenachteiligungen.* In: Pötter, Nicole (Hrsg.): *Schulsozialarbeit am Übergang Schule – Beruf.* Wiesbaden: Springer VS, S. 131–152.

Hurrelmann, Klaus/Quenzel, Gudrun 2016: *Lebensphase Jugend. Eine Einführung in die sozialwissenschaftliche Jugendforschung.* 13. Aufl. Weinheim, Basel: Beltz Juventa.

Neuenschwander, Markus P. 2017: *Schultransitionen – Ein Arbeitsmodell.* In: Neuenschwander, Markus P./Nägele, Christof (Hrsg.): *Bildungsverläufe von der Einschulung bis in den ersten Arbeitsmarkt. Theoretische Ansätze, empirische Befunde und Beispiele.* Wiesbaden: Springer VS, S. 3–20.

Pötter, Nicole 2014: *Aufgaben der Schulsozialarbeit am Übergang von der Schule in den Beruf.* In: Pötter, Nicole (Hrsg.): *Schulsozialarbeit am Übergang Schule-Beruf.* Wiesbaden: Springer VS, S. 21–42.

Spies, Anke/Pötter, Nicole 2011: *Soziale Arbeit an Schulen. Einführung in das Handlungsfeld Schulsozialarbeit.* Wiesbaden: Springer VS.

Spies, Anke/Stecklina, Gerd 2015: *Pädagogik. Studienbuch für pädagogische und soziale Berufe.* München, Basel: Ernst Reinhardt.

Hinweise zu weiterführender Literatur

Hurrelmann, Klaus/Quenzel, Gudrun 2016: *Lebensphase Jugend. Eine Einführung in die sozialwissenschaftliche Jugendforschung.* 13. Aufl. Weinheim, Basel: BeltzJuventa.

Pötter, Nicole (Hrsg.) 2013: *Schulsozialarbeit am Übergang Schule-Beruf.* Wiesbaden: Springer VS.

Spies, Anke/Pötter, Nicole 2011: *Soziale Arbeit an Schulen. Einführung in das Handlungsfeld Schulsozialarbeit.* Wiesbaden: Springer VS.

4.3 Jugend und Peergroups

Arne Schäfer

Was Sie hier erwartet

Dieser Beitrag geht auf Strukturmerkmale und den Wandel der Lebensphase Jugend ein. Darüber hinaus werden Gründe skizziert, die für den Bedeutungszuwachs von Peergroups als Sozialisationsinstanz im Jugendalter verantwortlich sind. Dabei wird sowohl die positive Funktion von Peers für die Persönlichkeitsentwicklung und die Lebensbewältigung dargestellt, als auch deren Rolle für die Entstehung von Devianz und Delinquenz thematisiert. Am Beispiel der Offenen Kinder- und Jugendarbeit (OKJA) wird zudem diskutiert, wie Soziale Arbeit die Einbindung junger Menschen in Gleichaltrigenbeziehungen und die Ausübung jugendkultureller Praktiken fördern kann.

4.3.1 Persönlichkeitsentwicklung und Bewältigungsanforderungen im Jugendalter

Jugend bezeichnet einen Lebensabschnitt zwischen Kindheit und Erwachsenenalter, der sich im historischen Verlauf herausgebildet hat. Die Etablierung einer *eigenständigen* Jugendphase ist dabei an soziale Voraussetzungen gebunden: In

den westlichen Gesellschaften haben vor allem der Wandel der Arbeitsgesellschaft und der damit einhergehende Bedeutungszuwachs von Bildungseinrichtungen dazu geführt, dass sich die Lebensphase Jugend ausdehnt und an
soziokultureller Eigenständigkeit gewinnt. Zinnecker (1987, 1991) beschreibt
diese Veränderungsprozesse vornehmlich als *Wandel* der Struktur der Jugendphase von einem eingeschränkten Übergangs- zu einem erweiterten Bildungsmoratorium. Im *Übergangsmoratorium,* das nach Zinnecker bis in die
1960er-Jahre das vorherrschende Jugendmodell in Deutschland war, ist Jugend
ein mit wenig sozialem und kulturellem Eigengewicht ausgestatteter Lebensabschnitt. Sie wird von Einrichtungen der Erwachsenenwelt – insbesondere von
Arbeitsorganisationen und der Kirche – sozial kontrolliert und gestaltet. Aufgabe
des Jugendalters ist es vor allem, arbeiten zu lernen (vgl. Zinnecker 1987, S. 313).

Seit den 1960er-Jahren wurde das Übergangsmoratorium von einem Jugendmodell abgelöst, das Zinnecker als *Bildungsmoratorium* bezeichnet und dessen Hauptthema der Erwerb von Bildung und Bildungsabschlüssen ist. Ein
zentraler Triebfaktor für diese Entwicklung war die Bildungsexpansion in den
1960er- und den 1970er-Jahren. So hat sich die Industriegesellschaft zu einer
Dienstleistungs- und Wissensgesellschaft entwickelt, in der Bildung und Wissenschaft immer wichtiger werden. Die Schulzeiten werden ausgeweitet und immer
mehr junge Menschen erwerben das (Fach-) Abitur und besuchen Hochschulen.
Mit der Herausbildung eines Bildungsmoratoriums wächst die soziokulturelle
Eigenständigkeit der Jugendphase, und die Kontrolle dieser Lebensphase geht
vom Arbeits- auf den Bildungsbereich sowie von traditionellen Milieus auf
Institutionen der Dienstleistungs- und Konsumindustrie über. Jugendliche
haben infolgedessen mehr Zeit zur persönlichen Verfügung und sind länger in
altershomogen strukturierte Schulklassen integriert. Dies ist u. a. für die Entstehung von Peergroups und von Jugendkultur ein bedeutender Faktor: Während Arbeitsorganisationen (Betriebe) *altersheterogen* organisiert sind, „fassen
Bildungsinstitutionen Jugendliche zu Gleichaltrigengruppen zusammen, die sich
gemeinsam einzelnen Erwachsenen gegenübersehen. Schulen und Hochschulen
verstärken die Tendenz zur Herausbildung von Schüler- und Jugendkultur" (ebd.,
S. 314). Die neuen Bezugsinstitutionen der Jugendphase – Bildungseinrichtungen
und Einrichtungen der Dienstleistungs- und Konsumökonomie – kontrollieren die Jugendlichen nur noch indirekt, sodass diese distinkte jugendkulturelle
Stile, Verhaltensweisen und Ansichten entwickeln können. Jugend konstituiert
sich als eine eigenständige und erweiterte Lebensphase, in deren Rahmen sich
„spezifische soziale Lebensweisen, kulturelle Formen und politisch-gesellschaft-
liche Orientierungsmuster ausbilden" (Zinnecker 1991, S. 10). Die gesellschaft-

liche Institutionalisierung der Jugendphase als Bildungsmoratorium führt jedoch *nicht* zu einer Homogenisierung jugendlicher Lebenswelten. Empirische Studien zeigen, dass sich die Sozialisationsbedingungen von Jugendlichen deutlich voneinander unterscheiden (vgl. Tamke 2008) und Heranwachsende unterschiedliche Entwicklungswege in das Erwachsenenalter einschlagen (vgl. Reinders 2006). Zudem sind die Bildungs- und damit auch die Lebenschancen junger Menschen sehr ungleich verteilt (siehe hierzu ausführlicher Abschn. 5.1).

Die beschriebene Herausbildung einer eigenständigen Lebensphase Jugend hat Konsequenzen für die Sozialisation junger Menschen. Nach Tenbruck (1962) büßt die Familie in modernen, komplexen und differenzierten Gesellschaften ihre Vorrangstellung in der Sozialisation von Heranwachsenden ein. In diesem Prozess gewinnt die Gleichaltrigengruppe als jugendspezifische Gesellungsform stark an Bedeutung. In solchen Gruppen verbringen Jugendliche immer mehr Zeit und entwickeln eigenständige Einstellungen, Verhaltens- und Bewusstseinsformen. Damit gehen eine stärkere Orientierung der Jugendlichen an den Peers und eine entsprechende Distanz zu den Vorgaben und Erwartungen der Erwachsenenwelt einher (vgl. Griese 1977, S. 122f.). Dies führt zu einer „hochgradigen Unabhängigkeit der modernen Jugend" und ihrer „strukturelle(n) Verselbstständigung in altershomogenen Gruppen" (Tenbruck 1962, S. 93), in deren Rahmen die „Sozialisierung in eigener Regie" (ebd., S. 98) verläuft. Die Entwicklung von der Erwachsenengesellschaft abweichender Werte und Normen, eigener kultureller Ausdrucksmöglichkeiten oder eines jugendtypischen Lebensstils bildet sich dieser Sichtweise zufolge im Erfahrungsraum der gleichaltrigen Jugendgruppe aus. Diese Perspektive hat die Sozialisationsforschung nachhaltig beeinflusst und dazu beigetragen, dass Jugendliche als „aktive Subjekte und Gestalter ihrer Umwelten" (Griese 2016, S. 68) aufgefasst werden, die in Peerkontexten Erfahrungen verarbeiten und Entwicklungsanforderungen bewältigen.

In der Jugend- und Sozialisationsforschung gehört es zum Common Sense, dass die Peergroup neben Familie, Schule und Medien ein mächtiges Sozialisationsfeld ist – für Jugendliche in einigen Bereichen sogar die wichtigste Unterstützungsinstanz bei der Bewältigung von Entwicklungsaufgaben. Aufgrund der im historischen Vergleich früher einsetzenden Geschlechtsreife beginnt der Ablösungsprozess der Kinder von den Eltern relativ früh, während sie gleichzeitig wegen der verlängerten Schulzeiten ökonomisch oft bis weit in das dritte Lebensjahrzehnt hinein von ihnen abhängig bleiben. Jugend wird zu einer ausgedehnten und spannungsreichen Lebensphase. In der Adoleszenz wird daher die Identitätsfindung, die Entwicklung einer stabilen Persönlichkeit in Auseinandersetzung mit Sozialisationsinstanzen wie Eltern, Schule oder Medien und im Kontext von Beziehungen zu Gleichaltrigen zu einem wichtigen Teil der Entwicklungsarbeit (vgl. Fend 1998, S. 225). Der nachfolgende Absatz fokussiert vor diesem Hintergrund die Bedeutung von Peergroups für die Persönlichkeitsentwicklung.

4.3.2 Zentraler Erfahrungskontext: Peergroups

Definiert werden Peergroups als „Gruppen von etwa gleichaltrigen Kindern oder Jugendlichen, die meist im Umfeld von Bildungsinstitutionen entstehen, aber freiwillig zustande kommen und sich dem direkten Einfluss Erwachsener mit zunehmenden Alter entziehen" (Ecarius et al. 2011, S. 113). Das selbstgenügsame Eintauchen in Beziehungen zu Gleichaltrigen, die Entfaltung junger Menschen in Cliquen und Peergroups ist ein Entwicklungsphänomen, das offenbar typisch für das Jugendalter ist und in dieser ausgeprägten Form weder in der Kindheit noch im Erwachsenenalter beobachtet werden kann (vgl. Fend 1998, S. 224).

Studien zeigen, dass im Jugendalter die Kontakte zu den Eltern quantitativ zurückgehen, gleichzeitig nimmt die Einbindung in Cliquen zu (vgl. ebd., S. 224). In Deutschland sind ca. 70 % der Jugendlichen in Gleichaltrigen-Cliquen eingebunden (vgl. Leven et al. 2010, S. 82). In der empirischen Sozialisationsforschung werden die hohe Bedeutung und die positive Funktion von Beziehungen zu Gleichaltrigen für die Persönlichkeitsentwicklung und die Bewältigung von Entwicklungsaufgaben hervorgehoben (vgl. Reinders 2015). In den modernen Gesellschaften mit einer ausdifferenzierten Sozialstruktur, hoher örtlicher Mobilität und schnellem sozialem Wandel sind Eltern und Familie nur „ein *unvollständiges Curriculum* des Aufwachsens heute" (Fend 1998, S. 223, Herv. i.O.), da innerhalb der Kernfamilie nicht alles gelernt werden kann, was in anderen gesellschaftlichen Zusammenhängen wie Schule oder Arbeitswelt wichtig ist. Sozialisationsforschung und Entwicklungspsychologie schreiben den Peerbeziehungen u. a. die folgenden Funktionen zu (vgl. Fend 1998, S. 232 f.; Reinders 2015, S. 402):

- Sie sind für das emotionale Wohlbefinden junger Menschen von hoher Bedeutung.
- Prinzipien der Gegenseitigkeit, der Perspektivenübernahme, der Reziprozität, des Aushandelns, der Konfliktbewältigung und des Teilens von Meinungen werden in Peer-Beziehungen erprobt und eingeübt.

- Peergroups bieten einen geschützten Raum für Heranwachsende, um Identitäten auszuprobieren und zu erarbeiten.
- Peer-Beziehungen sind unerlässlich, um Beziehungsfähigkeit und verschiedene Grade der Intimität zu erlernen.
- Sie stellen ein Erfahrungsfeld dar, in dem prosoziale Motivation eingeübt werden muss.
- Sie bieten dem Erzählen von schulischen und familiären Problemen sowie dem Austausch über Lebensstil-Fragen und Wertvorstellungen Raum.

Angesichts dieser entwicklungsfördernden und positiven Aspekte von Peer-Beziehungen werden mitunter auch die Gefahren für die Persönlichkeitsentwicklung betont, die sich aus Einsamkeit, Außenseitertum und sozialer Randständigkeit ergeben können (vgl. Fend 1998, S. 228).

In der sozialwissenschaftlichen Literatur werden jedoch nicht nur die positiven Funktionen der Peergroups thematisiert, sondern wird auch deren Rolle für die Erklärung von Devianz und Delinquenz erforscht. Teilweise wird in diesem Zusammenhang das Gefährdungspotenzial betont, „das sich aus der emotionalen Abhängigkeit von Gleichaltrigen ergeben kann […]" (Fend 1998, S. 223). In dieser Sichtweise entwickeln und verfestigen sich im Rahmen der Peergroup Antihaltungen zu Schule, Leistungsverweigerung, Risikoverhalten oder Aggressivität gegenüber anderen Gruppen. Jugendgruppen werden in dieser Perspektive zu geschlossenen Sozialisationsfeldern, die nur wenige Interventionsmöglichkeiten durch Eltern oder Lehrer zulassen und Heranwachsende auf einen problematischen Entwicklungspfad bringen (ebd.). Allerdings zeigen empirische Daten (vgl. Dollinger und Schadbach 2013), dass verfestigte Formen von Devianz nur bei einer kleinen Minderheit von jugendlichen Cliquen auftreten und delinquente Handlungen mit dem Ausklingen der Jugendphase deutlich nachlassen. Wenn Peers von kollektiv geteilten Werten abweichen und Verhaltensweisen aufzeigen, die mit gesellschaftlich aufgestellten Regeln in Konflikt geraten, dann kann dies auch als eine Konsequenz der „Sozialisation in eigener Regie" (Tenbruck 1962, S. 98) im Rahmen von Peergroups gewertet werden, mit der die Gesellschaft zu leben und umzugehen lernen muss.

4.3.3 Schwerpunktthema: Jugendkulturelle Szenen

In dem Maße, wie die sozialisatorische Prägekraft traditionaler Milieus nachlässt, gewinnen *jugendkulturelle Szenen* an Bedeutung. Baacke (2004) hat in seinen Arbeiten den Begriff der Jugendkultur theoretisch fundiert. Bezeichnet wird hiermit „die Schaffung von Stilen über Medien, deren ‚bildender Gehalt' unter Pädagog*innen eher strittig sein dürfte: Konsum, Pop und Rock, Mode sowie Schaffung neuer sozialer Treffpunkte" (ebd., S. 134).

Demnach brauchen Jugendkulturen *„eigene Räume,* in denen sie ihre Ziele und Stile realisieren können. Diese schaffen sie in ihren *Szenen"* (ebd., S. 169, Herv. i.O.). Jugendkulturelle Szenen sind „bestimmt durch konkrete und direkte personale Zusammensetzung und überschaubare Zusammengehörigkeit". Sie entsprechen dem „Suchen der Jugendlichen nach Konnexität und Intimität" (ebd., S. 170). Hitzler, Bucher und Niederbacher (2001) definieren Jugendszenen als

> „thematisch fokussierte kulturelle Netzwerke von Personen, die bestimmte materiale und/oder mentale Formen der kollektiven Selbststilisierung teilen und Gemeinsamkeiten an typischen Orten und zu typischen Zeiten interaktiv stabilisieren und weiterentwickeln" (ebd., S. 20; Herv. i.O.).

Jugendliche suchen sich demnach für ihre Interessen typische Verbündete, die sie immer weniger in der Nachbarschaft, in Kirchengemeinden oder in Schulklassen zu finden glauben (vgl. ebd.). Ihre Mitglieder teilen das Interesse am Szene-Thema wie z. B. Skateboard fahren, Hip-Hop hören oder Breakdance üben. Aufgrund szenetypischer Zeichen, Kodes, Wissensbestände und Verhaltensweisen ermöglichen Jugendszenen Zu- und Einordnung und dienen so den Bedürfnissen vieler Jugendlicher nach sozialer Verortung. Gleichzeitig haben Szenen im Gegensatz zu traditionellen Milieus (z. B. Kirche, Gemeinde) eine begrenzte Verbindlichkeit und sind vergleichsweise labil (ebd., S. 21 ff.). Sie können als Netzwerke von Gleichaltrigengruppen verstanden werden (ebd., S. 25 f.), die die Eigenschaft haben, „als Sozialisationsinstanz in eigener Regie zu fungieren und dadurch (eine) jugendspezifische Identitätsbildung zu erleichtern [...]" (ebd., S. 30). In diesem Zusammenhang können Peergroups als die wichtigsten Träger jugendkultureller Szenen aufgefasst werden. Sie konsumieren nicht nur Jugendkultur, sondern gestalten diese aktiv, produktiv und schöpferisch in ihren jeweiligen Szenen mit. Ein Beispiel dafür sind die zahlreichen Battles, Konzerte und Breakdance-Wettkämpfe, die die Hip Hop-Szene jedes Wochenende veranstaltet.

4.3.4 Praxisfeld Sozialer Arbeit: Offene Kinder- und Jugendarbeit

Am Beispiel der Offenen Kinder- und Jugendarbeit (OKJA) soll nun verdeutlicht werden, wie Soziale Arbeit die Einbindung von Jugendlichen in Cliquen und

Peergroups sowie deren jugendkulturelle Aktivitäten fördern kann. Der aktuelle Jugendbericht der Bundesregierung macht deutlich, dass die OKJA ein wichtiger Lebensort für Jugendliche ist. So nutzt im Jugendalter mehr als jede*r vierte Minderjährige ab dem Alter von zwölf Jahren die Angebote der OKJA. Der Anteil der Stammbesucher*innen unter den Zwölf- bis 17-Jährigen liegt zwischen 10 und 12 % (vgl. Deutscher Bundestag 2017, S. 383). Empirische Daten über die Besucher*innenstruktur von Einrichtungen der OKJA in Nordrhein-Westfalen zeigen, dass 78,5 % der Besucher*innen angeben, einer festen Gruppe von Freund*innen anzugehören. Auch für den Erstkontakt zu den Einrichtungen spielen Gleichaltrige eine wichtige Rolle. So geben 67,4 % der Besucher*innen an, dass sie beim ersten Besuch eines Jugendzentrums von Freunden oder Geschwistern mitgenommen wurden (vgl. Schäfer et al. 2018). Sie kommen somit zumeist nicht als Einzelne, sondern als Mitglieder einer Gleichaltrigengruppe in die Einrichtungen. Für ihre Nutzer*innen erweisen sich Jugendzentren offenbar als wichtige Orte der Gleichaltrigengesellligkeit.

Viele Peergroups, die Einrichtungen der OKJA besuchen, identifizieren sich mit einer Jugendkultur. Für nicht wenige junge Menschen – insbesondere auch für Jugendliche, die in benachteiligen und prekarisierten Milieus aufwachsen – besitzt Hip-Hop eine hohe Anziehungskraft, was mit der Entstehungsgeschichte dieser Jugendkultur zusammenhängt (vgl. Schäfer 2014). Hip-Hop ist in einem sozial benachteiligten Stadtgebiet in New York entstanden. Diese Straßenkultur wurde von schwarzen, marginalisierten Jugendlichen erfunden (vgl. Klein und Friedrich 2003, S. 14 ff.). Hip-Hop fungierte als Sprachrohr und als Alternative zur Gewalt der Streetgangs. In den Texten spiegelten sich der „Alltag und die (Alp)Träume der schwarzen Unterschicht wider, der die Rapper selbst angehörten" (Farin 2006, S. 62). Hip-Hop war und ist eng mit dem Leben auf der Straße und dem Aufwachsen im Ghetto verbunden. In Deutschland bietet dieses Narrativ Identifikationsmöglichkeiten gerade für Kids, die am Rand der Gesellschaft leben und häufig in segregierten Großraumsiedlungen wohnen. Auch wenn sich die Lebensverhältnisse in Deutschland von denen US-amerikanischer Ghettos unterscheiden, finden sich viele Jugendliche in den Bildfiguren, Mythen und Traditionen des Hip-Hops wieder. Somit sei es „kein Wunder, dass sich überall in Deutschland Jugendzentren in Graffiti- und Breakdance-Werkstätten verwandelten" (ebd., S. 66).

Dass Hip-Hop bei vielen Cliquen und Peergroups beliebt ist, eröffnet der Jugendarbeit viele Chancen. So kann sie an der jugendkulturellen Identifikation mit der Hip-Hop- Kultur (oder ggf. einer anderen Jugendkultur) anknüpfen und Angebote unterbreiten, die den Interessen der Peergroups entsprechen. So gehört beispielsweise Breakdance neben Rap, DJ-Techniken und Graffiti zu den zentralen Elementen dieser Jugendkultur. Hinsichtlich der Förderung der Aneignung von Breakdance-Fähigkeiten weisen Klein und Friedrich (2003, S. 32) auf die Bedeutung der Jugendhäuser hin:

> „Mitunter schon im Alter von sieben Jahren fangen die Breaker an, nach Anleitung der erfahrenen Tänzer zu üben. Jugendzentren sind hierfür wichtige Orte. Sie bieten Trainingsstunden an und garantieren auf diese Weise der Breaker-Szene nicht nur akzeptablere Trainingsbedingungen, sondern auch eine Location, wo sich die Tänzer-Szene treffen kann".

Diese Angebote der OKJA sind in der Regel kostenlos und können so auch von jungen Menschen wahrgenommen werden, die nur wenig Geld zur Verfügung haben. In einer empirischen Studie haben Althans, Hahn und Schinkel (2006) vier bis fünf Jungen im Alter von neun bis elf Jahren, deren Eltern aus dem Libanon stammen, beim Street- und Breakdance-Training in einem Berliner Kinder- und Jugendclub beobachtet. Der Fokus der Untersuchung liegt auf der Beschreibung der Lernvorgänge, die sich während des Trainings vollziehen. Lernen bedeutet in diesem Setting nicht kognitive Wissensaneignung, sondern Beobachtung der körperlichen Bewegungsabläufe des Trainers und deren Nachvollzug (ebd., S. 151). Die Lernsituation ist sehr komplex und mit hohen Anforderungen verbunden. Die Kinder müssen sehr konzentriert die Bewegungen des Trainers beobachten, deren mimetische Aneignung ein hohes Maß an Eigenkontrolle erfordert. „Der Tanz fordert von den Jungen eine große Elastizität, und Beweglichkeit, Koordinationsfähigkeit (der Bewegung verschiedener Körperteile) und Kraft" (ebd., S. 150). Die Chancen stehen für die Jungen nicht schlecht, die erworbenen Kompetenzen – ihr körperliches Kapital – früher oder später in szenespezifisches symbolisches Kapital (Respekt und Anerkennung), eventuell sogar in ökonomisches Kapital (Geld, Honorare, Aufwandsentschädigungen) zu transformieren, wenn sie mit Ausdauer und Selbstdisziplin das Training fortsetzen.

Jugendhäuser werden von jungen Menschen nicht nur als Orte der Aneignung jugendkultureller Fähigkeiten genutzt, sondern fungieren auch als Arenen zur Darstellung ihres Könnens. In einer ethnografischen Studie dokumentiert Schulz (2010) die körperbezogenen Performances in der OKJA. „Sie tanzen, singen, spielen oder führen kleine theatralische Stücke auf. Damit schaffen sie Bühnenstücke, die wiederum sowohl Erwachsene als auch Gleichaltrige als Zuschauende binden" (ebd., S. 41). Jugendliche eignen sich die Räume der Offenen Kinder- und Jugendarbeit somit auch an, um Peers und Fachkräften ihre jugendkulturellen Kompetenzen – z. B. die Fähigkeit, Breakdance zu tanzen – zu demonstrieren. Damit können nicht zuletzt auch Erfahrungen von Anerkennung und Handlungswirksamkeit verbunden sein, die an anderen Orten (z. B. Schule) verwehrt werden (vgl. Schäfer 2014).

4.3.5 Fazit

Der Strukturwandel der Jugendphase in modernen Gesellschaften führt zu einem Bedeutungszuwachs von Gleichaltrigengruppen, die zu wichtigen Sozialisationsinstanzen im Jugendalter avancieren. Peergroups haben eine positive Funktion für die Persönlichkeitsentwicklung und die Bewältigung von Entwicklungsaufgaben. In einigen Fällen können sie jedoch auch zu problematischen Entwicklungsverläufen beitragen. Viele Gleichaltrigengruppen partizipieren aktiv und schöpferisch an jugendkulturellen Szenen. Offene Kinder- und Jugendarbeit bietet vor diesem Hintergrund einen Raum, den sich Jugendliche entsprechend ihren Interessen und Bedürfnissen aneignen können. Sie fördert die Gleichaltrigengeselligkeit und stellt eine Infrastruktur zur Verfügung, die Besucher*innen nutzen können, um jugendkulturelle Praktiken zu erlernen und zu präsentieren. Dadurch können Jugendliche Erfahrungen von Anerkennung und Handlungswirksamkeit sammeln.

Fragen zur Reflexion
- Wie lässt sich der Bedeutungszuwachs von Peergroups erklären?
- Welche Erfahrungen mit Gleichaltrigen haben Sie bisher gemacht? Wie haben diese Erfahrungen Ihre Persönlichkeitsentwicklung geprägt?
- Welche Konsequenzen hat die „Sozialisation in eigener Regie" (Tenbruck) im Rahmen von Peergroups für die Soziale Arbeit mit Jugendgruppen?
- Wie kann Soziale Arbeit die mit der Einbindung in Peergroups verbundenen positiven Aspekte für die Persönlichkeitsentwicklung fördern und potenzielle Risiken minimieren?
- Fallen Ihnen weitere Möglichkeiten ein, wie die Angebote der Offenen Kinder- und Jugendarbeit am Interesse vieler junger Menschen an der Hip-Hop-Kultur oder einer anderen Jugendkultur anknüpfen können?

Literatur

Althans, Birgit/Hahn, Daniela/Schinkel, Sebastian 2009: *Szenen des Lernens.* In: Alkemeyer, Thomas/Brümmer, Kristina/Kodalle, Rea/Pille, Thomas (Hrsg.): *Ordnung in Bewegung. Choreographien des Sozialen. Körper in Sport, Tanz, Arbeit und Bildung.* Bielefeld: transcript, S. 141–160.

Baacke, Dieter 1984: *Jugend und Jugendkulturen. Darstellung und Deutung.* Weinheim u. a.: Juventa.

Deutscher Bundestag 2017: *15. Kinder- und Jugendbericht.* Bundestagsdrucksache 18/11050. Berlin.

Dollinger, Bernd/Schabdach, Michael 2013: *Jugendkriminalität.* Wiesbaden: SpringerVS.

Ecarius, Jutta/Eulenbach, Marcel/Fuchs, Thorsten/Walgenbach, Katharina 2011: *Jugend und Sozialisation.* Wiesbaden: VS.

Farin, Klaus 2006: *Jugendkulturen in Deutschland. 1990–2005.* Bonn: BpB.

Fend, Helmut 1998: *Eltern und Freunde. Soziale Entwicklung im Jugendalter.* Bern u. a.: Huber.

Griese, Helmut 1977: *Sozialwissenschaftliche Jugendtheorien. Eine Einführung.* Weinheim und Basel: Beltz.

Griese, Hartmut 2016: *Die soziologische Perspektive: Peers und ihre Bedeutung für die gesellschaftliche (Des-?) Integration.* In: Köhler, Sina-Mareen/Krüger, Heinz-Hermann/Pfaff, Nicole (Hrsg.): *Handbuch Peerforschung.* Opladen u. a.: Barbara Budrich, S. 55–74.

Hitzler, Ronald/Bucher, Thomas/Niederbacher, Arne 2001: *Leben in Szenen. Formen jugendlicher Vergemeinschaftung heute.* Opladen: Leske + Budrich.

Klein, Gabriele/Friedrich, Malte 2003: *Is this real? Die Kultur des HipHop.* Frankfurt a.M.: Suhrkamp.

Leven, Ingo/Quenzel, Gudrun/Hurrelmann, Klaus 2010: *Familie, Schule, Freizeit: Kontinuitäten im Wandel.* In: Shell Deutschland Holding (Hrsg.): *Jugend 2010.* Frankfurt a.M.: Fischer, S. 53–128.

Reinders, Heinz 2006: *Jugendtypen zwischen Bildung und Freizeit. Theoretische Präzisierung und empirische Prüfung einer differenziellen Theorie der Adoleszenz.* Münster u. a: Waxmann.

Reinders, Heinz 2015: *Sozialisation in der Gleichaltrigengruppe.* In: Hurrelmann, Klaus/Grundmann, Matthias/Walper, Sabine/Bauer, Ulrich (Hrsg.): *Handbuch Sozialisationsforschung.* Weinheim und Basel: Beltz, S. 393–413.

Schäfer, Arne 2014: *Körper- und Bewegungspraktiken in der Offenen Kinder- und Jugendarbeit. Eine sozialisationstheoretische Perspektive.* In: Gräfe, Robert/Harring, Marius/Witte, Matthias D. (Hrsg.): *Körper und Bewegung in der Jugendbildung. Interdisziplinäre Perspektiven.* Baltmannsweiler: Schneider Verlag Hohengehren. S. 197–207.

Schäfer, Arne/Schneid, Theo/Möller, Renate 2018: *Gewalt in Einrichtungen der Offenen Kinder- und Jugendarbeit. Empirische Ergebnisse – Theoretische Reflexionen – Handlungsempfehlungen.* Frankfurt a. M.: Wochenschau.

Schulz, Marc 2010: *Performances. Jugendliche Bildungsbewegungen im pädagogischen Kontext. Eine ethnografische Studie.* Wiesbaden: VS.

Shell Deutschland Holding (Hrsg.) (2015): *Jugend 2015. Eine pragmatische Generation im Aufbruch.* Frankfurt a. M.: Fischer.

Tamke, Fanny 2008: *Jugenden, soziale Ungleichheit und Werte. Theoretische Zusammenführung und empirische Überprüfung.* Wiesbaden: VS.

Tenbruck, Friedrich 1962: *Jugend und Gesellschaft. Soziologische Perspektiven.* Freiburg: Rombach.

Zinnecker, Jürgen 1987: *Jugendkultur 1940 – 1985.* Opladen: Leske + Budrich.

Zinnecker, Jürgen 1991: *Jugend als Bildungsmoratorium. Zur Theorie des Wandels der Jugendphase in west- und osteuropäischen Gesellschaften.* In: Melzer, Wolfgang/Heitmeyer, Wilhelm/Liegle, Ludwig/Zinnecker, Jürgen (Hrsg.): *Osteuropäische Jugend im Wandel.* Weinheim u. a.: Juventa, S. 9–25.

Hinweise zu weiterführender Literatur

Harring, Marius/Böhm-Kasper, Oliver/Rohlfs, Carsten/Palentien, Christian (Hrsg.) 2010: *Freundschaften, Cliquen und Jugendkulturen. Peers als Bildungs- und Sozialisationsinstanzen.* Wiesbaden: VS.

Köhler, Sina-Mareen/Krüger, Heinz-Hermann/Pfaff, Nicole (Hrsg.) 2016: *Handbuch Peerforschung.* Opladen u. a.: Barbara Budrich.

4.4   Erwachsenenalter und Erwerbsarbeit

Karin Scherschel

Was Sie hier erwartet

Das vorliegende Kapitel beleuchtet die Bedeutung der Erwerbsarbeit für das Erwachsenenalter. Es wird den Leser*innen vermittelt, welche Funktionen die Erwerbarbeit für die Individuen in der Gesellschaft hat und mit welchen Bewältigungsanforderungen sie verbunden ist. Um die Integrationskraft der Erwerbsarbeit besser zu verstehen, werden die historischen Bedingungen ihrer Entstehung erläutert. Im Schwerpunkt werden aktuelle Prozesse der Entwicklung der Erwerbsarbeit genauer unter die Lupe genommen. Die Leser*in erfährt mehr über die Hintergründe der aktivierenden Arbeitsmarktpolitik und die Ausbreitung von prekären Beschäftigungsverhältnissen. Die Rolle der Sozialen Arbeit bei der Unterstützung beim Zugang zur Erwerbsarbeit wird im Anschluss reflektiert.

4.4.1 Persönlichkeitsentwicklung und Bewältigungsanforderungen im Erwachsenenalter

Wenn Sie heute jemand fragt: „Was machst Du?", dann antworten Sie vermutlich: „ich studiere Soziale Arbeit". Eher selbstverständlich geben Menschen bei dieser Frage die eigene Position im Bildungs- oder Erwerbssystem an. „Der Beruf", so Ulrich Beck,

> „dient zur wechselseitigen Identifikationsschablone, mit deren Hilfe wir die Menschen, die ihn ‚haben', einschätzen in ihren persönlichen Bedürfnissen, Fähigkeiten, ihrer ökonomischen und sozialen Stellung. So seltsam es ist, die Person mit ihrem Beruf gleichzusetzen: In der Gesellschaft, in der das Leben auf den Faden des Berufes aufgereiht ist, enthält dieser tatsächlich einige Schlüsselinformationen, darunter Einkommen, Status, sprachliche Fähigkeiten, mögliche Interessen, Sozialkontakte usw." (Beck 1986, S. 221).

Wie tief verankert die Erwerbsarbeit in unseren Köpfen ist, zeigt sich u. a. auch daran, dass bereits im Kindesalter Ideen über die berufliche Zukunft existieren. Doch warum ist die Erwerbarbeit für die Persönlichkeitsentwicklung der Einzelnen so wichtig?

Grundlegende Antworten auf diese Frage gibt die klassische Studie „Die Arbeitslosen von Marienthal" (1975). Als Marie Jahoda und ihr Forschungsteam in den 1930er Jahren im Schatten der Weltwirtschaftskrise nach Marienthal, einem kleinen Ort nahe Wien, kommen, finden sie eine dramatische Situation vor. Innerhalb von kurzer Zeit haben drei Viertel der Dorfbewohner*innen, die in der ortsansässigen Textilfabrik angestellt waren, ihre Arbeit verloren. Der Verlust der Arbeit hat verheerende Konsequenzen: Resignation und Apathie breiten sich in der Dorfbevölkerung aus, das kulturelle und politische Leben im Dorf bricht zusammen. Ein zentrales Ergebnis der Studie ist, dass Erwerbsarbeit nicht nur dazu dient, die eigene Reproduktion im Sinne der Sicherung des materiellen (Über-)Lebens zu sichern. Darüber hinaus erfüllt sie strukturierende Funktionen für den Alltag, d. h. der Alltag wird in vielerlei Hinsicht (z. B. Planung der Freizeit, Rhythmus der Einnahme des Essens, Urlaub) „um die Arbeit herum" organisiert.

Dies thematisieren auch die Lebenslaufforschung und die Debatten um die Individualisierung in den 1980er Jahren. (siehe hierzu auch Abschn. 3.3) Sie analysieren die Einbindung der Individuen in die Erwerbsarbeit unter den Bedingungen einer fortschreitenden Modernisierung der Gesellschaft. Martin Kohli (1986, S. 186) argumentiert, dass die Institutionalisierung des modernen Lebenslaufes das Ergebnis einer sich „entfaltenden Arbeitsgesellschaft" ist.

Während Enttraditionalisierung zu einer „Zufälligkeit der Lebensereignisse" führt, wird die Biografie mittels eines institutionell „vorhersehbaren Lebenslaufes" (ebd., S. 185) gestaltbar. Arbeiten zu gehen, ist ein Stück gesellschaftliche Normalität und selbstverständlicher Bestandteil des gesellschaftlichen Lebens. Auch Beck (1986, S. 212) spricht in diesem Zusammenhang von institutionellen Lebenslaufmustern. Der Verlust der Arbeit wird vor diesem Hintergrund als kritisches Lebensereignis und individuelles Schicksal erfahren. Wenngleich in modernen Wohlfahrtsstaaten Systeme der sozialen Sicherung Erwerbslosigkeit als individuelles Risiko sozialpolitisch abfedern, bedeutet erwerbslos zu sein, insbesondere den Verlust gesellschaftlicher Anerkennung und ist mit Scham besetzt (siehe dazu Abschn. 4.4.3).

Um einen Beruf auszuüben, bedarf es eines Schulabschlusses, einer Ausbildung oder eines Studiums. Jede dieser Statuspassagen ist mit spezifischen biografischen Leistungsanforderungen verbunden. In der Schule geht es um gute Zensuren, beim Schulabschluss muss entschieden werden, welche Ausbildung gewählt wird, beim Zugang zum Studium kann der Numerus Clausus eine bedeutsame Rolle spielen und im beruflichen Alltag müssen Karrieren geplant sowie Vereinbarkeitsleistungen zwischen Beruf, Familie und anderen Lebensbereichen (die sogenannte *work-life-balance*) erbracht werden. Die Bewältigung keiner dieser Anforderungen liegt ausschließlich in der Entscheidungsgewalt der Einzelnen. Bildungs- und Berufsbiografien sind in modernen Gesellschaften abhängig von den Erfordernissen des Marktes, von den spezifischen Anforderungen des jeweiligen Berufsfeldes und wesentlich durch soziale Herkunft, Geschlecht oder Staatsbürgerschaft beeinflusst. Der soziale Aufstieg auf der Karriereleiter gelingt aus einem Arbeitermilieu weit seltener als aus einem bildungsbürgerlichen Milieu. Arbeitsmärkte sind geschlechtlich segregiert, das Berufsfeld der Sozialen Arbeit, in der überwiegend Frauen beschäftigt sind, ist hierfür ein Beispiel. Dies hat historische Ursachen und ist in der geschlechtsspezifischen Arbeitsteilung begründet, die Frauen historisch eine fürsorgende und unterstützende Rolle zuwies.

In der modernen Gesellschaft nimmt zwar die individuelle Freiheit zu. Dies bedeutet aber zugleich, dass Personen gezwungen sind, eine Vielfalt an Entscheidungen zu treffen und Anforderungen zu bewältigen. (siehe hierzu ausführlicher Abschn. 3.3) Sie sind Akteure ihrer marktvermittelten Existenzsicherung und ihrer Biografieplanung und -organisation (vgl. Beck 1986, S. 209). Unter den Bedingungen einer fortschreitenden Entstandardisierung und Flexibilisierung der Arbeitswelt wachsen diese Bewältigungsanforderungen. Jüngere Diagnosen zum Anstieg von Burnout machen eine Ursache dafür in den Veränderungen der Arbeitswelt aus (vgl. Neckel und Wagner 2014; Becker 2015).

Zweifellos kann jede und jeder beobachten, dass sich Lebensläufe und Erwerbsarbeit im Wandel befinden und sich die eigenen beruflichen Vorstellungen sowie die Arbeitsbedingungen von denen früherer Generationen in vielerlei Hinsicht unterscheiden; die Erwartungen an Mobilität sind beispielsweise gestiegen. Verlängerte Adoleszenz, *Homeoffice,* Deregulierung, lebenslanges Lernen, Bastelbiografien, Arbeit 4.0, Wissensgesellschaft, *outsourcing,* Digitalisierung, *working poor* und Prekarität sind nur einige Stichworte, die ganz unterschiedliche Facetten dieses Wandels umschreiben. Die vormalige Gewissheit einer lebenslangen Beschäftigung geht im Zuge von Veränderungen der Arbeitswelt verloren. Flexibilität und Spontaneität treten in Arbeitsprozessen an die Stelle von Planbarkeit und Routinen.

4.4.2   Zentraler Erfahrungskontext: Erwerbsarbeit

Die enorme Bedeutung der Erwerbsarbeit lässt sich nur angesichts ihrer historischen Verankerung in modernen Gesellschaften verstehen. Die *workhouses* sind frühe Formen der Armenpolitik, bei denen Arbeit zum Mittel der Disziplinierung eingesetzt wird, um Arme, Kranke, Vagabunden, Waisen bis hin zu psychisch beeinträchtigten Menschen unter Zwang in die Gesellschaft zu integrieren. Im Zuge der Industrialisierung gewinnt Lohnarbeit für einen immer größer werdenden Teil der Bevölkerung an Bedeutung. Im 18./19. Jahrhundert – im Übergang von der Agrar- zur Industriegesellschaft – vollziehen sich grundlegende soziale Veränderungen, die durch Urbanisierung, Pauperisierung (Verelendung) und Industrialisierung gekennzeichnet sind. Arbeiter*innen bieten in Fabriken ihre Arbeitskraft oftmals für einen Hungerlohn an. Im Zuge der Urbanisierung versuchen viele ihr Glück in den Städten. Die Landflucht hat eine Auflösung traditioneller Sozialbeziehungen und einen Wandel der Arbeits- und Lebensformen zur Folge. Zeichnete sich die bäuerliche Existenz durch eine Konzentration von Arbeit, Wohn- und Lebensraum an einem Ort aus, vollzieht sich mit dem Weggang in die Stadt und der Arbeit in der Fabrik eine Trennung dieser Arbeits- und Lebensräume (vgl. Dietz et al. 2014). Die *Soziale Frage* im 19. Jahrhundert macht die unhaltbaren Arbeitsbedingungen in den Fabriken und die Verarmung breiter Bevölkerungsgruppen zum Thema. Die Situation der Lohnarbeit zeichnet sich durch ein hohes Maß an Rechtlosigkeit aus. Diese eklatanten Missstände werden von Karl Marx und Friedrich Engels analysiert, ihre Einsichten in die Verelendung der breiten Massen und die Entfremdung der Lohnarbeit sind bis heute bedeutsam für unser historisches Verständnis der Entwicklungsbedingungen der Lohnarbeit. In dem grundlegenden Werk: *Die Metamorphosen der Sozia-*

len Frage. Eine Chronik der Lohnarbeit beschreibt der französische Soziologe Robert Castel (2000) den Aufstieg der Lohnarbeit von einem verachteten Arbeitsverhältnis zum zentralen Medium der Integration in modernen Gesellschaften für breite Teile der Bevölkerung. Denn die rapide zunehmende Verbreitung der Lohnarbeit geht einher mit der Entwicklung der Sozialpolitik und dem Ausbau des Wohlfahrtsstaates. Ihre Bedeutung als zentrales Element sozialer Integration im Erwachsenenalter lässt sich nur angesichts ihrer Einbettung in ein System sozialer Versicherungen verstehen, das die Einzelnen vor den Zwängen des Marktes und vor Risiken schützen soll. In Deutschland entstehen gegen Ende des 19. Jahrhunderts die ersten Gesetze zur Absicherung der Lohnarbeiter*innen im Krankheitsfall, bei Unfällen und im Falle von Invalidität und Alter. Castel (2000, S. 285 ff.) argumentiert, dass mit der Industrialisierung die bis heute geltenden Voraussetzungen der Lohnarbeit, ohne dass sie zu diesem Zeitpunkt in Gänze entfaltet wären, bereits verankert werden. André Gorz (1988, S. 161) nennt vier ihrer Merkmale: Sie wird für Dritte getätigt; man erhält einen Gegenwert, nämlich einen Lohn; die Rahmenbedingungen der Arbeit (Zeit, Ort, Umstände) werden durch den bestimmt, der den Lohn zahlt; auf ihren Zweck hat man keinen Einfluss. Die Veränderungen in der heutigen Arbeitswelt sind vielfältig. Sie bergen sowohl Chancen als auch Risiken. Wenn im Folgenden das Augenmerk auf arbeitsmarktpolitische Diskussionen gelenkt wird, die die Risiken betonen, dann ist damit längst nicht die Mannigfaltigkeit der gegenwärtigen Arbeitsweltdynamiken erfasst. Gleichwohl handelt es sich um solche arbeitsmarktpolitischen Entwicklungen, in die die Soziale Arbeit involviert ist und die für Soziale Arbeit relevante Personengruppen betreffen.

4.4.3 Schwerpunktthema: Aktivierende Arbeitsmarktpolitik und Prekarisierung

Bei der aktivierenden Arbeitsmarktpolitik handelt es sich um eine (sozial-)politische Wende, die das Ziel verfolgt, die Beziehungen zwischen Staat, Bürger*innen und Markt neu zu bestimmen. Sie wird in der einschlägigen Literatur als Wandel vom *fürsorgenden* zum *aktivierenden* Wohlfahrtsstaat bezeichnet (vgl. Dingeldey 2011; Lessenich 2008). In Deutschland gilt die Einführung der „Gesetze für moderne Dienstleistungen am Arbeitsmarkt" zu Beginn des neuen Jahrtausends (2003–2005) als aktivierungspolitische Wende und bedeutende Zäsur. Die sogenannten „Hartz-Reformen" zielten auf eine Bekämpfung der Langzeitarbeitslosigkeit und folgen dem Leitmotiv „Fördern und Fordern". Die Einführung der aktivierenden Arbeitsmarktpolitik hat zu einem Umbau der Institutionen, zu einer

Verankerung neuer Steuerungsmechanismen und zu einem veränderten Maßnahmenkatalog im Umgang mit Erwerbslosen geführt, die in der einschlägigen
Literatur ausführlich skizziert (siehe exemplarisch Scherschel et al. 2013; Dingeldey 2011) und in ihren Konsequenzen für die Soziale Arbeit problematisiert
werden (siehe Kessl et al. 2007). Durch die stärkere Konditionalisierung von
Transferleistungen („Fordern") gewinnen die Kontrolle des individuellen Engagements und die Sanktionierung nicht regelkonformen Verhaltens durch Behörden
mehr Gewicht (vgl. Dörre et al. 2013). Arbeitslosenunterstützung in Form des
sogenannten Hartz IV wird von den Betroffenen oft als Stigma erlebt. Auf die
Frage, inwiefern Arbeit den Wert eines Menschen bestimmt, schildert Frau
Mayer[1], die an einer soziologischen Langzeitstudie zu den sozialen Folgen der
aktivierenden Arbeitsmarktpolitik teilnahm, ihre Begegnung mit einer Nachbarin:

> „Doch, sie werden, sie werden anders angesehen in der Gesellschaft, wenn sie eben
> eine Arbeit haben. Und ich kann es auch begründen. In meinem Haus wissen sie
> alle, dass ich arbeite. Aber es weiß keiner, dass ich Hartz IV bin. Und bin ich neu
> lich abends noch mal weggelaufen mit der Aktentasche unterm Arm, (…). Und da
> kommt eine Frau aus dem Haus und sagt: ‚Oh, sie müssen wohl noch einmal weg.'
> Ich sag: ‚Ja, ich muss noch mal weg. Ich bin ganz toll im Stress.' Ich hatte ja auch
> Druck, Druck. Ich sag: ‚Ich bin ganz toll im Stress, ich habe heut Abend noch einen
> Termin.' Und da sagt sie: ‚So isses nun, die Leute, die Arbeit haben, die können sich
> vor Arbeit nicht retten, und die Hartz-IV-Empfänger, die sitzen daheime und wis
> sen vor purem Blödsinn nicht, was sie machen sollen.' […]" B: „Gedacht habe ich:
> ‚Siehste, halt deine Klappe, sag lieber niemandem, dass du Hartz IV bist.' Für einen
> Moment wollt ich sagen: ‚Ah, ah, so isses ja nun auch nicht, ich bin Hartz IV und
> muss trotzdem abends fortgehen.' Ich dachte: ‚Nein, halt die Kappe, halt die Klappe
> und sag nichts.' Wenn ich gesagt hätte: ‚Ich bin Hartz-IV-Empfänger', dann wär
> wahrscheinlich die Retourkutsche gekommen: ‚Und da Arbeiten sie jetzt schwarz?'
> oder irgendwas. Das wär dann retour gekommen. Denn anders kannst du denen das
> nicht erklären." (Frau Mayer 59 Jahre alt, Ein-Euro-Job, Dörre et al. 2013, S. 163).

Frau Mayers Erfahrungen mit Unverständnis, Scham und Vorurteilen stehen
exemplarisch für das Empfinden vieler Leistungsbeziehenden. Dies belegen
unterschiedliche Studien, die die Lebenssituationen von Erwerbslosen in den vergangenen Jahren nach Einführung von Hartz IV untersucht haben (siehe exemplarisch Ludwig-Mayerhofer et al. 2009). Ihr Leben ist durch finanziellen Mangel,
die Angst vor der behördlichen Drangsalierung und eine geringe gesellschaftliche Akzeptanz gekennzeichnet. Karl August Chassé (2010) hat in seiner Studie

---

[1]Der Name ist anonymisiert.

Unterschichten in Deutschland eine Vielzahl an Stereotypen ermittelt, mit denen Leistungsbeziehende im Alltag konfrontiert sind. Sie gelten als faul und ihnen werden grundlegende Defizite (z. B. Alkoholmissbrauch, erhöhter Fernseh- und Nikotinkonsum) in der Lebensführung zugeschrieben.

Um die Beschäftigungsfähigkeit der Erwerbslosen, die sogenannte *employability,* zu erhöhen, wurde eine Reihe flexibler Beschäftigungsformen ausgebaut oder neu eingeführt. Dazu zählen die *„Arbeitsgelegenheiten* mit Mehraufwandsentschädigung", die sogenannten Ein-Euro-Jobs, die Mini-Jobs und die Leiharbeit (vgl. Dingeldey 2011, S. 312). Solche Formen der Beschäftigung werden als *atypische* oder *prekäre* Beschäftigungen charakterisiert. Diese durch die Hartz-Reformen forcierte Entwicklung setzte bereits früher ein. In Deutschland hat sich seit den 1990er Jahren die Zahl der atypischen Beschäftigungen verdoppelt, 2017 arbeitete jede*r vierte in einem Beschäftigungsverhältnis, das als atypisch bezeichnet wird. Atypische Beschäftigungsverhältnisse werden dadurch bestimmt, dass sie von der sogenannten Normalarbeit, charakterisiert durch ein tariflich geregeltes Entgelt und Arbeitszeiten, eine sozialversicherungspflichtige Einbettung und vertragliche Sicherheit, abweichen. Prekär werden sie, wenn sie Menschen einen bestimmten Lebensstil und eine soziale Unsicherheit aufzwingen, die ihre Möglichkeiten gesellschaftlicher Teilhabe und die Fähigkeit, ihre Zukunft zu gestalten, erheblich einschränken. Der französische Soziologe Pierre Bourdieu hat in diesem Zusammenhang festgestellt:

> „Prekarität hat bei dem, der sie erleidet, tiefgreifende Auswirkungen. Indem sie die Zukunft überhaupt im Ungewissen läßt, verwehrt sie den Betroffenen gleichzeitig jede rationale Vorwegnahme der Zukunft und vor allem jenes Mindestmaß an Hoffnung und Glauben an die Zukunft, das für eine vor allem kollektive Auflehnung gegen eine noch so unerträgliche Gegenwart notwendig ist." (Bourdieu 1998, S. 97).

Aktivierung und Prekarisierung stellen Individuen vor widersprüchliche Herausforderungen. Die Politik der Aktivierung verstärkt die Abhängigkeit sozialer Teilhabe von der Integration in die Erwerbsarbeit, die Prekarisierung wiederum konfrontiert die Erwerbstätigen damit, dass eine dauerhafte Integration in den Arbeitsmarkt sich immer weniger realisieren lässt.

4.4.4 Praxis(feld) der Sozialen Arbeit: Herstellung sozialer Teilhabe

Im Falle der Erwerbslosigkeit leistet Soziale Arbeit eine Form der institutionalisierten Hilfe, um die Exklusion der Einzelnen durch den Verlust der Erwerbsarbeit zu verhindern. Sie unterstützt Menschen in unterschiedlichen Phasen ihres Lebens beim Eintritt- und Wiedereinstieg in das Berufsleben oder bei der Bewältigung der Erwerbslosigkeit. Die Leistungen der Sozialen Arbeit bestehen darin, dass sie „ganzheitlich" „mit dem Ziel der Aufrechterhaltung und/oder Entwicklung einer an den Anforderungen resp. den Gegebenheiten des Arbeitsmarktes orientierten Lebensperspektive" interveniert (Bommes und Scherr 2000, S. 172). Diese Unterstützungsleistungen sind nicht auf ein Praxisfeld der Sozialen Arbeit beschränkt. In so unterschiedlichen Praxisfeldern wie der Wohnungslosenhilfe, der Drogenhilfe und der Jugendhilfe stellt *ein* Ziel der pädagogischen Interventionen die Herstellung sozialer Teilhabe durch die Unterstützung der Adressat*innen bei der Integration in Erwerbsarbeit da. Durch die Vermittlung von Handlungskompetenzen, die auf eine eigenständige Lebensführung und die Bewerkstelligung des Berufslebens ausgerichtet sind, werden beispielsweise Jugendliche in der Jugendhilfe beim Übergang von der Schule in den Beruf und in das Erwachsenenalter in sehr unterschiedlichen Kontexten (z. B. Wohngruppen, Förderprogramme im Übergangssystem, Schulsozialarbeit) durch Sozialarbeiter*innen unterstützt (siehe zum Übergang Schule – Beruf Abschn. 4.2). Die Zunahme prekärer Arbeitsverhältnisse stellt die Soziale Arbeit vor große Herausforderungen. Einerseits ist sie selbst von dieser Entwicklung in dem Sinne betroffen, dass Beschäftigungsverhältnisse in der Sozialen Arbeit oftmals befristet oder in Teilzeit sind. Dies erschwert den Aufbau kontinuierlicher Arbeitsprozesse und nachhaltiger Unterstützungsleistungen und führt bei den Professionellen nicht selten zur Überforderung. Aus Perspektive ihrer Adressat*innen bedeutet die Ausbreitung prekärer Beschäftigung, dass die Vermittlung in Erwerbsarbeit keine Garantie mehr für eine gelungene gesellschaftliche Integration ist: Der Armutsbericht 2018 des Paritätischen Wohlfahrtsverbandes stellt fest, dass 13,7 Mio. Menschen in Deutschland unter der Armutsgrenze leben, die überwiegende Mehrheit davon verfügt über eine Arbeit oder ist in Rente (vgl. S. 3 f.). D. h. unter den Bedingungen prekärer Arbeitsverhältnisse müssen Löhne staatlich subventioniert werden und bieten keine Unabhängigkeit von Sozialleistungen. Unsichere Beschäftigungsverhältnisse erschweren den Aufbau einer beruflichen Identität ebenso wie die Entwicklung sozialer Netzwerke, die häufig an Kontakte am Arbeitsplatz gebunden sind. Unter den veränderten Bedingungen der aktivierenden Arbeitsmarktpolitik hat die Soziale Arbeit einerseits einen Bedeutungszuwachs erfahren, da pädagogische Interventionen in der Sozialpolitik an Gewicht gewinnen. Andererseits haben sich ihre Gestaltungsspielräume verengt, da die Integration in Erwerbsarbeit mittels einer stärkeren Kontrolle stattfindet. Erwerbslose, die Maßnahmen zur Integration in Erwerbsarbeit abbrechen, können mit Leistungskürzungen seitens des Jobcenters sanktioniert werden. In der Debatte über den Funktionswandel der Sozialen Arbeit im Zuge der wohlfahrtsstaatlichen Veränderungen dominiert deshalb die Kritik an der Politik der Aktivierung (vgl. Kessl et al. 2007; Anhorn und Bettinger 2005).

4.4.5 Fazit

Dass Erwerbsarbeit eine bedeutsame Rolle in der heutigen Gesellschaft einnimmt, ist das Ergebnis eines historischen Prozesses, in dem die Integration in Arbeit zur Voraussetzung sozialer Teilhabe und sozialer Sicherung wird. Erwerbsarbeit erfüllt bedeutende Funktionen: Sie gewährleistet eine materielle Sicherung, die Strukturierung des Alltags und sie erfüllt Selbstverwirklichungsansprüche. Die zentralen Phasen des Lebens sind dadurch strukturiert, dass Menschen sich in Institutionen bewegen, die sie auf den Arbeitsmarkt vorbereiten (Schule, Duale Berufsausbildung, Hochschulen), um dann in Institutionen einzutreten, in denen sie gegen Lohn ihre erlernten Kompetenzen in einer nach Kriterien des Marktes organisierten Erwerbsarbeit einsetzen. Arbeitsmarktpolitische Veränderungen, wie die aktivierende Arbeitsmarktpolitik, haben also nicht zu unterschätzende Konsequenzen für Menschen. Die Kritik an der Aktivierung lautet, dass sie beim individuellen Verhalten und nicht bei den sozialen Verhältnissen ansetzt, d. h. dem Individuum die Bewältigung gesellschaftlicher Probleme aufbürdet. Die Rolle der Sozialen Arbeit besteht in unterschiedlichen Praxisfeldern darin, mit ihren Instrumenten die Integration in Erwerbarbeit zu unterstützen, da sie für soziale Teilhabe in der heutigen Gesellschaft von fundamentaler Bedeutung ist.

Fragen zur Reflexion
Warum ist Erwerbsarbeit so bedeutend für den Einzelnen? Welche Funktionen erfüllt sie in modernen Gesellschaften?

Warum kann Hartz IV als Stigma wahrgenommen werden?

Was versteht man unter Prekarität? Was sind ihre Kennzeichen?

Was sind Merkmale der aktivierenden Arbeitsmarktpolitik?

Welche Bedeutung hat Soziale Arbeit für die Integration in Erwerbsarbeit?

Literatur
Anhorn, Roland/Bettinger, Frank (Hrsg.) 2005: *Sozialer Ausschluss und Soziale Arbeit. Positionsbestimmungen einer kritischen Theorie und Praxis Sozialer Arbeit.* Wiesbaden: Springer VS.

Beck, Ulrich 1986: *Risikogesellschaft. Auf dem Weg in eine andere Moderne.* Frankfurt am Main: Suhrkamp Verlag.

Becker, Karina 2015: *Macht und Gesundheit. Der informelle Handel um die Vernutzung von Arbeitskraft.* In: Berliner Journal für Soziologie (25): 161–185

Bommes, Michael/Scherr, Albert 2000: *Soziologie der Sozialen Arbeit. Eine Einführung in Formen und Funktionen organisierter Sozialer Hilfe.* Weinheim/München: Beltz Juventa.

Bourdieu, Pierre 1998: *„Prekarität ist überall".* In: ders.: *Gegenfeuer. Wortmeldungen im Dienste des Widerstandes gegen die neoliberale Invasion.* Konstanz: UVK, S. 96–102.

Castel, Robert 2000: *Die Metamorphose der sozialen Frage Eine Chronik der Lohnarbeit.* Konstanz: UVK.

Chassé, Karl August 2010: *Unterschichten in Deutschland. Materialen zu einer kritischen Debatte.* Wiesbaden: Springer VS.

Der Paritätische Gesamtverband (Hrsg.) 2018: *Wer die Armen sind. Der Paritätische Armutsbericht 2018.* https://www.der-paritaetische.de/armutsbericht/ zugegriffen: 14. Dezember 2018

Dietz, Berthold/Frevel, Bernhard/Toens, Katrin 2015: *Sozialpolitik kompakt.* Wiesbaden: Springer VS.

Dörre, Klaus/Scherschel, Karin/Booth, Melanie u. a. 2013: *Bewährungsproben für die Unterschicht? Soziale Folgen aktivierender Arbeitsmarktpolitik.* Frankfurt/New York: Campus.

Dingeldey, Irene 2011: *Der aktivierende Wohlfahrtsstaat: Governance der Arbeitsmarktpolitik in Dänemark, Großbritannien und Deutschland.* Frankfurt a.M. Schriften des Zentrums für Sozialpolitik.

Gorz, André 1988: *Abschied vom Proletariat.* Frankfurt a.M.: Athenäum.

Jahoda, Marie/Lazarsfeld, Paul F./Zeisel, Hans 1975 [1933]: *Die Arbeitslosen von Marienthal. Ein soziographischer Versuch über die Wirkungen langandauernder Arbeitslosigkeit,* Frankfurt a.M.: Suhrkamp.

Kohli, Martin 1986: *Gesellschaftszeit und Lebenszeit. Der Lebenslauf im Strukturwandel der Moderne.* In: Berger, Johannes (Hrsg.): Die Moderne – Kontinuität und Zäsuren. Soziale Welt Sonderband 4. Göttingen 1986, S. 183 – 208.

Kessl, Fabian/Reutlinger, Christian/Ziegler, Holger (Hrsg.) 2007: *Erziehung zur Armut? Soziale Arbeit und die ´neue Unterschicht. ´* Wiesbaden: Springer VS.

Lessenich, Stephan 2008: *Die Neuerfindung des Sozialen. Der Sozialstaat im flexiblen Kapitalismus,* Bielefeld: transcript.

Ludwig-Mayerhofer, Wolfgang/Behrend, Olaf/Sondermann, Ariadne (2009), *Auf der Suche nach der verlorenen Arbeit. Arbeitslose und Arbeitsvermittler im neuen Arbeitsmarktregime,* Konstanz: UVK-Verlag.

Neckel, Sighard/Wagner, Greta 2014: *Burnout. Soziales Leiden am Wachstum.* In: WSI-Mitteilungen 7/2014, Schwerpunktheft Grenzen des Wachstums – Grenzen des Kapitalismus. S. 536–542.

Scherschel, Karin/Streckeisen, Peter/Krenn, Manfred (Hrsg.) 2012: *Neue Prekarität: Die Folgen aktivierender Arbeitsmarktpolitik – europäische Länder im Vergleich.* Frankfurt/New York: Campus.

Hinweise zu weiterführender Literatur

Robert Castel/Klaus Dörre (Hrsg.): *Prekariat, Abstieg, Ausgrenzung. Die soziale Frage am Beginn des 21. Jahrhunderts,* Frankfurt a.M./New York: Campus.

Sennett, Richard 2000: *Der flexible Mensch. Die Kultur neuen Kapitalismus.* 2. Auflage. Berlin: Siedler.

Jaehrling, Karen/Rudolph, Clarissa (Hrsg.) 2010: *Grundsicherung und Geschlecht. Gleichstellungspolitische Befunde zu den Wirkungen von ›Hartz IV‹,* Münster: Westfälisches Dampfboot.

4.5   Alter und Technik

Walid Hafezi

Was Sie hier erwartet
Der Wandel von der Industrie- zur Wissensgesellschaft und die Technisierung des Alterns haben in den vergangenen Dekaden zu einer Unbestimmtheit bzw. Zerfaserung der Lebensphase Alter geführt. Prozesse der Technisierung der Lebenswelten, der Vergesellschaftung und der Persönlichkeitsentwicklung älter werdender Menschen können für Praxisfelder der Sozialen Arbeit mit alten Menschen u. a. entlang von Alterskategorien reflektiert werden. Technische Assistenz-Systeme stellen hierbei erhebliche Potenziale für ein selbstständiges Leben im Alter dar, wenn diese die Autonomie der Adressat*innen respektieren sowie ethische Aspekte im Vorfeld zur Diskussion stellen. Diesen Ansatz in der künftigen Forschung und Entwicklung von technischen Assistenz-Systemen im Blick zu haben wird eine der zentralen Herausforderungen für die Soziale Arbeit darstellen.

4.5.1 Persönlichkeitsentwicklung und Bewältigungsanforderungen im Alter

Wie kaum ein anderes Thema sind in den vorangegangenen Jahren die alternde Gesellschaft und die damit verbundenen Herausforderungen Gegenstand von kontroversen gesellschaftspolitischen Diskussionen gewesen. Der Trend des Älterwerdens ist längst nicht mehr nur eine statistische Größe, sondern es sind dessen Auswirkungen, die bereits heute für Politik, Wissenschaft und Praxis konkret zu fassen sind. Während Ende 2015 der Anteil der über 65-Jährigen an der Gesamtbevölkerung 21,1 % betrug, werden für das Jahr 2060 bereits 30,9 % prognostiziert (vgl. Hoffmann et al. 2017).

Eine große Bedeutung kommt daher Konzepten zur Analyse der Lebensphase Alter zu, die zum Verständnis der Bedingungen menschlicher Vergesellschaftung und Persönlichkeitsentwicklung beitragen und eine differenzierte Betrachtung der Prozesse des Älterwerdens im Hinblick auf die demografische Entwicklung, insbesondere das rasante Altern der Gesellschaft, den Wandel von der Industrie- zur Wissensgesellschaft sowie die Technisierung des Alterns voraussetzen.

Was ist das Alter? Wer oder was beeinflusst das Altern? Was ist unter einem Alterungsprozess zu verstehen? Die nachfolgenden Ausführungen skizzieren einige Antworten.

Zunächst einmal kann konstatiert werden, dass nicht objektiv und allgemein gültig bestimmbar ist, was alt ist und was Altwerden bedeutet (vgl. Thieme 2008). Gukenbiehl (2000, S. 12) bezeichnet Alter zunächst als „die Zeitspanne im Leben eines Organismus, hier des Menschen, die seit seiner Entstehung (Geburt) vergangen ist. Im engeren Sinne meint Alter nur die letzte Phase oder Stufe im Lebenslauf." Die Einstellungen zum Alter werden nach Prahl und Schroeter (1996) durch viele ideologische, kulturelle und soziale Umstände geprägt: Mythen, Zeitvorstellungen, Vorstellungen über das Lebensende, gesellschaftliche Werte und Normen (Sexualnorm, Rollenzuweisungen), ästhetische Ansichten (Körperideal, Kleidung), Konsumorientierung, Verwandtschaftskonstellationen, gesellschaftliche Organisationsprinzipien (ordnen nach Schichten, Altersklassen), demografische Bevölkerungsstruktur, Wissenschaftserkenntnis wie auch politische und gesellschaftliche Öffentlichkeitsarbeit nehmen Einfluss auf die Vorstellungen der Menschen, was sie unter Alter und Altern verstehen. Wenn von Alter oder vom Altern gesprochen wird, so darf dies demnach nicht restringiert bzw. stereotyp geschehen. Altern findet auf sehr mannigfaltige Weise statt und bedarf einer differenzierten Betrachtung. Als ein erster Ordnungsversuch in dem Kontext können u. a. folgende Alterskategorien herangezogen werden.

Das *kalendarische Alter*: Das Geburtsdatum des Menschen gibt Aufschluss über dessen tatsächliches Alter. Das Wissen um das kalendarische Alter vereinfacht gesellschaftliche Organisationsabläufe. So sind per Gesetz der Eintritt in die Schulphase, die Volljährigkeit und damit verbundene Rechte und Pflichten oder der Beginn des Nacherwerbslebens (Rente, Pension) geregelt. An diesen Vorgaben orientiert sich der Mensch bezüglich seines Lebenslaufes. Das kalendarische Alter ist allerdings nicht ausschlaggebend für den Verlauf des Älterwerdens, denn Menschen gestalten durch ihre individuelle Lebensweise ihr Altern mit. Dieses Altern wird von Mensch zu Mensch subjektiv unterschiedlich interpretiert, je nachdem, wie der jeweilige Mensch das Älterwerden selbst ausfüllt und erlebt.

Das *chronologische Alter*: Chronologie ist die Wissenschaft von der Zeitmessung, der Zeitrechnung, der zeitlichen Abfolge: Geburt, Kleinkindphase, Kindheit, Jugendlicher, Erwachsener, älterer Mensch, Hochaltrigkeit, Tod. Nach Lewin (1942) wendet der Mensch in den unterschiedlichen Lebenszyklen bzw. Lebensphasen diese Begriffe der Zeitperspektive individuell an. Während der Ältere bereits auf eine reichhaltige Vergangenheit zurückblicken kann, blickt der junge Mensch noch verstärkt in die Zukunft.

Das *biologische Alter*: Dem groben Muster folgend, dass der Lebenszyklus eines Menschen einer zeitlichen Abfolge unterliegt, ist der Körper des Menschen biologischen Veränderungen physischer und kognitiver Art ausgesetzt. Die leiblichen und seelischen Organe und die diese Organe tragenden Schichten altern und reifen in bestimmter Reihenfolge (vgl. Rothacker 1998). Biologisches Altern wird zum einen durch die Gene des Menschen bestimmt, zum anderen von äußeren Erfahrungen geprägt (vgl. Reimann 1994). Auch biologische Veränderungen sind von Mensch zu Mensch und von Alter zu Alter verschieden. Denn biologisch bedingte Alterungsprozesse werden durch die individuelle Biografie des einzelnen Menschen gezeichnet.

Das *psychologische Alter*: Psychische Veränderungen des Menschen im Laufe seines Lebens werden vielfach geprägt durch äußere Faktoren wie z. B. Schicksale oder Geschehnisse im Lebenslauf. Soziale Faktoren wie Bildungsniveau, Status, finanzielle Absicherung, vielseitige Interessen und eine optimistische Lebenseinstellung unterstützen das psychologische Altern positiv. Das Altern ist hier in Zusammenhang mit einem Reifungsprozess zu sehen. Reimann (1994, S. 4) spricht von einem psychisch-intellektuellen Alter als einem Ergebnis eines „sehr unterschiedlichen komplexen Zusammenwirkens von Anlage und Umwelt". Erlebte Sozialisationsprozesse als auch Personalisationsprozesse bilden die Grundlage für die Verhaltensweisen im Alter und für die Verinnerlichung des Selbstbildes. Aktivitätsbereitschaft oder Rückzugstendenz im Alter werden im Laufe des Lebens durch die psychisch-intellektuellen Erfahrungen geprägt.

Soziologische Aspekte des Alterns: Gesellschaftliche Normen und Rollen-zuweisungen beeinflussen das Verhalten der Menschen. Mit dem Begriff „Alter" werden z. B. bestimmte Bilder verknüpft, diese Altersbilder werden u. a. durch Medien und Werbung verbreitet. Um sich sozial konform zu verhalten, füllen häufig ältere Menschen mit ihren Verhaltensweisen die ihnen von der Gesellschaft zugedachte soziale Rolle aus. Die soziale Rolle wird geformt durch Bildungs-herkunft, Beruf, Statussymbole etc. Positives Rollenverhalten wird sanktioniert durch Anerkennung und Belohnung. Verstöße gegen die soziale Rolle können mit Ablehnung und Bestrafung der sozialen Umwelt einhergehen.

Eine differenzierte Betrachtung der Alterskategorien macht deutlich, dass die Prozesse des Älterwerdens stets individuell verlaufen und im höchsten Maße abhängig sind von Sozialisationserfahrungen und Bewältigungsanforderungen, die Menschen im Laufe ihres Lebens oder im Kontext der „Lebensphase Alter" erfahren oder die ihnen zugeschrieben werden. Als Lebensphase können gene-rell unterschiedliche zeitliche Abschnitte in der Entwicklung eines Menschen bezeichnet werden, die sich durch verschiedene Merkmale, sogenannte Ent-wicklungsstadien, voneinander unterscheiden (Schulzeit, Berufsausbildung, Stu-dium, Erwerbsleben, Rente etc.). Die Lebensphase Alter wird historisch, kulturell und rechtlich bedingt, häufig mit der Beendigung des Erwerbslebens bzw. mit dem Übergang in den Ruhestand definiert. Backes und Clemens (2013, S. 11) bezeichnen dies als zentrale Statuspassage: „Mit der Statuspassage des Renten-eintritts wird dabei auf der einen Seite die Verknüpfung des individuellen Lebens mit der Gesellschaft und ihren Institutionen gewährleistet (Makroperspektive), auf der anderen Seite geht damit die subjektive Perspektive der Bewältigung des Übergangs durch den einzelnen und sein soziales Umfeld einher (Mikro-perspektive)."

Gleichwohl ist in den vergangenen Dekaden aufgrund der Transformations-prozesse von der Industrie- zur Wissensgesellschaft und der damit einher-gehenden Veränderungen der Arbeitswelten (z. B. durch flexible Modelle der Lebensarbeitszeit) der Beginn des Ruhestands nicht immer mit dem Beginn der Lebensphase Alter gleichzusetzen. Hier kann von der *Unbestimmtheit* oder *Zer-faserung* der Lebensphase Alter gesprochen werden. Auch sind in den voran-gegangenen Jahrzehnten durch zahlreiche neue wissenschaftliche Erkenntnisse dem negativ geprägten Altersbild (Abbau intellektueller, emotionaler und körper-licher Leistungsfähigkeit) und der gesellschaftlichen Abwertung des Alters zahl-reihe Konzepte entgegengestellt worden. So stehen heute in der gerontologischen Debatte nicht mehr die defizitorientierten Ansätze, wie z. B. das Defizit-Modell, die Disengagement-Theorie, sondern eher die kompetenzorientierten Modelle, wie z. B. die Aktivitäts-Theorie oder die Kontinuitäts-Theorie oder Konzepte des erfolgreichen Alterns, im Mittelpunkt.

Zusammenfassend kann festgehalten werden, dass die Lebensphase Alter geprägt ist von pluralen und heterogenen Lebensformen und Lebensstilen. Die Alternsprozesse verlaufen in modernen Gesellschaften unterschiedlich und werden maßgeblich bestimmt durch physische, psychische, soziale und gesellschaftliche Rahmenbedingungen. Prahl und Schroeter (1996) bezeichnen in diesem Zusammenhang strukturelle Diskrepanzen, d. h. Unvereinbarkeiten von objektiven Strukturen (Lebenslagen) und subjektiven Bewältigungsformen (Lebensstile), als Dilemma und zugleich als Herausforderung für das Alter(n).

4.5.2 Zentraler Erfahrungskontext: Technisierte Lebenslagen

Die alternden Gesellschaften stehen vor der Herausforderung, das Ideal des selbstständigen Alterns möglichst vielen Menschen zu ermöglichen. Demgegenüber stehen empirische Befunde, dass strukturell bedingte soziale Ungleichheiten die Lebenswelten älterer Menschen prägen und ein selbstständiges Leben im Alter erheblich erschweren können (vgl. Backes und Clemens 2013). Soziale Ungleichheiten in Lebenslagen wie Einkommen, Bildung, Gesundheit bzw. in Kategorien wie Geschlecht und ethnischer Herkunft beeinflussen somit Partizipationsoptionen sowie Handlungs- und Lebensentwürfe älterer Menschen im besonderen Maße.

Eine der aktuell deutlich erkennbaren Entwicklungen, die soziale Ungleichheiten im Alter forcieren können, ist der unaufhaltsame Trend der Technisierung der Lebenslagen älterer Menschen. Das Zusammenspiel von technischem und demografischem Wandel birgt sowohl Chancen als auch Risiken (digitale Ungleichheit). Auf der einen Seite kann der Einsatz von Technik in Lebenswelten älterer Menschen, z. B. im Bereich der Pflege, der Haushaltstechnik, der Telemedizin oder in der Mobilität, einen wichtigen Beitrag zur Förderung der Selbstständigkeit leisten, in dem z. B. Einschränkungen kompensiert und vorhandene Kompetenzen gefördert werden. Auf der anderen Seite sind ethische, soziale und datenschutzrechtliche Themen sowie Voraussetzungen der Finanzierbarkeit dieser Leistungen und somit des Zugangs zu den technischen Unterstützungsangeboten für alle Bevölkerungsgruppen gesellschaftspolitisch noch nicht hinreichend erörtert. Hinzu kommt, dass die bisherige Forschung vorwiegend aus der Perspektive der Technik und Medizin durchgeführt wurde. Sozialwissenschaftliche Aspekte, die aus der Perspektive der Sozialen Arbeit an die Lebenswelten älterer Menschen anknüpfen und ethische Fragestellungen miteinbeziehen, finden jedoch in den vergangenen Jahren zunehmend Berücksichtigung in den Forschungsvorhaben.

Grundsätzlich gilt für die Soziale Arbeit, dass sie sich in diesen Feldern nicht nur mit der explanativen Aufklärung sozialer Ungleichheit beschäftigt, sondern ebenfalls als politische Zielsetzung die Beseitigung sozialer Ungleichheiten fordert und die Verbesserung der Lebenslagen älterer Menschen verfolgt. Allerdings steht auch die Soziale Arbeit erst am Beginn, den „Megatrend" der Technisierung der Gesellschaft und die zunehmend wichtige Funktion der digitalen Informations- und Kommunikationsmedien als Forschungs- und Handlungsfeld zu erschließen. Dieser Umstand wird jedoch in den nächsten Jahren die zentrale Herausforderung für die Soziale Arbeit darstellen, denn nicht nur die ungleiche Verfügbarkeit von Informations- und Kommunikationstechnologien und somit der Zugang zu Ressourcen, sondern auch die differenzielle Nutzung desselben wird sich in den Feldern der Sozialen Arbeit deutlich bemerkbar machen.

In der Praxis kann der Einsatz von Technik für die Adressat*innen der Sozialen Arbeit erhebliche Potenziale für eine selbstständige Lebensführung darstellen (Tab. 4.1).

In Arbeitsfeldern der Sozialen Arbeit mit alten Menschen, wie z. B. der Geriatrie, der geriatrischen Rehabilitation, des stationären und ambulanten Wohnens, der Pflege, des bürgerschaftlichen Engagements, der Beratung für ältere Menschen und deren Angehörige, sind Potenziale des Einsatzes von Technik für ein selbstbestimmtes Leben bzw. für einen „gelingenderen Alltag" unverkennbar. Diese Entwicklung gilt es künftig vermehrt an den Bedürfnislagen der Adressat*innen Sozialer Arbeit auszurichten (vgl. Schelisch 2016).

Tab. 4.1 Potenziale von Technik in der Sozialen Arbeit

Potenziale	Beispiele
Präventive Wirkung	Kognitives Training am Computer, Sensormatten zur Sturzprävention
Unterstützung/Ermöglichung der Ausführung von Alltagsanforderungen, Aktivitäten, Rollen	Kommunikations- und Informationssuche mithilfe des Internets, automatisches Abschalten elektronischer Geräte im Haushalt
Kompensation von Funktionsverlusten	Hörgeräte, Prothesen, Erinnerungssysteme, Telemedizin
Unterstützung von informellem und professionellem Hilfs- und Pflegepersonal, Unterstützung von Angehörigen	Hausnotrufsysteme, Sensormatten, EDV-gestützte Pflegedokumentationssysteme

Quelle: In Anlehnung an Claßen et al. (2014, S. 93)

4.5.3 Schwerpunktthema: Ambient Assisted Living (AAL)

Im Zuge der absehbaren Folgen des demografischen Wandelns, insbesondere mit Blick auf die mangelnde Infrastruktur von Pflegeunterstützungsleistungen für ältere Menschen und deren Finanzierung, hat sich in den vergangenen Jahren mit massiver staatlicher Förderung ein interdisziplinäres Themenfeld herausgebildet, das unter dem Namen „Ambient Assisted Living" (AAL) Forschungs- und Entwicklungsvorhaben realisiert sowie Anwendungsfelder für den Alltag älterer Menschen entwickelt. Ambient Assisted Living steht für praktische Anwendungen in Lebenswelten älterer Menschen, die diese bei der Bewältigung ihres Alltags durch Einsatz von Technik kompensatorisch und/oder aktivierend unterstützen können (Tab. 4.2).

Seit 2008 fördert das Bundesministerium für Bildung und Forschung (BMBF) zahlreiche Forschungsprojekte im Rahmen der Hightech-Strategie der Bundes-

Tab. 4.2 Anwendungsfelder für AAL-Technologien

Anwendungsfelder	Unterstützungsbereiche
Gesundheit und HomeCare • Sensorische Beeinträchtigungen • Physische Beeinträchtigungen • Kognitive Beeinträchtigungen • Chronische Erkrankungen	Hörsysteme, Geräuschmelder, Lichtfinder, Bildschirmlesegeräte, Braille-Element (Ein- und Ausgabegeräte für Kommuikations-Hardware), Farberkennungsgeräte, Sprachsynthesizer, Pflegebett, Elektrorollstühle, vernetzte Rollatoren, Gedächtnistrainer, Day-Time-Manager (Tagesablauf, Agenda, z. B. bei Demenz) etc
Sicherheit und Privatsphäre • Überwachung der Sicherheit • Medizinische Assistenz-Systeme	Sturzmelder und Falldetektoren, Bewegungssensoren, Notrufmelder, Einbruchsicherung, Anti-Dekubitusmatratze, Hautfeuchtigkeitsmesser, Notrufsysteme, Unterstützung von Pflegeprozessen (Medikationsmonitoring, Patientenmonitoring) etc
Versorgung und Haushalt • Unterhaltungselektronik • Haustechnik • Haushaltsgeräte	Vernetzung von Multimedia-Systemen, Mobile-Device-Management, Fernsteuerung von z. B. Rollläden, Ortungssysteme, vernetzte und lernende Haushaltsgeräte wie z. B. in der Küche (KI-Technologie), Robotik etc
Soziale Netzwerke	Technische Systeme zur Unterstützung der Kommunikation mit Angehörigen, der Nachbarschaft und in sozialen Netzwerken (Videokonferenz, E-Mail, Bildtelefonie, Internet, Tele-Coaching), Lernsysteme im Bereich der Freizeitgestaltung und Individualhobbys etc

regierung. All diese Projekte haben zum Ziel, altersgerechte Assistenzsysteme auf Basis moderner Mikrosystem- und Kommunikationstechnik zu entwickeln, um älteren Menschen ein unabhängiges und eigenverantwortliches Leben in ihren Lebenswelten, so z. B. in der eigenen Wohnung, zu ermöglichen. Von großem Interesse für die Soziale Arbeit mit alten Menschen ist, inwieweit es künftig gelingt, diese technischen Assistenzsysteme aus der Adressat*innenperspektive weiterzuentwickeln und diese in ein Gesamtsystem von sozialen Netzwerken und lokalen Dienstleistungen (Pflegestützpunkten, Wohnungswirtschaft, Ärzten, Krankenkassen) einzubetten (vgl. Hafezi und Kröger 2010).

4.5.4 Praxisfeld Sozialer Arbeit: Technisch unterstütztes Wohnen

Die eigenen „vier Wände" stellen für viele ältere Menschen den zentralen Ort ihres Lebens dar. Zufriedenheit und Selbstständigkeit älterer Menschen sind maßgeblich mit der Wohnqualität verbunden. Eine moderne Grundausstattung, eine ausreichende Größe und barrierefreie Räume sind hierbei elementar. Neben der Wohnung kommt dem Wohnumfeld älterer Menschen, vor allem der Infrastruktur mit Geschäften, Ärzten, Apotheken, öffentlichem Nahverkehr (ÖPNV) sowie Sozial- und Kulturangeboten eine wichtige Rolle zu, um Entfremdung, Unsicherheit und Isolation entgegenzuwirken.

Ein zentraler Befund bisheriger AAL-Forschung mit Blick auf die Wohnsituation älterer Menschen ist, dass Dienstleistungen in diesem Bereich primär den Fokus darauf richten sollten, älteren Menschen möglichst lange im eigenen Haushalt und im Stadtquartier ein selbstständiges sowie nach deren Bedürfnissen ausgerichtetes Leben zu gestatten. Technische Assistenzsysteme, die dies unterstützen, können hier wichtige Kompensationsoptionen und Vernetzungsmöglichkeiten für ältere Menschen bieten.

Erste „Smart-Home-Wohnprojekte", die im Praxisfeld getestet wurden, erfordern zunächst in der Wohnanlage bzw. in der Wohnung technische Voraussetzungen, wie z. B. moderne Strom- und Verkabelungstechnik, Glasfasernetz und WLAN-Switches, um den Einsatz von AAL-Diensten zu ermöglichen. Die Grundausstattung einer Wohnung mit Smart-Home-Komponenten beinhaltet, neben den baulichen barrierefreien Bedingungen, in der Regel die technische Vernetzung von allen Haushaltsgeräten, einen An- und Abwesenheitsmanagement; z. B. durch Bewegungssensoren oder GPS-Ortung; sowie eine Verbindung mit externen Dienstleistern, die z. B. im Notfall aktiv werden können. Alle diese Smart-Home-Geräte können z. B. durch ein Tablet oder ein Smartphone gesteuert werden. So können kritische Elektrogeräte wie Herd und Bügeleisen beim Verlassen der Wohnung automatisch abgeschaltet werden. Bewegungs- und Rauchmelder, die mit einem Hausnotrufdienst oder der Feuerwehr vernetzt sind, können in Notsituationen (Sturz, Feuer) Hilfe anfordern. Über das Tablet oder den Touchscreen-Monitor in der Wohnung können z. B. personalisierte Informationen über Freizeit- und Kulturveranstaltungen, wichtige Termine und Hinweise für den Tagesablauf, Fahrpläne oder das Wetter abgerufen werden. Weiterhin können über das hauseigene „AAL-Portal" orts- und teilweise auch zeitunabhängig von zu Hause aus wichtige haushaltsnahe und medizinisch-pflegerische Dienstleistungen, wie Einkauf bzw. Bestellung von Lebensmitteln, Buchung von sozialen und kulturellen Veranstaltungen, Gespräche mit Ärzten sowie Pflegern, wahrgenommen werden (vgl. Schelisch 2016).

Zusammenfassend bleibt festzuhalten, dass die bisherigen Modellprojekte im Bereich Wohnen, die vielversprechende kompensatorische Assistenzfunktionen für ältere Menschen bereitstellen, bedingt „marktreif" sind bzw. von diesen akzeptiert werden. Die Gründe hierfür liegen in den heterogenen lebensweltlichen Rahmenbedingungen älterer Menschen, den Finanzierungsvoraussetzungen und insbesondere der Einbindung der Adressat*innen bei der Entwicklung von AAL-Anwendungen und somit der Akzeptanz von Assistenz-Systemen im Allgemeinen. Angesichts der Tatsache, dass ca. 96,8 % der über 65-Jährigen im eigenen Haushalt leben und ca. 73 % der Pflegebedürftigen ausschließlich durch Angehörige zu Hause versorgt werden, kommt in der Sozialen Arbeit diesem Handlungsfeld, insbesondere in der Entwicklung von Quartierskonzepten, die eine Kombination von sozialer Unterstützungsinfrastruktur und technischem Assistenzsystem verfolgen, in den nächsten Jahren eine herausragende Bedeutung zu (vgl. Hoffmann et al. 2017). Welche Schlussforderungen sich für die Soziale Arbeit im Allgemeinen daraus ableiten lassen, wird im nachfolgenden Fazit erläutert.

4.5.5 Fazit

Technik ist inzwischen ein grundlegender Bestandteil der Lebenswelten älterer Menschen. Dennoch stellt die zunehmende Technisierung, z. B. aufgrund mangelnder Sozialisationserfahrungen im Umgang mit Technik, ältere Menschen bei der Bewältigung des Alltags vor Herausforderungen. So ist es nicht überraschend, dass erste Evaluationen der bisherigen AAL-Projekte, mit einigen wenigen Ausnahmen (Notruf- und Tracking-Systeme), im Hinblick auf die Gesundheitserhaltung, die Prävention, die Autonomieförderung, die Unterstützung sozialer Partizipation und die Reduzierung des Risikos von Isolation, zu dem Ergebnis kommen, dass die vielfältigen technischen Assistenz-Systeme sich kaum als Praxishilfe im Sinne einer Lebensqualitätsverbesserung älterer Menschen durchgesetzt haben (vgl. DGGG o. J.).

Die deutlich erkennbaren Diskrepanzen zwischen den Möglichkeiten der Assistenz-Systeme und der Feldtauglichkeit bzw. (Nicht)Akzeptanz durch ältere Menschen erfordern zum einen eine grundlegende und breite gesellschafts-politische Diskussion, inwieweit durch Einsatzmöglichkeiten von technischen Assistenz-Systemen strukturelle Fragestellungen und Problemlagen im öffentlichen Diskurs verdrängt werden, wie z. B. die Finanzierung der Pflegeinfrastruktur sowie die zunehmenden materiellen Ungleichheiten im Alter. Zum anderen bedarf es einer differenzierten ethischen Diskussion, ob es künftig gesellschaftlicher Konsens sein wird, z. B. durch den Einsatz von technischen Assistenz-Systemen eine teilweise Entmenschlichung von sozialen Dienstleistungen für Ältere zu akzeptieren (z. B. durch Einsatz von Robotik in der Pflege). Dort jedoch, wo AAL-Dienstleistungen die Autonomie älterer Menschen fördern und ethische sowie datenschutzrechtliche Grundsätze beachten, muss der Gesetzgeber dafür Sorge tragen, dass der Zugang, unabhängig von materiellen Ressourcen, allen älteren Menschen ermöglicht wird.

Für das interdisziplinäre Forschungs- und Handlungsfeld Alter und Technik wird es zunehmend wichtiger, im Spannungsfeld der „Verwissenschaftlichung der Technik" und der „Technisierung der Wissenschaft" nicht nur auf die Produktion von technisch verwertbarem Wissen reduziert zu werden, sondern selbstbestimmt in den Forschungsvorhaben die Frage nach dem Sinn zu stellen (vgl. Habermas 1968). Für die Soziale Arbeit bedeutet das, diesen Perspektivwechsel einzufordern und sich sowohl in der Forschung als auch in den Arbeitsfeldern im Sinne einer Empowerment-Strategie für ältere Menschen und deren Angehörige einzusetzen.

Fragen zur Reflexion

Welche Potenziale bieten Assistenz-Systeme für eine Soziale Arbeit mit alten Menschen?

Welche ethischen und gesellschaftspolitischen Gründe sprechen gegen eine Technisierung des Alter(n)s?

Nennen Sie einige Kriterien für die Einbindung der Lebenswelten und der Perspektive der Adressat*innen bei der Entwicklung von AAL-Dienstleistungen. Begründen Sie diese mit dem Professionsverständnis von Sozialarbeiter*innen.

Literatur

Backes, Gertrud M./Clemens, Wolfgang 2013: *Lebensphase Alter. Eine Einführung in die sozialwissenschaftliche Alternsforschung*. 4. Auflage. Weinheim: Beltz Juventa.

Claßen, Katrin/Oswald, Frank/Doh, Michael/Kleinemas, Uwe/Wahl, Hans-Werner 2014: *Umwelten des Alterns. Wohnen, Mobilität, Technik und Medien*. Stuttgart: Kohlhammer.

Deutsche Gesellschaft für Gerontologie und Geriatrie (DGGG) (o. J.): *Zweites Positionspapier zum Forschungsfeld Alter und Technik (unveröffentlicht)*. Berlin.

Gukenbiehl, Hermann L. 2000: *Alter*. In: Schäfers, Bernhard (Hrsg.): *Grundbegriffe der Soziologie*. 6. Auflage. Opladen: Leske + Budrich.

Habermas, Jürgen 1968: *Technik und Wissenschaft als „Ideologie"*. Frankfurt am Main: edition suhrkamp.

Hafezi, Walid/Kröger, Reinhold 2010: *Studie zur Akzeptanz mobiler Endgeräte im AAL-Kontext bei jungen Alten. F&E-Projekt der Hochschule RheinMain*. Wiesbaden.

Hoffmann, Elke/Romeu Gordo, Laura/Nowossadeck, Sonja/Simonson, Julia/Tesch-Römer, Clemens 2017: *Lebenssituation älterer Menschen in Deutschland*. 3., aktual. u. überarb. Aufl. Berlin: DZA-Fact Sheet.

Rothacker, Erich 1998: *Exkurs über das Altern und Reifen*. In: Kruse, Andreas (Hrsg.): *Psychosoziale Gerontologie*. Band 1: Grundlagen. Göttingen: Hogrefe, S. 333–336.

Lewin, Kurt 1942: *Time perspective and morale*. New York: Harper.

Prahl Hans-Werner/Schroeter, Klaus R. 1996: *Soziologie des Alterns*. Paderborn: Ferdinand Schöningh.

Reimann, Helga/Reimann, Horst 1994: *Das Alter. Einführung in die Gerontologie*. Stuttgart: Enke.

Schelisch, Lynn 2016: *Technisch unterstütztes Wohnen im Stadtquartier. Potenziale, Akzeptanz eines Assistenzsystems für ältere Menschen*. Wiesbaden: Springer VS.

Thieme, Frank 2008: *Alter(n) in der alternden Gesellschaft. Eine soziologische Einführung in die Wissenschaft von Alter(n)*. Wiesbaden: VS Verlag.

Hinweise zu weiterführender Literatur

Munstermann, Marco 2014: *Technisch unterstützte Pflege von morgen. Innovative Aktivitätsermittlung durch ambiente Sensorik*. Wiesbaden: Springer Vieweg.

Sozialisation und Soziale Arbeit in Bezug auf Diversitäten

5

Michael May, Susanne Maurer, Aladin El-Mafaalani,
Davina Höblich, Friedemann Affolderbach und Michael Kiefer

M. May (✉) · D. Höblich · F. Affolderbach
Hochschule RheinMain, Wiesbaden, Deutschland
E-Mail: michael.may@hs-rm.de

D. Höblich
E-Mail: Davina.Hoeblich@hs-rm.de

F. Affolderbach
E-Mail: Friedemann.Affolderbach@hs-rm.de

S. Maurer
Philipps Universität Marburg, Marburg, Deutschland
E-Mail: susanne.maurer@staff.uni-marburg.de

A. El-Mafaalani
FH Münster, Münster, Deutschland
E-Mail: mafaalani@fh-muenster.de

M. Kiefer
Universität Osnabrück, Osnabrück, Deutschland
E-Mail: michael.kiefer@uni-osnabrueck.de

© Springer Fachmedien Wiesbaden GmbH, ein Teil von Springer Nature 2019
T. Grendel (Hrsg.), *Sozialisation und Soziale Arbeit*,
https://doi.org/10.1007/978-3-658-25511-4_5

5.1   Soziale Herkunft

Michael May

Was sie hier erwartet

Das vorliegende Kapitel fokussiert den Einfluss der sozialen Herkunft auf den Prozess der Sozialisation. Ergänzend zu Abschn. 3.2 „Sozialisation als Verinnerlichung sozial ungleicher Strukturen (Pierre Bourdieu)" werden hier im Anschluss an den Ansatz der Analyse von Reproduktionskodes unterschiedliche sozialisatorische Logiken sozialer Milieus und deren Überlagerung und Passung in bestimmten Handlungsbereichen in den Blick genommen. Vor diesem Hintergrund wird zum einen als Schwerpunktthema der Einfluss von Reproduktionskodes auf Partizipationsprozesse beleuchtet sowie zum anderen sich daraus ergebende Konsequenzen für die Organisation und interaktive Ausgestaltung Sozialer Arbeit im Rahmen von Gemeinwesenarbeit skizziert.

5.1.1   Persönlichkeitsentwicklung und Bewältigungsanforderungen im Kontext der Sozialen Herkunft

Menschen werden in ein soziales Umfeld mit einer spezifischen Ausstattung hineingeboren, das sie sich nicht selbst ausgesucht haben. In dieser Welt herrschen bestimmte Umgangsformen vor. Wie auf ihre unmittelbaren Bedürfnisse eingegangen wird, wie mit ihnen sinnlich interagiert und gesprochen wird, welches Verhalten von ihnen erwartet wird und wie sie von den sorgenden Personen versucht werden dahin zu bringen, auch so zu handeln – all diese Aspekte unterscheiden sich in verschiedenen soziokulturellen Milieus sehr deutlich. In aktiver Auseinandersetzung mit diesem jeweils ganz anders ausgeprägten sozialisatorischen Umfeld und seinen spezifischen Objekten, Normen, Interaktionsformen und Erziehungsstilen entwickeln die darin Hineinwachsenden bestimmte Bewältigungsmuster und Persönlichkeiten. Damit beschäftigt sich die Sozialisationsforschung in ihren Theorien und empirischen Untersuchungen, welche die soziale Herkunft fokussieren.

Entsprechend konzentrierte sich in den 1960er und 1970er Jahren die sogenannte „schichtenspezifische Sozialisationsforschung" auf das Phänomen der „ungleichen Chancen des einzelnen [...], im gesellschaftlichen Bereich Dinge, Symbole und Erfahrungen zu besitzen, die als wertvoll angesehen werden" (Neidhardt 1968, S. 174). Schicht wurde dabei zumeist anhand von Variablen – wie berufliche Tätigkeit, Einkommen und Schulbildung – operationalisiert und Sozialisation sehr funktionalistisch als Prozess gefasst, „durch welchen in einer Gesellschaft die herrschenden Werte, Normen und Techniken des Lebens dem einzelnen vermittelt und verbindlich gemacht werden" (ebd., S. 179). An dieses Untersuchungsinteresse schließt dann auch die durch Pierre Bourdieus (1982) Studie über die „feinen Unterschiede" angestoßene „milieuspezifische Sozialisationsforschung" (Bauer und Vester 2015) an, die allerdings zusätzlich eine horizontale Ausdifferenzierung nach unterschiedlichen Werthaltungen (z. B. eher avantgardistisch oder autoritär) berücksichtigt. Und während sich die schichtenspezifische Sozialisationsforschung in aller Regel auf einen Vergleich von Unterschicht und Mittelschicht beschränkte, weil in Deutschland angeblich die Oberschicht „noch keine profiliert ‚elitären' Verhaltensbesonderheiten entwickelt" (Neidhardt 1968, S. 175) hätte, werden so in den Untersuchungen im Anschluss an Bourdieu höchst verschiedene Milieus in ihren jeweiligen Besonderheiten in den Blick genommen [siehe hierzu Abschn. 3.2].

Weniger in der Bundesrepublik bekannt geworden ist die auf Edward P. Thompson (1979) und Phil Cohen (1986) zurückgehende Analyse spezifischer Reproduktionskodes, die als gleichsam unterschiedliche Paradigmen der Sozialisation stark mit einer bestimmten soziokulturellen Herkunft korrespondieren. Unter einem Reproduktionskode versteht man demnach einen ganz basalen, jedoch häufig nicht unbedingt bewussten Modus, wie sich einzelne im Kontext eines bestimmten soziokulturellen Milieus oder eines bestimmten gesellschaftlichen Feldes reproduzieren. Durch die Vorherrschaft unterschiedlicher Reproduktionskodes in verschiedenen Bereichen der Reproduktion sowie den diversen Sozialisationsagenturen – zu denen auch die Soziale Arbeit gehört – können sich deshalb solche Kodes durchaus auch überlagern, worauf noch zurückzukommen sein wird.

Bisher hat die Analyse von Reproduktionskodes historisch folgende Kodes identifiziert, die nachstehend erläutert werden:

- Erbschaft (Inheritance): Merkmale der eigenen Person werden als „vererbt" erlebt.
- Lehre (Apprenticeship): Die Ausbildung von Persönlichkeitsmerkmalen wird als bis zum Erwachsenenalter abgeschlossen betrachtet.

- Werdegang (Career): Lebenslang sind Entwicklungsaufgaben, wie sie sich vor allem im Zuge einer „Institutionalisierung des Lebenslaufes" (Kohli 2003) stellen, aufstiegsorientiert zu bewältigen.
- Berufung (Vocation): Die subjektive Gestaltung des Lebenslaufs orientiert sich an der Entfaltung der inneren Bestimmung.

Der äußere Kreis des Folgenden, von Phil Cohen (vgl. ebd., S. 80) entwickelten Modells „beschreibt die klassenkulturellen Ausdrucksformen der Kodes, wie sie sich historisch in bestimmten Paradigmen oder Bezugsmodellen der Sozialisation niedergeschlagen haben. Die inneren Sektoren zeigen auf der mikro-sozialen Ebene die Spannungs- und Transformationsfelder zwischen den symbolischen Kodes" (ebd., S. 81), die dann im Folgenden einzeln erläutert werden sollen (Abb. 5.1).

Die Pointe der Analysen von Reproduktionskodes besteht in diesem Zusammenhang darin, dass darüber hinaus äußerlich gleich erscheinende *Lebensformen* von den Handelnden durchaus nach einer – im Sinne der *Reproduktionskodes* – unterschiedlichen Logik gedeutet und gestaltet werden können. So kann beispielsweise ein klassisch sich als „libido dominandi" reproduzierender männlicher Habitus (Bourdieu 2005) als genetisch „ererbt" oder aber als etwas betrachtet werden, was lebenslang in der Bewältigung gesellschaftlich vorgegebener Entwicklungsaufgaben immer wieder neu herzustellen ist (vgl. May 2011). Insofern lassen sich Reproduktionskodes auch als ein spezifischer Modus von *Bildung* verstehen (ein Begriff, der sich nicht ins Englische übersetzten lässt!), im Rahmen dessen Heranwachsende ein spezifisches Verhältnis zu sich selbst wie zu der sie umgebenden Welt entwickeln.

Eine der ursprünglichsten gesellschaftlichen Reproduktionskodes ist der von *inheritance* (kulturelles und materielles ‚Erbe'). So wurden/werden in feudalen Ständegesellschaften oder Kastengesellschaften die Positionen im gesellschaftlichen Gefüge ‚vererbt'. Für Adelstitel gilt dies selbst in demokratischen Gesellschaften bis heute. In diesen modernen Gesellschaften findet sich der Reproduktionskode der *Erbschaft* als spezifisches Bezugsmodell von Sozialisation aber vor allem in deren unteren soziokulturellen Milieus verbreitet, die wenig Gelegenheit sehen, ihr Schicksal in die eigene Hand zu nehmen. Sozialisation erfolgt in diesen Milieus darüber, dass die darin Aufwachsenden sich quasi nebenbei sowie jenseits formeller (Aus-)Bildungsinstitutionen jene Kompetenzen aneignen, die sie für die alltägliche Lebensbewältigung in diesem Milieu benötigen. Deshalb erachten sie diese – obwohl Produkt eines spezifischen *Bildungs*-Prozesses – als ‚vererbt'.

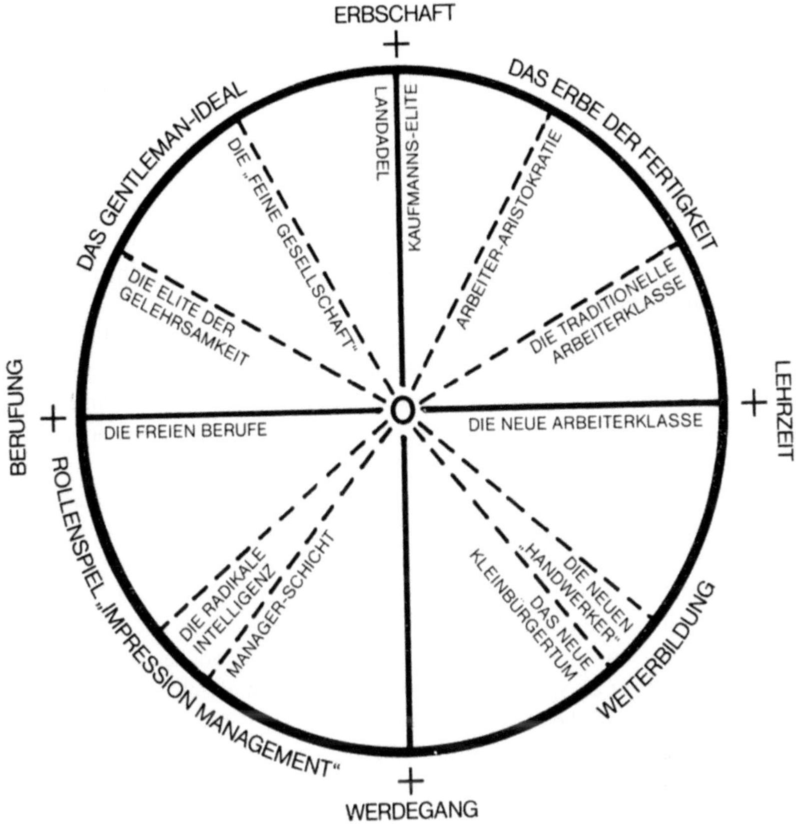

Abb. 5.1 Reproduktionskodes. (Cohen 1986, S. 80)

Der Reproduktionskode der *Erbschaft* ist aber darüber hinaus nicht nur im Adel, sondern auch im Besitzbürgertum nach wie vor von Bedeutung. So lässt sich auch erklären, dass beispielsweise bezüglich Geschlechtlichkeit und Geschlechterverhältnisse sich die Orientierungen in den unteren und oberen soziokulturellen Milieus Deutschlands stark in ihrer traditionalistischen Prägung gleichen. Selbst über diese Milieus hinaus werden jedoch bis heute oft bestimmte Aspekte der eigenen Persönlichkeit als *,vererbt'* oder als schicksalhaft aufgefasst, obwohl sie Ergebnisse spezifischer Bildungs- bzw. (Selbst-) Sozialisations-Prozesse sind.

Mit der handwerklichen Produktionsweise ausgeprägt hat sich der Reproduktionskode von *apprenticeship* (Lehre). Bis heute ist er als Bezugsmodell von Sozialisation in den entsprechenden Milieus stark verbreitet. Demzufolge haben Heranwachsende zunächst einmal eine *Lehrzeit* zu absolvieren, um nicht nur eine bestimmte berufliche, sondern auch andere gesellschaftliche Erwachsenenrollen ausfüllen zu können. Deren erfolgreicher Abschluss erlaubt es dann – zumindest in der Vorstellung dieses Reproduktionskodes –, die entsprechende gesellschaftliche Stellung auszufüllen. Damit geraten die so Sozialisierten nur allzu leicht in Konflikt mit der heute gesellschaftlich vorherrschenden Maxime eines lebenslangen Lernens.

Mit zunehmender pädagogischer Professionalisierung sowie „der Einführung von neuen Leistungsmessungen entlang einer Skala altersspezifischer Kompetenzen" (Cohen 1986, S. 82) in Folge entwicklungspsychologischer Normierungen hat sich dann der Kode von *career* (Werdegang/Karriere) als Sozialisationsparadigma vor allem im institutionalisierten Bildungssystem stark ausgeweitet. Ein weiterer Grund dafür ist die zunehmende „Institutionalisierung des Lebenslaufes" (Kohli 2003), in deren Rahmen sich jeweils spezifische Institutionen für spezielle altersspezifische Bedürfnisse herausbilde(te)n. Die Heranwachsenden lernen in diesem Zusammenhang ihre Bedürfnisbefriedigung auf diese Institutionen hin zuzurichten und zu terminieren. Besonders verbreitet ist dieser Reproduktionskode in aufstiegsorientierten Milieus, was in der Doppeldeutigkeit des englischen Begriffs von *career* als Werdegang und Karriere deutlich mitschwingt.

Der Reproduktionskode von *vocation* (Berufung) geht darauf zurück, dass sich bestimmte Personen schon in ursprünglichen Gesellschaften zu etwas Besonderem – zum Beispiel als Schamane – ‚berufen' sahen. In späteren Gesellschaftsformationen wurde das Bezugsmodell von *Berufung* vor allem auf die klassischen Professionen bezogen. Heute hat sich dieser Reproduktionskode allerdings zu einem „Paradigma des Lebenslaufs als Entfaltung des idealen, inneren Selbst und dessen Suche nach der wahren Bestimmung" (Cohen 1986, S. 84) modifiziert und ist vor allem in bildungsorientierten Milieus verbreitet.

Aus Cohens Perspektive ist nun ein „starkes Kodegitter an einer strategisch wichtigen Stelle im Reproduktionssystem (beispielsweise beim herkömmlichen Kleinbürgertum innerhalb der Familie und bei der neuen Mittelschicht im staatlichen Erziehungswesen)" (ebd., S. 81) der Grund dafür, dass sich in unserer Gesellschaft soziokulturelle Milieus über die Sozialisation der jeweiligen sozialen Herkunft gemäß reproduzieren. Seinen Studien zufolge erwiesen sich jedoch bei genauerer Betrachtung selbst solche „starken Kodegitter" (ebd.) häufig bloß als „Vorherrschaft eines Kodes über andere Konfigurationen" (ebd.). *Kodes* könnten in dieser Weise nicht nur eine unterschiedlich starke Prägekraft entfalten, sondern sich im Laufe der Sozialisation sogar so überlagern, dass es zu „Kode-Verschiebungen" (ebd.) komme.

So sind Heranwachsende aus den unteren sozialen Milieus, die noch sehr stark durch die Reproduktionskodes von *Erbschaft* und *Lehrzeit* geprägt wurden – Cohen benutzt dafür den Begriff eines *Erbes der Fertigkeiten* –, in den Institutionen des formellen Bildungswesens mit den dort vorherrschenden Sozialisationsmodus von *Werdegang/Karriere* konfrontiert. Ebenso folgen im Kontext Sozialer Arbeit die verschiedensten Ansätze, welche Entwicklungsdefizite von Heranwachsenden im Rahmen frühkindlicher Bildung oder betreuender Grundschule sowie Schulsozialarbeit etc. aufzuarbeiten und auszugleichen trachten, diesem Kode. Im *Erbe der Fertigkeiten* Sozialisierten gelingt es jedoch häufig nicht, sich auf diesen anderen Modus von Sozialisation einzustellen. Nicht selten ziehen sie sich dann auf ihre als ‚ererbt' betrachteten körperlichen Eigenschaften und Vermögen zurück und suchen diese zum Teil sogar oppositionell gegen die der sozialisatorischen Logik von *Werdegang/ Karriere* folgenden, formellen Bildungsinstitutionen und deren Fachkräfte zu wenden. Aus der sozialen Herkunft resultiert so vermittels der dort jeweils vorherrschenden Reproduktionskodes ein jeweils ganz unterschiedliches Verständnis von Bewältigungsanforderungen, das dann in entscheidendem Ausmaß auch die Art und Weise prägt, wie Heranwachsende diese zu meistern suchen.

5.1.2 Schwerpunktthema: Partizipation in der (kommunalen) Planung

In den letzten Jahren haben Ansätze von Partizipation nicht nur in der Sozialen Arbeit, sondern auch in anderen gesellschaftlichen Feldern, wie Gesundheit, Quartiersentwicklung und andere (kommunale) Planungen an Bedeutung gewonnen. Allerdings scheinen hier herkunftsbedingte soziokulturelle Ungleichheiten in dem, wie Interessen gesellschaftlich zur Geltung gebracht werden können, noch weitaus stärker durchzuschlagen als im Rahmen der auch nur angeblich repräsentativen Parteiendemokratie. Und auch bezüglich solcher milieuspezifischer Unterschiede in der Partizipation (Jost und Perry 2006; Beck und Perry 2008) liefert die Analyse von Reproduktionskodes bedeutsame Erkenntnisse (May 2015). So folgen solche initiierten Partizipationsprozesse in aller Regel den vorherrschenden Formen einer *Institutionalisierung des Lebenslaufes*. Das bedeutet, dass die Themen, zu denen Partizipationsprozesse professionell organisiert werden, zumeist aus der Logik der herrschenden gesellschaftlichen Institutionen und nicht aus konkreten Lebenszusammenhängen heraus resultieren.

Damit sprechen sie vor allem diejenigen an, die sozialisatorisch stark durch den Reproduktionskode von *Werdegang* geprägt wurden und so gelernt haben, die Befriedigung ihre Bedürfnisse über solche spezialisierten Angebote zu realisieren. Demgegenüber erwachsen für die im *Erbe der Fertigkeiten* Sozialisierten Anlässe zu partizipieren aus ihrem konkreten sozialen Lebenszusammenhang heraus und zielen stets darauf, ein kollektiv geteiltes Lebensschicksal zu verändern.

Die soziokulturelle Selektivität solcher initiierter Partizipationsprozesse setzt sich dann weiter fort in den Methoden, wie sie konkret organisiert werden. Ein zentrales Charakteristikum ist dabei, dass die Moderierenden die von den Beteiligten – in welchen methodischen Settings auch immer – geschilderten konkreten Erfahrungen, Nöte, Ideen oder auch Ansprüche jeweils mit einem Begriff auf Metaplan-Karten notieren, um diese dann später thematisch zu clustern – unter mehr oder weniger großer Beteiligung derjenigen, die mit ihren Beiträgen den Anlass für das auf die Karte notierte Stichwort gegeben haben. Auch dieses clustern folgt dann zumeist den Logiken der etablierten gesellschaftlichen Institutionen und nicht denen konkreter – und damit auch soziokulturell unterschiedlicher – Lebenszusammenhänge.

Die noch stark im *Erbe der Fertigkeiten* Sozialisierten finden sich jedoch mit ihren emotional facettenreichen Äußerungen zumeist schon nicht in den abstrakten Begriffen wieder, mit denen diese Beiträge dann von der Moderation auf Metaplankarten – für die spätere professionelle Planung kompatibel – zusammengefasst werden. Und während vom Reproduktionskode der *Berufung* Geprägte in ihrer starken Orientierung auf Individualität möglicherweise sich gegen solche Subsumptionslogik zur Wehr setzen, werden Erstere sich aufgrund ihrer Erfahrungen, von den herrschenden gesellschaftlichen Institutionen als defizitär etikettiert zu werden, eher zurückziehen. So erfolgt im Kontext des *Erbes der Fertigkeiten* Verallgemeinerung nicht über solche Abstraktionsleistungen und die Subsumtion unter einen Begriff, sondern darüber, dass von den einzelnen ähnliche Geschichten erzählt werden und sich die Gruppe auf diese Weise einer gemeinsamen Erfahrung versichert. Auch sind die im *Erbe der Fertigkeiten* Sozialisierten kaum in der Lage, konkrete Bedürfnisse in einer für institutionelle Planung kompatiblen Weise zu formulieren. Vielmehr entstehen solche Bedürfnisinterpretationen bei ihnen im Dialog mit Gleichbetroffenen, indem sie den von ihnen empfundenen Mangel bei anderen wiedererkennen. Zugleich wächst damit ihr Selbstbewusstsein, sodass sie dann auch in der Lage sind, aus ihrer konkreten Situation als Gleichbetroffene erwachsende gesellschaftliche Ansprüche zu formulieren.

Selbst Partizipationskonzepte Sozialer Arbeit, wenn sie – am modernen Kode der *Berufung* orientiert – auf die Verwirklichung von *Individualität* [siehe hierzu

Abschn. 2.1] zielen, stoßen deshalb bei dem im *Erbe der Fertigkeiten* Sozialisierten häufig auf Unverständnis – vor allem, wenn sie sich dabei Methoden bedienen, die auf individuelle Selbstreflexivität setzen. Chancen haben solche auf Emanzipation zielende Partizipationsansätze bei diesen nur dann, wenn sie deren zumeist aus der jeweiligen Bezugsgruppe heraus in einer konkreten Situation artikulierten Bedürfnisse aufgreifen und deren Verwirklichung unterstützen. Auf diese Weise wird für die Beteiligten im überschaubaren Umkreis ihrer eigenen Erfahrungen der Befreiungsgehalt demokratischer Selbstorganisation überprüfbar.

Dass die im *Erbe der Fertigkeiten* Sozialisierten generell Schwierigkeiten haben, ihre Bedürfnisbefriedigung an den zumeist als spezialisierte Angebote zu ganz bestimmten Terminen institutionalisierten Erbringungsformen Sozialer Arbeit auszurichten, liegt aber nicht allein an der Dominanz der Reproduktionskodes von *Erbschaft* und *Lehrzeit* in ihren Herkunftsmilieus, sondern zugleich auch daran, dass es für sie aufgrund fehlender materieller Grundlagen sowie objektiver Gestaltungsmöglichkeiten ihres Alltagslebens ökonomischer ist, jede sich bietende Gelegenheit zur Bedürfnisbefriedigung zu nutzen, als diese aufzuschieben und/oder der *Institutionalisierung des Lebenslaufes* anzupassen.

Zudem ist für Angehörige dieser Milieus eine *Verlässlichkeit* (Kunstreich 2012) auf der Basis emotionaler Beziehungsdichte die Voraussetzung, um Unterstützungsleistungen Sozialer Arbeit im Hinblick auf die verschiedenen Formen gesellschaftlicher Partizipation für sich nutzbar machen zu können. Demgegenüber ist jedoch heute die Anspruchsberechtigung für viele dieser professionalisiert, in sachlich-distanzierter Form erbrachten Leistungen an die für gesellschaftliche Partizipation im aktivierenden Sozialstaat *verbindliche* Maxime von „Fordern und Fördern" gebunden. Dringend notwendig scheint es demzufolge, sowohl die Institutionalisierung und Organisation gesellschaftlicher Partizipation im Allgemeinen, wie von Sozialer Arbeit im Besonderen, stärker an den *Reproduktionskodes* ihrer jeweiligen Adressat*innen auszurichten. Von den Rahmenbedingungen möglich erscheint dies am ehesten im Rahmen von Gemeinwesenarbeit.

5.1.3 Praxisfeld Sozialer Arbeit: Gemeinwesenarbeit

Wenn sich Soziale Arbeit „den ganzen Lebensraum als Aufgabe vor[nimmt], […] wird die berufliche Praxis, in diesem Feld bessernd tätig zu sein, *Gemeinwesenarbeit* genannt" (Wendt 1989, S. 1). Häufig kommt sie in Quartieren oder Regionen zum Einsatz, die einen „besonderen Entwicklungsbedarf" aufweisen – so die Titelformulierung des Programms „Soziale Stadt". Soziale Arbeit kann dabei in

Maßnahmen eingebunden werden, die angebliche Qualifizierungsdefizite der dort lebenden Bevölkerung ausgleichen sollen, um diese wieder in den sogenannten ‚ersten Arbeitsmarkt' der kapitalistischen Ökonomie einzubinden. Wenn diese Maßnahmen sozialpädagogisch gut ausgestaltet werden und an den Bildungs-interessen sowie handlungsleitenden Reproduktionskodes ihrer Adressat*innen anknüpfen, können diese sich darin tatsächlich wertvolle Kompetenzen aneignen. Die strukturellen bzw. institutionellen Diskriminierungen – zum Beispiel von bestimmen Zugewanderten-Gruppierungen oder Frauen – auf diesem Arbeits-markt können sie jedoch nachweislich nicht aufheben (vgl. May 2007). Vielmehr zeigen Studien, dass solche Qualifizierungsmaßnahmen im Rahmen von Soziale Stadt zu einer (zusätzlichen) Diskriminierung führen (vgl. Kessl et al. 2006). Die Stigmatisierung dadurch, dass jemand angeblich eine Sondermaßnahme der Qualifizierung benötigt, scheint sich auf dem sogenannten „ersten Arbeitsmarkt" gravierender auszuwirken, als der darüber eventuell hergestellte Kompetenz-zuwachs.

Zudem hat in den letzten Jahren der Bereich ungelernter Arbeit im unteren Segment des Arbeitsmarktes den größten Zuwachs erfahren, sodass einige sogar von einer Entwicklung hin zu einer Dienstbotengesellschaft sprechen (z. B. Häußermann und Siebel 2016). Vor diesem Hintergrund scheint es sinnvoller, in solchen von der kapitalistischen Entwicklung abgehängten Quartieren oder Regionen mit den Betroffenen gemeinsam neue Ansätze einer Subsistenzwirt-schaft auf high-tech-Niveau zu entwickeln (Bergmann und Friedland 2007) sowie sie über staatlich finanzierte Beschäftigungsprogramme in die Verbesserung der Lebensqualität im Quartier sowie die Sanierung genossenschaftlicher Wohnungs-anlagen aktiv einzubinden (Thies 1999). Dies scheint nicht nur am anschluss-fähigsten an die in solchen Quartieren vorherrschenden Reproduktionskodes von *Erbschaft* und *Lehrzeit,* sondern auch volkswirtschaftlich betrachtet, die beste Lösung zu sein.

Allerdings bezieht sich die Aufgabe von Gemeinwesenarbeit, gesellschaftliche Partizipationsmöglichkeiten zu eröffnen, nicht allein auf solch verberuflichte bzw. auf Verberuflichung zielende Formen, sondern weit mehr auf die Förderung zivil-gesellschaftlichen und freiwilligen Engagements. Auch diesbezüglich sind jedoch die unterschiedlichen Reproduktionskodes zu beachten. So erwachsen Anlässe für ein solches Engagement bei im *Erbe der Fertigkeiten* Sozialisierten – wie skizziert – aus jeweils konkreten Situationen und Betroffenheiten ihres unmittel-baren sozialen Lebenszusammenhangs heraus und erhalten auch erst darüber ihren Sinn. Dieses Engagement ist dann primär auf die Nutzung sich bietender Gelegenheiten gerichtet, Begrenzungen ihres Lebensschicksals aufzubrechen bzw. zu überwinden. Demgegenüber ist bei denjenigen, in deren Sozialisation die

Paradigmen von *career* oder *Berufung* vorherrsch(t)en, ein freiwilliges bzw. zivil-gesellschaftliches Engagement vor allem individuell/persönlich motiviert, und es geht ihnen vor allem um Aspekte der Selbstverwirklichung (May 2014).

5.1.4 Fazit

Soziale Herkunft wird in der Sozialisation sehr stark vermittels der spezifischen Dominanz bestimmter Reproduktionskodes wirksam. Indem deren Analyse einer-seits zu verdeutlichen vermag, wie äußerlich gleich erscheinende Lebensäußerun-gen einer ganz unterschiedlichen (Reproduktions-)Logik folgen und andererseits darüber auch die Problematiken von Kodeüberlagerungen und -verschiebungen in den Blick gerückt werden, kann dieser Ansatz spezifische Erkenntnisse lie-fern, wie gesellschaftliche Bewältigungsanforderungen im Rahmen der Sozia-lisation ganz unterschiedlich erfahren und zu meistern versucht werden. Auch Ansätze Sozialer Arbeit folgen implizit der Logik solcher Kodes. Wollen sie ihre Adressat*innen erreichen, müssen sie zuallererst ein Passungsverhältnis zu den Reproduktionskodes herstellen, die für jene in diesen Feldern orientierungs-relevant sind.

Fragen zur Reflexion

Welche Chancen und Probleme sind mit unterschiedlichen Sozialisations-formen je nach sozialer Herkunft verbunden?

Wie prägen Reproduktionskodes die Nutzung personenbezogener sozialer Dienstleistungen im Kontext Sozialer Arbeit?

Was ist zu beachten, um Soziale Arbeit deutlicher an denen zu orientieren, die sich der Institutionalisierung des Lebenslaufes verweigern?

Literatur

Beck, Sebastian/Perry, Thomas 2008: *Studie Soziale Segregation. Nebeneinander und Miteinander in der Stadtgesellschaft.* In: Forum Wohnen und Stadtent-wicklung (FW). Zeitschrift des vhw – Bundesverband für Wohnen und Stadt-entwicklung e. V., Heft 3, S. 115–122.

Bergmann, Frithjof/Friedland, Stella 2007: *Neue Arbeit kompakt.* Freiamt: Arbor.

Bourdieu, Pierre 1982: *Die feinen Unterschiede. Kritik der gesellschaftlichen Urteilskraft.* Frankfurt am Main: Suhrkamp.

Bourdieu, Pierre 2005: *Die männliche Herrschaft.* Frankfurt am Main: Suhrkamp.

Cohen, Philip 1986: *Die Jugendfrage überdenken.* In: Cohen, Philip/Lindner, Rolf/Wiebe, Hans-Hermann (Hrsg.): *Verborgen im Licht. Neues zur Jugend-frage.* Frankfurt am Main: Syndikat, S. 22–97.

Häußermann, Hartmut/Siebel, Walter 2016: *Dienstleistungsgesellschaften.* Berlin, Frankfurt am Main: Suhrkamp Verlag.

Jost, Frank/Perry, Thomas 2006: *Mein Haus – mein Quartier – meine Stadt. Ergebnisse der Trendbefragung 2005 zum Thema Partizipation.* In: Forum Wohnen und Stadtentwicklung (FW). Zeitschrift des vhw – Bundesverband für Wohnen und Stadtentwicklung e. V., Heft 4, S. 246–253.

Kessl, Fabian/Landhäußer, Sandra/Ziegler, Holger 2006: *Sozialraum.* In: Dollinger, Bernd/Raithel, Jürgen (Hrsg.): A*ktivierende Sozialpädagogik. Ein kritisches Glossar.* Wiesbaden: VS Verlag für Sozialwissenschaften/GWV Fachverlage GmbH Wiesbaden, S. 191–216.

Kohli, Martin 2003: *Der institutionalisierte Lebenslauf – ein Blick zurück und nach vorn.* In: Allmendinger, Jutta (Hrsg.): Entstaatlichung und soziale Sicherheit. Verhandlungen des 31. Kongresses der Deutschen Gesellschaft für Soziologie in Leipzig 2002. Opladen: Leske und Budrich, S. 525–545.

Kunstreich, Timm 2012: *Sozialer Raum als „Ort verlässlicher Begegnung". Ein Essay über Verbindlichkeit und Verlässlichkeit.* In: Widersprüche Redaktion (Hrsg.): *Sag mir wie? Methodisches Handeln zwischen Heilsversprechen und klugem Takt.* Münster: Verlag Westfälisches Dampfboot (Widersprüche. Zeitschrift für sozialistische Politik im Bildungs-, Gesundheits- und Sozialbereich, 125), S. 87–92.

May, Michael 2007: *Jugendberufshilfe – oder der immer wieder neue Versuch, strukturellen und institutionellen Diskriminierungen pädagogisch zu begegnen. Ergebnisse aus der Evaluation eines hessischen Modellprojektes.* In: Neue Praxis, Heft 4, S. 422–437.

May, Michael 2011: *Männlichkeiten und Praktiken der Lebensführung.* In: Kleinau, Elke/Maurer, Susanne/Messerschmidt, Astrid (Hrsg.): *Ambivalente Erfahrungen – (Re-)Politisierung der Geschlechter.* Opladen u. a.: Budrich, S. 45–58.

May, Michael 2014: *Neue soziale Zugehörigkeiten durch gemeinsame Interessenartikulation.* In: Löw, Martina (Hrsg.): *Vielfalt und Zusammenhalt. Verhandlungen des 36. Kongresses der Deutschen Gesellschaft für Soziologie in Bochum und Dortmund 2012.* Frankfurt am Main: Campus, S. 533–547.

May, Michael 2015: *Kulturelle Unterschiede für die Beteiligung an einer Quartiersentwicklung.* In: VNW – Verband norddeutscher Wohnungsunternehmen e. V. (Hrsg.): *Erfolgreiche Quartiersentwicklung.* Hamburg, S. 37–42.

Neidhardt, Friedhelm 1968: *Schichtspezifische Elterneinflüsse im Sozialisationsprozeß.* In: Wurzbacher, Gerhard/Heckmann, Friedrich (Hrsg.): *Die Familie als Sozialisationsfaktor.* Stuttgart: Ferdinand Enke (Der Mensch als soziales und personales Wesen, Bd. 3), S. 174–200.

Thies, Reinhard 1999: *Soziale Stadterneuerung in gefährdeten Wohngebieten – Präventionsstrategien durch Quartiersarbeit und kooperatives Stadtteilmanagement.* In: Dietz, Berthold/Eißel, Dieter/Naumann, Dirk (Hrsg.): *Handbuch der kommunalen Sozialpolitik.* Wiesbaden: VS Verlag für Sozialwissenschaften, S. 535–550.

Thompson, Edward P. 1979: *The Grid of Inheritance. A Comment.* In: Goody, Jack/Thirsk, Joan (Hrsg.): *Family and inheritance. Rural society in Western Europe,* 1200–1800. Cambridge: Cambridge Univ. Pr. (Past and present publications), S. 328–360.

Wendt, Wolf Rainer 1989: *Gemeinwesenarbeit. Ein Kapitel zu ihrer Entwicklung und zu ihrem gegenwärtigen Stand.* In: Ebbe, Kirsten/Friese, Peter (Hrsg.): *Milieuarbeit. Grundlage präventiver Sozialarbeit im lokalen Gemeinwesen.* Stuttgart: Enke, S. 1–34.

Hinweise zu weiterführender Literatur

Bauer, Ullrich/Vester, Michael 2015: *Soziale Milieus als Sozialisationskontexte.* In: Bauer, Ullrich/Grundmann, Matthias/Hurrelmann, Klaus/Walper, Sabine (Hrsg.): *Handbuch Sozialisationsforschung.* 8., vollständig überarbeitete Aufl. Weinheim, Bergstr: Beltz, J (Beltz Handbuch), S. 557–586.

May, Michael 2004: *Selbstregulierung. Eine neue Sicht auf die Sozialisation.* Gießen: Psychosozial-Verlag (Reihe Psyche und Gesellschaft).

May, Michael 2018: *Sozialraumbezogene Methoden.* In: Otto, Hans-Uwe/Thiersch, Hans/Treptow, Rainer/Ziegler, Holger (Hrsg.): *Handbuch Soziale Arbeit.* 6., überarbeitete Auflage. München: Ernst Reinhardt Verlag, S. 1605–1614.

5.2 Gender/Geschlecht

Susanne Maurer

Was Sie hier erwartet

Um nachzuvollziehen, wie Mädchen* zu Mädchen* und Jungen* zu Jungen* (gemacht) werden, ist eine Vielzahl von Aspekten zu berücksichtigen – mehr, als ein kurzes Kapitel in einem Lehrbuch einzufangen vermag. Was hier aber geleistet werden kann, ist einige Einblicke in das Werden und die Entwicklung der Fragestellung selbst zu geben; dabei werden ausgewählte (theoretische) Perspektiven markiert, die im Nachdenken über Geschlecht und Sozialisation interessante Denkangebote machen. Im zweiten Abschnitt findet sich eine Reflexion zum UnBehagen in der Kategorie ,Geschlecht' im Kontext von Sozialisationsprozessen. Als Praxisfeld Sozialer Arbeit, für das die hier angestellten Überlegungen bedeutsam sind, wird exemplarisch die Arbeit mit Kindern und Jugendlichen herausgegriffen.

5.2.1 Persönlichkeitsentwicklung und Bewältigungsanforderungen im Kontext von Gender/Geschlecht

„Anneli [3 Jahre alt] und ich fahren im Auto zur Stadt. Anneli ist friedlich. Plötzlich und unvermittelt kommt von Anneli die Frage: ,Mama, gell, ich bin ein Bua [Junge]?' Ich bin betroffen und frage zurück: ,Warum fragst denn das?' Sie: ,Weil der Schorschi immer sagt: ,Du bist bloss a Madl und ich bin a Bua', gell, Mami, ich bin schon a Bua?' Es war eine herzzerreißende, dringende Frage, und sie erwartete ganz beschwörend das erlösende: ,Ja'. Offenbar beschäftigte sie das Problem im Innersten sehr. Ich war zu schockiert, um ihr jetzt im Auto das alles zu erklären und erlöste sie mit einem Ja." (Grabrucker 1985, S. 199) – In diesem Zitat aus den Tagebuchaufzeichnungen einer Mutter über die ersten drei Lebensjahre ihrer Tochter zeigt sich, was mit der Frage nach der Bedeutung von ,Geschlecht' in Sozialisationsprozessen eigentlich bearbeitet werden soll: Was macht es mit Menschen, wenn sie – ganz einfach durch die Zuordnung zu einem bestimmten Geschlecht – als höher- oder geringwertiger angesehen werden? Welche Auswirkungen hat eine solche – vielfältig sich wiederholende – Erfahrung auf die Persönlichkeitsentwicklung, wie werden die entsprechenden Erfahrungen subjektiv verarbeitet und ,bewältigt'?

Lange Zeit wurde die Dimension ,Geschlecht' in der Sozialisationstheorie (oder auch der Entwicklungspsychologie) nicht eigens reflektiert, oder überhaupt zum Thema gemacht. Das bedeutet allerdings nicht, dass Geschlechterbilder und implizite Zuschreibungen in diesen anscheinend ,geschlechtslosen' Wissenschaftsgebieten und Forschungsansätzen keine Rolle gespielt hätten. Sowohl Theorien der Sozialisation als auch Theorien der psychosozialen Entwicklung liegen bestimmte Vorstellungen vom Individuum, vom Subjekt bzw. von Subjektivität zugrunde, die geschlechtliche Konnotationen enthalten. Vor allem mit Bezug auf die ,Autonomie-Entwicklung' wird klar, dass hier auch ein Gender-Bias im Spiel ist, denn lange Zeit wurde eine ,vollständige' Entwicklung zur Autonomie implizit wie explizit vor allem männlichen* Individuen zugetraut/zugestanden (vgl. Benhabib 1995; Benjamin 2004). Weibliche* Menschen hingegen wurden mit Bezug auf den Mann, das Kind, die Familie gedacht – und eben nicht als ‚eigenständig' und ‚unabhängig', als ‚selbstbestimmt' oder gar ‚frei'.

Ist vom *Verhältnis Individuum-Gesellschaft* die Rede, so sind damit immer auch Vorstellungen von einem *in ganz bestimmter Weise* sich in die Gesellschaft eingliedernden Menschen verbunden – und diese *ganz bestimmte Weise* ist eben gerade nicht unabhängig von Klasse, Geschlecht, ‚race' oder migrantischem Hintergrund. Die Soziologin Regina Becker-Schmidt (1987) hat in diesem Zusammenhang den Begriff der „doppelten Vergesellschaftung" geprägt – als systematischen Hinweis darauf, dass sich die Frage der Vergesellschaftung für Männer* und Frauen* unterschiedlich stellt – solange unsere Gesellschaft von einer Arbeitsteilung qua Geschlecht und von Hierarchien im Geschlechterverhältnis geprägt ist. Dieser Gedanke ließe sich erweitern, mit Bezug auf noch andere für das Leben von Menschen sehr einschneidende und entscheidende Kategorien – Kategorien, denen Menschen zugeordnet werden, oder denen sie sich selber zuordnen [siehe dazu auch die anderen Kapitel in Abschn. 5.5 zu „Diversitäten"].

Heute sprechen wir diesbezüglich auch von *Intersektionalität* (vgl. z. B. Walgenbach 2014; Bronner und Paulus 2017). Damit soll klar gemacht werden, dass das Leben der Menschen von Mehrfach-Zugehörigkeiten durchzogen ist und davon auch mehr oder weniger bestimmt wird. Zugleich kann mit dem Denken der Intersektionalität darauf aufmerksam gemacht werden, dass die unterschiedlichen Kategorien (wie etwa Religionszugehörigkeit, Herkunft oder Geschlecht) nicht in jeder Situation die gleiche Bedeutung haben. Paul Mecheril (2014) spricht davon, dass unterschiedliche Ordnungen der Ungleichheit sich gegenseitig *kontextualisieren* – und sich dabei gegenseitig verstärken, oder auch relativieren können. So können z. B. ‚weiße' Frauen* in einem rassistischen Kontext von der entsprechenden *Dominanzkultur* deutlich profitieren, während sie in einem sexistischen Kontext zu Betroffenen von Mißachtung, Verachtung und Gewalt werden können.

Doch wie hat sich das Nachdenken über Geschlecht und Sozialisation entwickelt, und welche Denkansätze, Begriffe und Theorie-Horizonte waren dafür entscheidend? Das *Konzept der geschlechtsspezifischen Sozialisation* wurde in den 1970er Jahren bedeutsam. Es ist verbunden mit der Frage, wie genau sich das Aufwachsen von – als männlich* und weiblich* unterschiedenen – Kindern und Jugendlichen eigentlich vollzieht, sodass aus diesen Kindern und Jugendlichen später Männer* und Frauen* werden, die den für sie vorgesehenen Platz in der gesellschaftlichen Geschlechterordnung einnehmen können, und vor allem auch wollen (vgl. dazu bereits den aneignungstheoretischen Entwurf von Helga

Bilden 1980). Diese Frage konnte aber nur formuliert werden, weil im Zuge der oppositionellen und emanzipatorischen Bewegungen seit den 1960er Jahren auch die hierarchisch angelegte Geschlechterordnung einer radikalen Kritik unterzogen wurde – das geschah vor allem im Kontext der ‚Neuen Frauenbewegung(en)' (vgl. Maurer 1996). Der entscheidende Punkt war, ‚Geschlecht' nicht mehr als etwas ‚einfach Gegebenes' oder ‚Natürliches' anzusehen, sondern als eine ‚soziale Tatsache' (Durkheim 1984), und damit auch *offen für Veränderung*. In den 1980er Jahren entwickelten sich sowohl empirische Forschung wie auch theoretische Debatten zu Geschlechtersozialisation – Dausien und Walgenbach (2015) sprechen diesbezüglich von einer ‚Hochphase' des Themas.

Zur Bearbeitung der Frage nach dem Verhältnis von Sozialisation und Geschlecht wurden allerdings durchaus unterschiedliche theoretische Ansätze und Forschungsperspektiven herangezogen – genutzt wurden z. B. rollentheoretische Konzepte, entwicklungspsychologische Modelle, aber auch kulturanthropologische und historische Beiträge. Psychoanalytisch orientierte Ansätze fragten vor allem nach der Psychodynamik der frühkindlichen Entwicklung im Hinblick auf die Ausbildung einer ‚Geschlechtsidentität'; feministische Beiträge nahmen hier sowohl die spezifische Arbeitsteilung zwischen Müttern* und Vätern* in den Blick (z. B. Chodorow 1985), als auch die unterschiedliche Wahrnehmung von und Reaktion auf weibliche* und männliche* Kinder (z. B. Scheu 1977), die oft als eher ‚unbewusste Botschaften' übermittelt werden.

Ansätze der Kritischen (Geschlechter-)Theorie und der Kritischen Psychologie (Haug 1991) setzten sich mit den gesellschaftlichen Widersprüchen und Ungleichheitsverhältnissen auseinander, die sich auch in der *Subjektwerdung* der Menschen zeigen; Entwicklungsprozesse verlaufen demnach spannungsvoll und ambivalent (mehrdeutig), was Regina Becker-Schmidt und Gudrun-Axeli Knapp (1989) in ihrem herausragenden (und auch heute noch sehr lesenswerten!) Buch „Geschlechtertrennung – Geschlechterdifferenz" in die Formel „Suchbewegungen sozialen Lernens" übersetzen.

Vielfältige empirische Einzelstudien untersuchten, wie – als Jungen* und Mädchen* unterschiedene – Kinder von Geburt an oft auch unterschiedlich behandelt werden (z. B. Grabrucker 1985); zugleich wurde von feministischen Forscherinnen der Konstruktionscharakter von ‚Geschlecht' betont (vgl. Hagemann-White 1988). Von dieser Seite wurde auch auf das Problem hingewiesen, dass die Erforschung geschlechtsspezifischer Unterschiede im Prozess der Sozialisation die Vorstellung von zwei verschiedenen Geschlechtern in gewisser Weise auch verfestigen kann (= Problem der *Reifizierung*). Zu einer Verflüssigung der Vorstellung von einer klaren Zweigeschlechtlichkeit trugen interessanterweise sowohl psychologische Studien zu ‚Geschlechtereigenschaften' als auch (leib-)

phänomenologische Perspektiven (z. B. Lindemann 1993) bei. Wenn auch sehr unterschiedlich gedacht, begründet und beschrieben kann ‚Geschlecht' diesen Beiträgen zufolge auch als eine Art Kontinuum aufgefasst werden, auf dem sich die Individuen zwischen ‚Polen' oder ‚Aspekten' von Männlichkeit* und Weiblichkeit* ganz unterschiedlich verorten, oder gar hin- und herbewegen können.

Nachhaltigen Einfluss auf das Nachdenken darüber, ‚wie Geschlecht gemacht wird', hatten jedenfalls *(sozial-)konstruktivistische und dekonstruktive Perspektiven*. Die Rede von ‚doing (bzw. ‚undoing') gender' (vgl. Gildemeister 2010; Faulstich-Wieland 2000) verweist darauf, dass es ganz bestimmte Praktiken in sozialen Situationen, also ganz bestimmte Interaktionen und Kommunikationen sind, mit denen ‚Geschlecht' angesprochen, (heraus)gefordert, befragt, bestätigt – und damit in gewisser Weise ‚performativ' erst hervorgebracht (konstruiert) wird. Mit den Beiträgen von Judith Butler (u. a. 1991) wurde die Bedeutung des Performativen (Darstellenden, Aufführenden, Wiederholenden und Variierenden) noch zugespitzt. Allerdings ging mit der Betonung der Praktiken und des Performativen zugleich auch die Rede von ‚Sozialisation' mehr oder weniger verloren; am Ende des Beitrags werde ich darauf noch einmal zurückkommen.

5.2.2 Schwerpunktthema: Das UnBehagen in der Kategorie ‚Geschlecht'

Die Bezugnahme auf ‚Geschlecht', ob auf das ‚eigene' oder das einer ‚anderen' Person, erfüllt im sozialen Miteinander bestimmte Funktionen. Es geht dabei nicht zuletzt um ‚Erkennbarkeit', die über die Einteilung in und Unterscheidung zwischen verschiedenen Gruppen (Männer*, Frauen*) hergestellt wird. Dieses Einteilen und ‚Ordnen' in Gruppen korrespondiert zum Teil mit einem (subjektiven) Bedürfnis nach ‚Zugehörigkeit' zu einer Gruppe oder einem ‚Kollektiv' (mit ‚ähnlichen' Erfahrungen, in denen eine*r sich ‚wieder-erkennen' kann). Zugleich erfolgt dadurch aber auch eine (soziale) Platzanweisung (‚du gehörst dorthin, und eben nicht hierher'), die mit bestimmten Wertigkeiten, Chancen und Begrenzungen verbunden ist (‚Mädchen sind mathematisch weniger begabt'; ‚Ein Mann in einem Pflegeberuf???'). Die Unterscheidung in Geschlechtsgruppen (mit ‚Gender' als sozialer Kategorie) wird damit zum Medium der *Inklusion* und der *Exklusion*.

Besonders die beiden erstgenannten Aspekte machen die Selbst-Verortung in einer Geschlechtsgruppe für die Akteur*innen attraktiv und alltagstauglich. Zugleich erleben wohl alle Menschen Momente, in denen sich die – auch selbst vorgenommenen – Zu-Ordnungen als zu eng, nicht passend oder gar ‚falsch' anfühlen. In (auto)biografischen Erzählungen und Texten finden sich solche Momente des ‚Widerstrebens' – die zu Momenten des Widerspenstigen werden können, zu Momenten des Eigen-Sinns, in denen sich die Individuen den Zumutungen qua Geschlecht ‚irgendwie entziehen' oder gar – mehr oder weniger bewusst und offensiv – widersetzen. Zugleich zeigen Biografien die ‚Menschen unter (gesellschaftlichem) Einfluss', zeigen ihre Anstrengungen mit den gesellschaftlichen Anforderungen und Bewältigungsanforderungen klar zu kommen. Angesichts konkreter Biografien wird ‚(Geschlechter-)Sozialisation' als ein Prozess wahrnehmbar, der von sozialen Zwängen gekennzeichnet ist; hier zeigt sich ‚Gender' als grundlegende soziale Struktur-Kategorie bzw. in einer ‚institutionellen' Dimension (vgl. Faulstich-Wieland 2000). Dieser Prozess verläuft aber weder einseitig noch linear – vielmehr ist er von Mehrdeutigkeiten, Widersprüchlichkeiten und ‚Bewegungen in verschiedene Richtungen' gekennzeichnet (vgl. Maurer 2001). Das folgende Beispiel mag das verdeutlichen.

Der Film „Mein Leben in Rosarot" (1997) erzählt die Geschichte eines kleinen Jungen*, der sich als Mädchen* fühlt. Er liebt es, Mädchen*kleider zu tragen und sich als Prinzessin zu verkleiden. In Familie, Nachbarschaft und Schule führt dies zu – zum Teil liebevoll-akzeptierenden, zum Teil ablehnenden, weniger dramatischen, aber auch höchst dramatischen – Reaktionen, die darauf verweisen, dass hier eine deutliche Irritation entstanden ist. Der Film zeigt, wie schwer es für die dem Kind nahen Personen ist, der vorherrschenden gesellschaftlichen Geschlechterordnung zu entkommen, sich dem Sog der dadurch produzierten ‚Geschlechter-Normalitäten' zu entziehen. Für das Kind selbst ist die ganze Sache zunächst aber kein Problem. Seine ‚Un-Stimmigkeit' wird erst durch die Re-Aktionen der sozialen Umgebungen und Institutionen ‚erzeugt'.

Heute denken wir über die Zweigeschlechtlichkeit hinaus, wissen darum, dass es auch ein ‚Dazwischen' oder ‚quer dazu Liegendes' gibt. Die Rede von ‚LGBTIAQ' (lesbian, gay, bi-, trans-, inter-, a-sexual, queer) markiert das Spektrum des ‚beyond the binary gender system' (jenseits der Zweigeschlechtlichkeit). [siehe hierzu ausführlicher Abschn. 5.4] Dass sich unser Denken und unsere Anerkennungspraktiken diesbezüglich geöffnet haben, ist vor allem auch denjenigen zu verdanken, die sich in der überlieferten – oft mit Gewalt hergestellten und verteidigten – ‚heterosexuellen Matrix' nicht wiedergefunden haben. Dass die Geschlechterordnung konflikthaft ist und umstritten bleibt, zeigen allerdings die – zum Teil sehr aggressiven und hasserfüllten – aktuellen Angriffe auf die hart erkämpfte ‚neue Normalität' von *Gender Diversity*.

5.2.3 Praxis(feld) der Sozialen Arbeit: Geschlecht reflektierende Kinder- und Jugendarbeit

Eine gendersensible bzw. eine ‚Geschlecht' und die ‚Geschlechterverhältnisse' reflektierende und bewusst und systematisch berücksichtigende Perspektive und Arbeitsweise ist grundsätzlich für jedes Praxisfeld Sozialer Arbeit relevant. Ich beziehe mich hier auf das Praxisfeld ‚Arbeit mit Kindern und Jugendlichen', weil in diesem Feld der Prozess der Sozialisation, als Aufwachsen und Hinein-Wachsen in die Gesellschaft, mit allen Anforderungen und (Bewältigungs-)Herausforderungen, die damit verbunden sind, noch stärker im Fokus ist.

In einem aktuellen künstlerischen Projekt (vgl. Parker 2017) werden Fotografien von Mädchen* präsentiert, deren ganz unterschiedliches Aussehen auf das weite Spektrum menschlicher Möglichkeiten verweist. Alle Protagonist*innen des Fotobandes werden in ihrer Einzigartigkeit gezeigt – und mit ihrer Lust, ihrem Vermögen und ihrer Freude etwas zu tun oder auszudrücken. Warum gibt es ein solches Buch? Hier wird bewusst in die – heute auch digital unterstützten und vermittelten – Schönheits- und Körpernormen interveniert, die es Mädchen* (ebenso wie Jungen*) erschweren (können), sich selbst (oder andere) so zu akzeptieren, ‚wie sie sind'. Bei der Betrachtung erfahren wir zugleich, wie machtvoll die – über eine globale Konsum- und Kulturindustrie reproduzierten – ‚glatten Bilder' wirken, sonst würden wir die Bilder in einem solchen Buch gar nicht als ‚Kontrast', als ‚etwas Besonderes' oder gar ‚Befreiendes' empfinden. Und schließlich: es sind Mädchen*, die gezeigt werden, und nicht Jungen*; damit wird diese Seite im Geschlechterverhältnis als (nach wie vor?!) besonders bearbeitungswürdig (oder -bedürftig) markiert.

Die Auseinandersetzung damit, wie gesellschaftliche Geschlechternormen und -klischees das Aufwachsen, die Selbstwahrnehmung und Selbstgestaltung, aber auch die Hoffnungen und Träume von Kindern und Jugendlichen beeinflussen, durchzieht die Geschichte der *Geschlecht reflektierenden Kinder- und Jugendarbeit* (vgl. Bitzan und Daigler 2004; Sturzenhecker und Winter 2010). Mit einer solchen Arbeitsperspektive verbinden sich durchaus unterschiedliche Grundverständnisse und Arbeitsansätze (vgl. Maurer 2016; Maurer und May 2011); gemeinsam ist diesen Ansätzen, dass sie die Engführungen überwinden wollen, die mit bestimmten Vorstellungen von Weiblichkeit* und Männlichkeit* verbunden sind. Deshalb wird in der Regel daran gearbeitet, die Fantasien, die Kinder und Jugendliche im Hinblick auf die eigenen Lebensentwürfe und Handlungsmöglichkeiten haben, zu öffnen und zu erweitern. Im Bewusstsein der Macht- und Herrschaftsdimension in den gesellschaftlichen Geschlechterverhältnissen wird zudem auf die Wahrnehmung und Bewusstwerdung derjenigen

Prozesse und Praktiken hingewirkt, die dazu beitragen, diese immer wieder aufs Neue herzustellen. Dazu gehören auch die alltäglichen Praktiken des *doing gender* der Kinder und Jugendlichen selbst, aber auch der beteiligten (sozial)pädagogischen Fachkräfte.

Heutige Selbstverständnisse einer feministisch bzw. anti-sexistisch orientierten Kinder- und Jugendarbeit sind oft vermittelt mit intersektionalen, und vor allem auch mit rassismuskritischen, Perspektiven (vgl. Debus 2015); zugleich braucht es allerdings nach wie vor eine besondere Aufmerksamkeit für die Dimension ‚Geschlecht' (vgl. Autor_innengruppe aus Marburg 2014).

5.2.4 Fazit

Wie Bettina Dausien und Katharina Walgenbach (2015) in interessanter Weise nachzeichnen, ist das Nachdenken über *Sozialisation und Geschlecht* in den letzten Jahren merkwürdig verblasst. Die beiden Autorinnen rekonstruieren (und problematisieren) die Entwicklungen, die nicht nur in der Frauen-, Geschlechter- und Männlichkeitsforschung, sondern auch in Geschlecht reflektierenden Ansätzen pädagogischer Praxis dazu beigetragen haben, dass der Zusammenhang zwischen der ‚Individualisierung des Sozialen' und der ‚Vergesellschaftung der Individuen' tendenziell aufgelöst erscheint. Vor diesem Hintergrund plädieren sie für eine bewusste Wiederaufnahme einer sozialisationstheoretischen Perspektive.

Über Sozialisation zu sprechen heißt immer auch – und das ganz explizit – über das Leben in Gesellschaft und die Prozesse der Vergesellschaftung zu sprechen. Soll die Perspektive von (struktureller) *Ungleichheit* im Sprechen über *Verschiedenheit* nicht verloren gehen, so macht es auch mit Bezug auf die Bedeutung, Konstitution und Reproduktion von *Geschlecht* Sinn, den Sozialisationsbegriff wieder stärker ins Spiel zu bringen. Es macht auch Sinn, sich an einige frühe Beiträge zu diesem Thema zu erinnern, die die Komplexität derjenigen Vorgänge verdeutlichen und greifbar machen, die uns *Geschlecht sozial erlernen* lassen. Dieses ‚soziale Lernen' vollzieht sich jeweils in einem ganz konkret gelebten Leben – mit seinem ganzen Eigen-Sinn, in dem die Menschen sich den gesellschaftlichen Anforderungen und Zumutungen (hier: der Geschlechternormen und -ordnungen) ausgesetzt sehen, sie in ihre Entwicklungsprozesse einbeziehen und einarbeiten, sich ihnen ‚unterwerfen', sich ihnen aber auch entziehen, widersetzen, sie auf jeden Fall je subjektiv gestalten, und damit auch variieren und – zumindest potenziell – umgestalten.

Fragen zur Reflexion

Versuchen Sie sich an eine Situation zu erinnern, in der Sie es als unangenehm oder unpassend empfunden haben, durch eine ‚Geschlechter-Brille' wahrgenommen zu werden. Was war das für eine Situation? Worum ging es da, und wie genau wurde ‚Geschlecht' dabei ins Spiel gebracht? Was wurde dadurch ermöglicht, und was wurde dadurch verunmöglicht?

In diesem Kapitel werden verschiedene Perspektiven angesprochen, die die Bedeutung der Dimension ‚Geschlecht' im Prozess der Sozialisation kenntlich machen. Welche dieser Perspektiven ist für Sie besonders interessant? Welche erscheint Ihnen vielleicht auch ‚abwegig'? Erläutern Sie jeweils, was Sie zu dieser Beurteilung veranlasst.

Wie würden Sie selbst anderen erklären, was eine (auch) Geschlecht reflektierende, ‚gender-sensible' Soziale Arbeit notwendig macht? (Denken Sie dabei z. B. an Ihren Freundeskreis, einen kommunalen Jugendhilfeausschuss, oder auch an Kolleg*innen in der Sozialen Arbeit.)

Literatur

Autor_innengruppe aus Marburg 2014: *(Wie) Kann sich feministische Mädchenarbeit heute noch auf ›Mädchen‹ beziehen? Ein Küchengespräch.* In: Yvonne Franke/Kati Mozygemba/Kathleen Pöge/Bettina Ritter/Dagmar Venohr (Hrsg.): *Feminismen heute.* Bielefeld: transcript Verlag, S. 249–268.

Becker-Schmidt, Regina 1987: *Die doppelte Vergesellschaftung – die doppelte Unterdrückung: Besonderheiten der Frauenforschung in den Sozialwissenschaften.* In: Unterkircher, Lilo/Wagner, Ina (Hrsg.): *Die andere Hälfte der Gesellschaft.* Wien: Verlag des Österreichischen Gewerkschaftsbundes, S. 10–25.

Benhabib, Seyla 1995: *Selbst im Kontext.* Frankfurt am Main: Suhrkamp.

Benjamin, Jessica 2004: *Die Fesseln der Liebe. Psychoanalyse, Feminismus und das Problem der Macht.* 3. Auflage. Frankfurt am Main/Basel: Stroemfeld.

Bilden, Helga 1980: *Geschlechtsspezifische Sozialisation.* In: Hurrelmann, Klaus/ Ulich, Dieter (Hrsg.): *Handbuch der Sozialisationsforschung.* Weinheim/ Basel: Beltz, S. 777–812.

Bitzan, Maria/Daigler, Claudia 2004: *Eigensinn und Einmischung. Einführung in Grundlagen und Perspektiven parteilicher Mädchenarbeit.* 2. Aufl. Weinheim/ München: Juventa.

Bronner, Kerstin/Paulus, Stefan 2017: *Intersektionalität: Geschichte, Theorie und Praxis.* Opladen/Toronto: Barbara Budrich.

Butler, Judith 1991: *Das Unbehagen der Geschlechter.* Frankfurt am Main: Suhrkamp.

Chodorow, Nancy 1985: *Das Erbe der Mütter. Psychoanalyse und Soziologie der Mütterlichkeit.* München: Frauenoffensive.

Dausien, Bettina/Walgenbach, Katharina 2015: *Sozialisation von Geschlecht – Skizzen zu einem wissenschaftlichen Diskurs und Plädoyer für die Revitalisierung einer gesellschaftsanalytischen Perspektive.* In: Dausien, Bettina/Thon, Christine/Walgenbach, Katharina (Hrsg): *Geschlecht – Sozialisation – Transformationen.* Opladen: Barbara Budrich, S. 17–49.

Debus, Katharina 2015: *Du Mädchen! Funktionalität von Sexismus, Post- und Antifeminismus als Ausgangspunkt pädagogischen Handelns.* In: Hechler, Andreas/Stuve, Olaf (Hrsg.): *Geschlechterreflektierte Pädagogik gegen Rechts.* Opladen/Berlin/Toronto: Barbara Budrich, S. 79–99.

Durkheim, Emile (1984 [1895]): *Die Regeln der soziologischen Methode.* Frankfurt/Main: Suhrkamp.

Faulstich-Wieland, Hannelore 2000: *Sozialisation von Mädchen und Jungen – Zum Stand der Theorie.* In: Diskurs 10 (2000) 2, S. 8–14.

Gildemeister, Regine 2010: *Doing Gender. Soziale Praktiken der Geschlechterunterscheidung.* In: Becker, Ruth/Kortendiek, Beate (Hrsg.): *Handbuch Frauen- und Geschlechterforschung. Theorie, Methoden, Empirie.* 3., erw. und durchges. Aufl. Wiesbaden: VS Verlag für Sozialwissenschaften, S. 137–145.

Chodorow, Nancy 1985: *Das Erbe der Mütter. Psychoanalyse und Soziologie der Mütterlichkeit.* München: Frauenoffensive.

Gildemeister, Regine 2010: *Doing Gender. Soziale Praktiken der Geschlechterunterscheidung.* In: Becker, Ruth/Kortendiek, Beate (Hrsg.): *Handbuch Frauen- und Geschlechterforschung. Theorie, Methoden, Empirie.* 3., erw. und durchges. Aufl. Wiesbaden: VS Verlag für Sozialwissenschaften, S. 137–145.

Grabrucker, Marianne 1985: *„Typisch Mädchen …“: Prägung in den ersten drei Lebensjahren. Ein Tagebuch.* Frankfurt am Main: Fischer.

Hagemann-White, Carol 1988: *Wir werden nicht zweigeschlechtlich geboren …* In: Hagemann-White, Carol/Rerrich, Maria S. (Hrsg.): *FrauenMännerBilder. Männer und Männlichkeit in der feministischen Diskussion.* Bielefeld: AJZ, S. 224–235.

Haug, Frigga (Hrsg.) 1991: *Erziehung zur Weiblichkeit.* Berlin und Hamburg: Argument.

Lindemann, Gesa 1993: *Das paradoxe Geschlecht.* Frankfurt am Main: Fischer.

Maurer, Susanne 1996: *Zwischen Zuschreibung und Selbstgestaltung. Feministische Identitätspolitiken im Kräftefeld von Kritik, Norm und Utopie.* Tübingen: edition diskord.

Maurer, Susanne 2001: *Zentrierte Vielfalt? Zur Frage von Subjekt und Handlungsfähigkeit in der Auseinandersetzung mit poststrukturalistischem Denken.* In: Fritzsche, Bettina/Hartmann, Jutta/Schmidt, Andrea/Tervooren, Anja (Hrsg.): *Dekonstruktive Pädagogik. Erziehungswissenschaftliche Debatten unter poststrukturalistischen Perspektiven.* Opladen: Leske + Budrich, S. 105–118.

Maurer, Susanne 2016: *Geschlecht: Mädchen.* In: Schröer, Wolfgang/Struck, Norbert/Wolff, Mechthild (Hrsg.): *Handbuch der Kinder- und Jugendhilfe.* 2., überarb. Ausgabe. Weinheim: Juventa, S. 348–364.

Maurer, Susanne/May, Michael 2011: *Gender, Genderforschung.* In: Otto, Hans-Uwe/Thiersch, Hans (Hrsg.): *Handbuch Soziale Arbeit. Grundlagen der Sozialarbeit und Sozialpädagogik.* 4., völlig neu bearb. Aufl. München/Basel: Ernst Reinhardt Verlag, S. 479–489.

Mecheril, Paul 2014: *Über die Kritik interkultureller Ansätze zu uneindeutigen Zugehörigkeiten – kunstpädagogische Perspektiven.* In: Clausen, Bernd (Hrsg.): *Teilhabe und Gerechtigkeit.* Münster/New York: Waxmann, S. 11–19.

Parker, Kate T. 2017: *Strong is the New Pretty. A Celebration of Girls Being Themselves.* New York: Workman Publishing.

Scheu, Ursula 1977: *Wir werden nicht als Mädchen geboren – wir werden dazu gemacht. Zur frühkindlichen Erziehung in unserer Gesellschaft.* Frankfurt am Main: Fischer.

Sturzenhecker, Benedikt/Winter, Reinhard (Hrsg.) 2010: *Praxis der Jungenarbeit. Modelle, Methoden und Erfahrungen aus pädagogischen Arbeitsfeldern.* 3. Aufl. Weinheim: Juventa.

Tervooren, Anja 2006: *Im Spielraum von Geschlecht und Begehren. Ethnographie der ausgehenden Kindheit.* Weinheim: Juventa.

Walgenbach, Katharina 2014: *Heterogenität – Intersektionalität – Diversity in der Erziehungswissenschaft.* Opladen/Toronto: Barbara Budrich/UTB.

Hinweise zu weiterführender Literatur
Becker-Schmidt, Regina/Knapp, Gudrun-Axeli 1989 (1987): *Geschlechtertrennung – Geschlechterdifferenz. Suchbewegungen sozialen Lernens.* 2. Aufl. Bonn: Dietz.

5.3   Migration

Aladin El-Mafaalani

Was Sie hier erwartet
Migration ist nicht nur ein Querschnittsthema, sondern zugleich ein Themenfeld mit zunehmender gesellschaftlicher Relevanz und Brisanz. Es steht außer Zweifel, dass sich die Bedeutung des Themenfeldes in den nächsten Jahren weiter erhöht, nicht zuletzt aufgrund der demografischen Entwicklungen. In Deutschland hatte 2018 etwa jede vierte Person einen sogenannten Migrationshintergrund – unter den Kindern sind es bereits fast 40 %. Daher beschreibt das Kapitel zunächst die besonderen Herausforderungen der Migration (also für Migrant*innen im engeren Sinne), um anschließend die Besonderheiten und Widersprüchlichkeiten der Lebenswelt von Kindern und Jugendlichen (insbesondere der zweiten Generation) exemplarisch darzustellen. Abschließend wird Migrationssensibilität als erforderliche Kompetenz in der Sozialen Arbeit skizziert.

5.3.1   Persönlichkeitsentwicklung und Bewältigungsanforderungen im Kontext von Migration

Unter Migration versteht man die Verschiebung des Lebensmittelpunkts eines oder mehrerer Menschen. Dabei ist in der Regel ein internationaler Wechsel des Aufenthaltsorts gemeint. Flucht und Asylsuche sind eine spezifische Migrationsform. Allerdings ist derzeit umstritten, ob sich Geflüchtete – abgesehen von der rechtlichen Stellung, der eine Setzung des jeweiligen Aufnahmelandes zugrunde liegt – von anderen Migrant*innen unterscheiden (vgl. hierzu El-Mafaalani und Massumi 2019). Andere relevante Formen sind die Arbeits- und Bildungsmigration, Familienzusammenführung, Migration im Rahmen der EU-Freizügigkeit und, speziell für Deutschland, die Aufnahme von Spätaussiedler*innen.

Als *Push-Faktoren* (Gründe für die Auswanderung) gelten ökonomische, politische und ökologische Gründe, insbesondere Arbeits- und Perspektivlosigkeit, Krieg, Verfolgung und Diskriminierung sowie Naturkatastrophen und Klimaveränderungen. *Pull-Faktoren* (Gründe für die Auswahl eines bestimmten Landes) sind im Prinzip die Antonyme der Migrationsursachen, im Wesentlichen: eine starke Wirtschaft und Arbeitsplätze sowie Grundrechte, physische und rechtliche Sicherheit. Von besonderer Bedeutung sind zudem Netzwerke, da Menschen insbesondere dorthin migrieren, wo bereits Kontakte und Anknüpfungspunkte bestehen sowie das Image des Ziellandes. In jeder Hinsicht erfüllt Deutschland alle Kriterien in einem Maße wie kaum ein anderer Staat. Als eines der wirtschaftlich stärksten Länder mit einem dynamischen Arbeitsmarkt, einem hohen Maß an Sicherheit, vielfältigen ethnischen Communities und stabilen Netzwerken in sehr viele Herkunftsländer sowie einem der besten Images weltweit – Deutschland belegt seit längerem regelmäßig einen der ersten drei Plätze in den vielen Image-Rankings der Nationen – wird Deutschland dauerhaft ein Zielland für Migration bleiben. Die deutsche Sprache, die kaum jemand bereits vor der Einreise nach Deutschland beherrscht, könnte im Prinzip das einzige Hemmnis für Migration nach Deutschland sein, insbesondere gegenüber englisch- oder französischsprachigen Zielländern, allerdings ist dies offensichtlich ein Faktor mit geringerer Relevanz.

Zwischen den Push- und Pull-Faktoren steht der Migrationsprozess, also die Wanderung selbst. Der Prozess der Migration kann für die Migrant*innen einer mehr oder weniger stark erlebten sozialen Entwurzelung gleichkommen, die wiederum zu psychischem Stress führt. Entsprechend ließen sich zwei zentrale Eigenschaften für Migrant*innen ableiten, die als psychosoziale Folgen der Migration zu verstehen sind: Erstens werden Migrant*innen als risikobereit und dadurch hoch motiviert, zweitens als zunehmend konservativ beschrieben. Diese beiden Eigenschaften stehen in einem spannungsreichen Verhältnis.

Die Bereitschaft, die Heimat zu verlassen, setzt voraus, dass die Risiken, die mit der Migration verbunden sind, in Kauf genommen werden. Diese Risikobereitschaft wird mit dem Ziel verbunden, das eigene Leben zu verbessern. Dabei sind insbesondere die Motive *soziale Mobilität* und *Statusverbesserung* bereits in der Migrationsentscheidung angelegt. Dieser riskante Neubeginn in der Fremde geht also mit hohen Aspirationen einher. Migrant*innen, die diese Ziele selbst in der Regel nicht realisieren können, übertragen diese unerfüllten Aufstiegswünsche auf ihre Kinder, wodurch die hohen Bildungs- und Berufsaspirationen, die seit den 1970 Jahren bis in die Gegenwart immer wieder dokumentiert werden, nachvollziehbar werden (vgl. El-Mafaalani 2017).

Während es den Migrant*innen der ersten Generation häufig nicht gelingt, die erhoffte Statusverbesserung zu verwirklichen, erleben sie die Risiken der Migration in der Regel umfassend. Der Verlust von Sinnzusammenhängen, das Verlassen der Sprachgemeinschaft, die Nicht-Anerkennung eigener Fähigkeiten und Qualifikationen, der Verlust des sozialen Netzwerks und der Rollenbeziehungen in demselben führen (zumindest zeitweise) zu existenzieller Unsicherheit und vielschichtiger Orientierungslosigkeit. Der soziale Kontext der Migration bedeutet für einen Menschen extreme Veränderungen und psychosozialen Stress, insbesondere auch deshalb, weil weite Teile dessen, was als identitätsstiftend gilt, aufgegeben wurden oder verloren gingen. Eine funktionale Strategie ist es nun, all das, was nicht aufgegeben werden musste, u. a. Denk- und Handlungsmuster, Routinen, Symbole und Erinnerungen (kurz: den Habitus [siehe hierzu Abschn. 3.2]), zu konservieren bzw. in die neue Heimat zu transferieren. Ein ausgeprägter Konservatismus ist entsprechend noch kein kulturspezifisches Merkmal, sondern typisch für die Migration. Dieser Konservatismus wird auch im Kontext der Diaspora diskutiert. Die Bedeutung der Herkunftskultur kann entsprechend im Aufnahmeland – also nach der Migration – wachsen, etwa im Hinblick auf moralische und traditionelle Vorstellungen, nationale Zugehörigkeit, religiöse Praktiken usw. Dadurch, dass der soziale Bezugsrahmen in der Migration über weite Strecken auf die Familie und ethnische Community begrenzt bleibt, entwickeln sich neben dem Konservatismus spezifische Solidaritäts- und Loyalitätsverhältnisse, die – in vergleichbarer Weise wie die Bildungs- und Berufsaspirationen – auf die Kinder übertragen werden und sich durch die Angst vor der Entfremdung von den Kindern verfestigen können. Infolge von Ausgrenzungs- und Diskriminierungserfahrungen können sich Traditionalismus, der Bedeutungszuwachs der ethnischen Community bis hin zu Selbstausschlusstendenzen verstetigen bzw. steigern.

Während Risikobereitschaft und Motivation bereits bei der Migrationsentscheidung vorliegen, entwickelt sich der Konservatismus erst nach der Migration. Diese Prozesse können unabhängig davon, ob die Migration gewollt oder erzwungen ist, festgestellt werden. Intensität, Form und Verlauf hängen hingegen insbesondere davon ab, wie sich die Lebensverhältnisse der migrierten Personen (hier der Eltern) entwickeln.

Hierbei handelt es sich *nicht* um kulturspezifische, sondern um *migrationsspezifische* Besonderheiten bzw. Erfahrungskontexte, die überhaupt erst durch die Migration selbst, also den Wechsel nationaler und gesellschaftlicher Bezugssysteme, entstehen.

5.3.2 Schwerpunktthema: Sphärendifferenz als Sozialisationsrahmen

Nun stellt sich die Frage, wie diese Migrationsspezifika auf in Deutschland lebende und aufwachsende Kinder und Jugendliche wirken. In verschiedenen Studien wurde wiederholt auf eine spezifische Form der erlebten Innen-Außen-Differenz bei Jugendlichen mit Migrationshintergrund in Deutschland hingewiesen (vgl. u. a. Badawia 2002; Bohnsack und Nohl 2001; El-Mafaalani und Toprak 2011; in Bezug auf Sinti und Roma vgl. Scherr und Sachs 2017), gleichzeitig liegen auch in anderen Einwanderungsländern vergleichbare Befunde vor, etwa in Kanada (vgl. ausführlich hierzu El-Mafaalani 2017). Dabei sehen sich die Jugendlichen mit zwei unterschiedlichen Formen der Sozialität konfrontiert, die sich auf unterschiedliche Referenzeinheiten beziehen: Die *innere Sphäre*, in der sich Familie, Verwandtschaft und ethnische Community repräsentieren, und die *äußere Sphäre*, die die ‚Mehrheitsgesellschaft', welche als abstrakte Einheit wahrgenommen wird, umfasst und insbesondere durch die pädagogischen Institutionen erfahrbar wird. Die innere Sphäre ist durch einen aus dem Herkunftsland tradierten Sozialitätsmodus gekennzeichnet, bei dem Autorität und Respekt eine zentrale Rolle spielen. Dabei stellen enge Bindungen und soziale Kontrolle sowie klare Rollenfestlegungen und explizierbare Regeln zentrale Charakteristika dar. Die äußere Sphäre ist geprägt durch abstraktere soziale Beziehungsformen und Anerkennungsmodi, in der Unbestimmtheit, Ethnisierung und Anpassungsaufforderungen erfahren werden. Nur selten gibt es Berührungspunkte zwischen den Sphären, etwa wenn die Kinder für die Eltern bei Behördengängen oder Elternsprechtagen übersetzen sollen. In diesen beiden Bezugssystemen werden sehr unterschiedliche Anforderungen an die Heranwachsenden gestellt, die über weite Strecken konstruktiv – zum Teil spielerisch – bewältigt werden.

Im Laufe der Kindheit, spätestens in der Jugendphase kann sich die Sphären*differenz* zu einer Sphären*diskrepanz* umwandeln, die dann zu einem biografischen Problem werden kann. Dies liegt insbesondere darin begründet, dass die familialen Erwartungen sich auf beide Sphären beziehen und als unvereinbar erlebt werden. Denn die Eltern erwarten in hohem Maße *Loyalität* gegenüber der tradierten Lebensweise des Elternhauses (innere Sphäre) und gleichzeitig in ausgeprägter Weise *Erfolg* in Bildung und Beruf (äußere Sphäre). Es handelt sich also nicht mehr lediglich um unterschiedliche Sozialitätsformen, die man sich aneignen und denen man in differenzierter Weise entsprechen kann, sondern um Reproduktionserwartungen gegenüber tradierten Denk- und Handlungsmustern sowie der Identität (Loyalitätserwartungen) auf der einen Seite und zugleich Transformationserwartungen im Hinblick auf die sozialen und ökonomischen Lebensverhältnisse (Erfolgserwartungen) auf der anderen Seite. Aus der Perspektive Heranwachsender wird diese Doppelerwartung als widersprüchlich, ambivalent, zum Teil als Dilemma erlebt: Die Erfüllung der Erfolgserwartungen führt zu einer Enttäuschung der Loyalitätserwartungen. Man könnte also bildhaft sagen: Die Kinder werden von den Eltern geschubst, „werde erfolgreich, wohlhabend, anerkannt", und sie werden von den Eltern gezogen, „bleib wie wir sind, bleib bei uns, bleib deiner Herkunft treu".

In der äußeren Sphäre erleben Heranwachsende eine ähnliche Widersprüchlichkeit, die sich als *Differenzdemonstration* auf der einen und als *Anpassungs-
aufforderung* auf der anderen Seite skizzieren lässt. So werden etwa regelmäßig
interkulturelle Events veranstaltet, bei denen sich bereits Kinder aufgefordert
fühlen, ihre Differenz zu demonstrieren. Am Beispiel eines interkulturellen
Frühstücks lässt sich dies illustrieren (vgl. Attia 2009): Eine Erzieherin fordert
die Kinder auf, für das geplante interkulturelle Frühstück Typisches aus der Heimat mitzubringen. Das Frühstück verläuft gut, die Klassenlehrerin ist zufrieden.
Eine anschließende Befragung der Kinder ergab: Manche Kinder wussten nicht,
was in der Heimat der Großeltern gefrühstückt wird, andere wissen, dass in der
Heimat gar nicht gefrühstückt wird, viele frühstücken selbst am liebsten Nutella
oder Cornflakes – dennoch bringen die Kinder Schafskäse, Oliven, gefüllte Wein-
blätter usw. mit, um die nette Pädagogin nicht zu enttäuschen. Sie sind es also
nicht nur gewohnt, ihre Differenz zu demonstrieren, sondern sie haben gelernt,
Erwartungen der Differenz zu erfüllen. Für manche Kinder ist das ambivalent, für
andere ist es positiv, weil sie das Gefühl haben, wahrgenommen zu werden. Das
Frühstück und die Botschaft dieses Frühstücks sind nicht das Problem. Das Problem ist, dass sich diese Maßnahmen lediglich auf die gemütliche Seite der Differenz beziehen, nicht aber auf die negativen Folgen der Differenz.

Die Vielfalt wird nämlich von Kindern und Jugendlichen nicht selten als
Fremdheit, Ausschluss oder Diskriminierung erlebt (vgl. ausführlich zum subjektiven Erleben von Diskriminierung El-Mafaalani et al. 2017). Diese negativen
Seiten der Differenz lassen sich weniger leicht, regelmäßig und institutionalisiert
zur Sprache bringen, sind aber ähnlich prägend und bedeutsam. Die unscheinbare
Frage etwa „Wo kommst du (eigentlich) her?" meint „Du bist ein Anderer", kann
aber entweder wohlwollend gemeint sein und aus einem authentischen Interesse
herrühren, oder negativ konnotiert bis ausgrenzend gemeint sein. Letzteres mün-
det dann nicht selten in diffuse Anpassungsaufforderungen. Die Demonstration
von gewünschter Differenz und Aufforderung zur Angleichung bleiben häufig
gleichermaßen abstrakt und diffus.

Von zwei Sphären kommen jeweils widersprüchliche Erwartungen und
Anforderungen, beide Seiten schubsen und ziehen gleichermaßen. Die Heranwachsenden erleben diese Erwartungen in der Regel als doppeltes Dilemma.
Man könnte auch sagen: Es handelt sich um zwei widersprüchliche Erwartungs-
paare, die lediglich in ihrer Widersprüchlichkeit zusammenpassen (vgl. El-Mafaalani 2017, 2018a). Diese paradoxe Situation, die den Charakter eines doppelten
strukturellen „Double Bind" hat, bildet den Kern des Migrationsspezifischen für
Heranwachsende.

Exemplarisch werden im Folgenden 5 typische *Umgangsweisen* mit den widersprüchlichen Erwartungshaltungen dargestellt – hier am Beispiel der Zugehörigkeit und Identifikation mit Deutschland:

Typus I   *„In die Schule zu gehen, zu den Deutschen, das war ne Pflichtveranstaltung. Wo ich mich wohl gefühlt habe, das war immer bei meinen Schwarzköpfen in meiner Straße. Türkische Kanaken halt!"*

Typus II   *„Dann habe ich gesagt: Leute, ich bin Türke aus dem Ruhrpott. Türke ist Identität, Pott is Heimat. Feierabend!"*

Typus III   *„Als ich länger in Kanada war… war schon komisch. Zum Beispiel habe ich dort mit Türken geredet, das war cool. Und dort waren Deutsche, das war auch cool. Ich bin wie die und wie die. Irgendwie auch nicht. Versteht man nich…"*

Typus IV   *„Ich bin kein Biodeutscher, aber trotzdem bin ich Deutscher, aber wie soll das gehen, wenn man das nicht sagen kann. Wenn ich sage „Ich bin Deutscher", dann kommt die Frage: „Und wo kommst du wirklich her?" Manchmal antworte ich: „Also ich war viermal in der Türkei, dreimal in Spanien und bestimmt zwanzigmal in Holland. Und ich bin in Deutschland geboren und habe immer hier gelebt. Und du weißt, dass ich Kemal heiße. So, sag du mir doch, was ich bin!" Das ist bescheuert, oder? Es geht besser, zu sagen: „Ich bin Türke". Wenn ich sage: „Ich bin Deutscher" – das finden die türkischen Leute nicht gut. Und die Deutschen lassen das nicht richtig zu. In diesem Land stimmt doch was nicht! Alle wollen es einfach, es ist aber nicht einfach!"*

Typus V   *„Und weißt du, irgendwann reicht's. Es entscheidet niemand darüber, wer oder was ich bin. Ich bin Deutscher, wenn ich das sage. Und wenn sich einer wundert und mir so kommt „Sie sprechen aber gut Deutsch" oder „wo kommen Sie denn her?", dann sag ich: „Sach ma, wo kommst du denn her? Wo warst du die letzten fünfzig Jahre?" Deutschland ist kein Museum."*

Diese fünf Typen bilden exemplarisch die gesamte mögliche Bandbreite zwischen „türkisch" und „deutsch" ab. Von einer Abgrenzung zu und Abwertung von Deutschen (I), über mehr oder weniger diffuse oder verbindende Zwischenformen (II–III), bis hin zu einer aktiven Mitgestaltung dessen, was Deutsch ist (IV–V). All das ist möglich. Keine dieser Aussagen kann von Menschen ohne internationale Familiengeschichte kommen, denn sie können selbstverständlich „halt deutsch" sagen und es genauso selbstverständlich meinen. Und genau dieses „halt deutsch" fehlt in der Skala der Menschen mit internationaler Familiengeschichte.

Noch entscheidender ist aber, dass all diese Typen auch in einer Person möglich sind. Alle fünf Aussagen kommen nämlich von ein und demselben Menschen und spiegeln eine einzige Biografie wider. Seine nationale Identifikation lässt sich an den fünf Aussagen chronologisch zeigen. Zuerst die Kindheit, dann die frühe und spätere Jugend, schließlich als junger Erwachsener und zuletzt als Erwachsener. Vom Prinzip her starten alle Kinder bei Typus I. Im Laufe der Zeit kommt es zu Verschiebungen, ohne dass es in Deutschland bisher die Regel ist, dass Typus V erreicht wird (ausführlich hierzu El-Mafaalani 2018a).

5.3.3 Praxis(feld) der Sozialen Arbeit: Migrationssensibilität als Merkmal von Professionalität

Migration ist nicht nur ein Querschnittsthema, sondern zugleich ein Themenfeld mit zunehmender gesellschaftlicher Relevanz und Brisanz. Es steht außer jedem Zweifel, dass sich die Bedeutung des Themenfeldes in den nächsten Jahren weiter erhöht, nicht zuletzt aufgrund der demografischen Entwicklungen: In Deutschland hatte 2018 etwa jede vierte Person einen sogenannten Migrationshintergrund.

„Zu den Menschen mit Migrationshintergrund zählen alle Ausländer und eingebürgerte ehemalige Ausländer, alle nach 1949 als Deutsche auf das heutige Gebiet der Bundesrepublik Deutschland Zugewanderte, sowie alle in Deutschland als Deutsche Geborene mit zumindest einem zugewanderten oder als Ausländer in Deutschland geborenen Elternteil" (Statistisches Bundesamt 2015).

Ein Migrationshintergrund wird also grundsätzlich an die Kinder „vererbt", wenn es sich bei mindestens einem Elternteil um eine zugewanderte Person, eine eingebürgerte Person oder um eine Person ohne deutsche Staatsbürgerschaft handelt.

Etwa 40 % aller in Deutschland lebenden Kinder haben einen Migrationshintergrund, in westdeutschen Großstädten sind es durchschnittlich deutlich über 50 % (z. B. liegen die Werte in Frankfurt am Main, Stuttgart und München bereits bei etwa 70 %). Zudem ist davon auszugehen, dass die jährlichen Neuzuwanderungszahlen auf einem relativ hohen Niveau bleiben werden (auch wenn sie deutlich unterhalb der Spitzenwerte von 2015 und 2016 bleiben). Eine zentrale Herausforderung ist die ungleiche Verteilung von Menschen mit Migrationshintergrund. Auf dem Land und insbesondere in Ostdeutschland sind die Anteile wesentlich geringer. Einerseits birgt eine Konzentration Risiken, etwa im Hinblick auf soziale Segregation (vgl. El-Mafaalani et al. 2015). Andererseits liegen mittlerweile empirische Hinweise vor, dass die Teilhabechancen von Migrant*innen und ihren Kindern dort, wo sie regional einen geringen Anteil bilden, eher geringer ist als dort, wo ihr Anteil hoch ist (vgl. hierzu El-Mafaalani und Kemper 2017).

Neben diesen quantitativen Aspekten gilt es aber auch die zunehmenden Dynamiken im Blick zu behalten. Während in vergangenen Jahrzehnten die Neuzugewanderten aus wenigen Herkunftsländern – meist aus dem Mittelmeerraum – stammten, findet heute Zuwanderung aus allen Regionen der Welt statt (auch wenn die innereuropäische Zuwanderung nach wie vor den Schwerpunkt bildet). Auch im Hinblick auf die Generationenzugehörigkeit steigt die Komplexität zunehmend: Mittlerweile sind die Ur-Enkel der Gastarbeitergeneration in den Bildungsinstitutionen, also die 4. Generation, die ganz andere Sozialisationsbedingungen, Bedürfnisse und Interessen aufweist als ihre Urgroßeltern, Großeltern oder Eltern. Entsprechend ist der Begriff „Migrationshintergrund" irreführend, weil er suggeriert, es handele sich um eine soziale Gruppe oder um eine homogene Personenkategorie. Es handelt sich allerdings lediglich um eine statistische Gruppe. Die 25 % der Bevölkerung, die das statistische Merkmal „Migrationshintergrund" aufweist, ist im Hinblick auf Geburtsort, Muttersprache(n), Religionszugehörigkeit, Hautfarbe, Staatsangehörigkeit, rechtlicher Status uvm. wesentlich heterogener als die größere Gruppe der Menschen ohne Migrationshintergrund.

Nicht nur, aber insbesondere auch durch Migration und Integration wird der soziale und kulturelle Wandel in Deutschland beschleunigt. Dies führt nicht zuletzt auch dazu, dass sich das Konfliktpotenzial trotz oder wegen gelungener Integration steigern kann, dass es zu extremen Bewegungen kommt (Nationalismus und religiöser Fundamentalismus) und dass sich rassistische Tendenzen verschärfen (vgl. El-Mafaalani 2018a).

Migrationssensibilität ist entsprechend in allen Feldern der Sozialen Arbeit eine zunehmend erforderliche Kompetenz, u. a. in der Schulsozialarbeit, der Antidiskriminierungsarbeit, in der politischen Bildungsarbeit, der Mädchen- und Jungenarbeit, der Elternbildung sowie der Flüchtlingssozialarbeit (hierbei mit den besonderen Herausforderungen Rechtsberatung, Traumabewältigung und existenzieller Ängste aufgrund drohender Abschiebung).

Migrations- und Ungleichheitssensibilität sind gegenwärtig jedoch noch nicht vollends etablierte Konzepte und Kernkompetenzen. Bei deren (Weiter-)Entwicklung gilt es, an den etablierten Methoden und Regelstrukturen festzuhalten. Sondermethoden und Parallelstrukturen sind keineswegs wünschenswert. Ebenso ist es ein Trugschluss, dass Fachkräfte mit Migrationshintergrund grundsätzlich besser geeignet wären, den migrationsspezifischen Bewältigungsanforderungen von Adressat*innen zu begegnen. Vielmehr bedarf es einer an die Erfordernisse einer Migrationsgesellschaft angepassten Professionalisierung.

„Menschen müssen dort abgeholt werden, wo sie stehen." Dieser pädagogische Leitsatz ist nach wie vor richtig. In diesem schlichten Satz verbergen sich allerdings enorme Herausforderungen. Man muss wissen, a) wo diese Menschen stehen, b) wo man selbst steht, c) was im Weg stehen könnte, d) wo man (gemeinsam) hin will und e) wie man (gemeinsam) dort hinkommt.

Hierfür kommt es ganz zentral auf Wissen und Kommunikation, Haltung, Einfühlungsvermögen, Klarheit und Engagement an – kurz: Professionalität.

5.3.4 Fazit

Das vorliegende Kapitel sensibilisiert für migrationsspezifische Bewältigungsanforderungen im Sozialisationsprozess. Im Schwerpunkt wird auf die Erfahrung der Sphärendifferenz sowie damit verbundener Dilemmata für Kinder und Jugendliche eingegangen. In Anbetracht der (zunehmenden) gesellschaftlichen Relevanz des Themenfelds Migration sind Sozial Arbeiter*innen gefordert, die Kompetenz der Migrationssensibilität auszubilden. Wichtig ist in dem Zusammenhang zum einen das Bewusstsein über die Heterogenität von Menschen, die unter der statistischen Kategorie „mit Migrationshintergrund" zusammengefasst werden. Darüber hinaus ist ein sensibler Umgang mit Differenz und die Verständigung über gemeinsame Ziele essenziell.

Fragen zur Reflexion
- Was ist der Unterschied zwischen kulturspezifischen und migrationsspezifischen Besonderheiten und Erfahrungskontexten?
- Warum prägt die Erfahrung der Sphärendifferenz in besonderer Weise die Sozialisation von Kindern und Jugendlichen mit sogenanntem Migrationshintergrund?
- Beschreiben Sie das doppelte Dilemma, das sich aus der Erfahrung der Sphärendifferenz ableitet.

Literatur

Attia, Iman 2009: *Die „westliche Kultur" und ihr Anderes. Zur Dekonstruktion von Orientalismus und antimuslimischem Rassismus.* Bielefeld: transcript.

Badawia, Tarek 2002: *"Der dritte Stuhl" – Eine Grounded-Theory-Studie zum kreativen Umgang bildungserfolgreicher Immigrantenjugendlicher mit kultureller Differenz.* Frankfurt/M.: IKO-Verlag.

Bohnsack, Ralf/Nohl, Arnd-Michael 2001: *Ethnisierung und Differenzerfahrung: Fremdheit als alltägliches und als methodologisches Problem.* In: Zeitschrift für qualitative Bildungs-, Beratungs- und Sozialforschung 2 (1), S. 15–36.

El-Mafaalani, Aladin 2018a: *Das Integrationsparadox. Warum gelungene Integration zu mehr Konflikten führt.* Köln: Verlag Kiepenheuer und Witsch.

El-Mafaalani, Aladin 2018b: *Flucht in die Migrationsgesellschaft.* In: Hartwig, Luise/Mennen, Gerald/Schrapper, Christian (Hrsg.): *Handbuch Soziale Arbeit mit geflüchteten Kindern und Familien.* Weinheim: Beltz Juventa.

El-Mafaalani, Aladin 2017: *Sphärendiskrepanz und Erwartungsdilemma. Migrationsspezifische Ambivalenzen sozialer Mobilität.* In: Zeitschrift für Pädagogik, Jg. 63, Heft 6, 2017, S. 708–725.

El-Mafaalani, Aladin/Massumi, Mona 2019: *Flucht und Bildung.* State-of-Research-Paper. Osnabrück.

El-Mafaalani, Aladin/Kemper, Thomas 2017: *Bildungsteilhabe geflüchteter Kinder und Jugendlicher im regionalen Vergleich. Quantitative Annäherungen an ein neues Forschungsfeld.* In: Zeitschrift für Flüchtlingsforschung 2/2017, S. 173–217.

El-Mafaalani, Aladin/Waleciak, Julian/Weitzel, Gerrit 2017: *Tatsächliche, messbare und subjektiv wahrgenommene Diskriminierung.* In: Scherr, Albert/ El-Mafaalani, Aladin/Yüksel, Emine Gökcen (Hrsg.): *Handbuch Diskriminierung.* Wiesbaden: Springer VS, S. 173–189.

El-Mafaalani, Aladin/Kurtenbach, Sebastian/Strohmeier, Klaus Peter (Hrsg.) 2015: *Auf die Adresse kommt es an.* Weinheim: Beltz Juventa.

El-Mafaalani, Aladin/Toprak, Ahmet 2011: Muslimische Kinder und Jugendliche in Deutschland. Lebenswelten – Denkmuster – Herausforderungen. Konrad-Adenauer-Stiftung e. V. Sankt Augustin/Berlin.

Scherr, Albert/Lena, Sachs 2017: Bildungsbiografien von Sinti und Roma. Erfolgreiche Bildungsverläufe unter schwierigen Bedingungen. Wiesbaden: Springer VS.

Hinweise zu weiterführender Literatur

El-Mafaalani, Aladin 2018: *Das Integrationsparadox. Warum gelungene Integration zu mehr Konflikten führt.* Köln: Verlag Kiepenheuer und Witsch.

Han, Petrus 2010: *Soziologie der Migration.* Stuttgart: Lucius & Lucius.

Hartwig, Luise/Mennen, Gerald/Schrapper, Christian (Hrsg.) 2017: *Handbuch Soziale Arbeit mit geflüchteten Kindern und Familien.* Weinheim: Beltz Juventa.

Mecheril, Paul 2016: *Handbuch Migrationspädagogik.* Weinheim: Beltz Juventa.

5.4   Sexuelle Orientierung

Davina Höblich

Was Sie hier erwartet
In diesem Kapitel werden die besonderen Sozialisationsbedingungen und Herausforderungen für Lesben, Bisexuelle und Schwule betrachtet. Zunächst werden die Begriffe und Konzepte rund um Geschlechteridentitäten, sexuelle Orientierungen, sexuelle Identitäten und sexuelle Vielfalt erläutert und als gesellschaftlich Konstrukte rekonstruiert. Betrachtet werden im Anschluss die Effekte der gesellschaftlichen Rahmenbedingungen im Bereich der sexuellen Orientierung auf die Persönlichkeitsentwicklung sowie insbesondere im Hinblick auf spezifische Bewältigungsanforderungen, die sich aus einer nicht-heterosexuellen Orientierung ergeben. Im darauffolgenden Abschnitt zwei wird auf die besondere Situation junger Lesben, Bisexueller und Schwuler als vulnerable Gruppe eingegangen, in Abschnitt drei werden die sich hieraus ergebenden Anforderungen an die Kinder- und Jugendhilfe als Praxisfeld betrachtet.

5.4.1   Persönlichkeitsentwicklung und Bewältigungsanforderungen im Kontext von sexueller Orientierung

Mit der Streichung des § 175 StGB 1994 sind sexuelle Handlungen unter Männern nicht mehr strafbar, 1992 wurde Homosexualität aus der internationalen Klassifikation von Krankheiten (ICD) gestrichen, 2001 die eingetragene Lebenspartnerschaft gesetzlich ermöglicht. Bestehende Unterschiede zur Ehe wurden durch Beschlüsse des Bundesverfassungsgerichts aufgehoben (Ehegattensplitting, Erbschaft Stiefkindadoption etc.) und schließlich seit 2017 die „Ehe für alle" eingeführt mit der gleichgeschlechtliche Paare heiraten und gemeinsam ein Kind adoptieren können. Es scheint, dass Homo- oder Bisexualität heutzutage kein Problem mehr darstellt. Blickt man genauer hin, so zeigt sich, dass die Beschimpfung als „schwule Sau" nach wie vor zum täglichen Geschehen auf Schulhöfen gehört. Die gesellschaftliche Situation stellt sich damit als widersprüchlich dar: Zunehmende Akzeptanz und rechtlichen Gleichstellung einerseits, bei gleichzeitigem Fortbestehen von Stereotypen und Diskriminierungen in zentralen Sozialisationsinstanzen wie Familie, Kindergarten, Schule, Freizeit, Ausbildung, Arbeit usw. andererseits. Gerade junge Lesben, Bisexuelle und Schwule gelten daher als vulnerabel, da sie „einer erhöhten psychosozialen Belastung durch ihre Umwelt" (Kugler und Nordt 2015, S. 206) unterliegen.

Im Mittel identifizieren sich etwa 5 % aller Menschen – ein bis zwei Personen pro Schulklasse – im Laufe ihres Lebens als lesbisch, schwul oder bisexuell (vgl. Schmauch 2015, S. 104). Soziale Arbeit ist statistisch gesehen mit Lesben, Schwulen, Bisexuellen (LSB) sowohl als Adressat*innen ihrer Angebote, aber auch als Kolleg*innen in Fachteams befasst. Kenntnisse der Lebenssituation von Lesben, Schwulen und Bisexuellen sowie der weiterhin bestehenden Diskriminierungen sind daher ebenso wichtig, wie eine kompetente, diversitätssensible Berücksichtigung der (spezifischen) Bedarfe dieser sexuellen Minderheiten.

Im Folgenden sollen zunächst die Begriffe sexuelle Orientierung, Geschlechtsidentität und sexuelle Identität erläutert werden. Die *Geschlechtsidentität* eines Menschen umfasst das physische Geschlecht (Beschaffenheit des Körpers, Hormone, Gene etc.), die psychische Geschlechtsidentität (als subjektives Gefühl der Person ein Mann, eine Frau, weder noch oder etwas dazwischen zu sein) und die soziale Geschlechtsrolle.

Viele Gesetzestexte verwenden den Begriff der *sexuellen Identität,* um Diskriminierungen von Lesben, Bisexuellen und Schwulen zu verhindern und verstehen hierunter:

- die Geschlechtsidentität (physisches, psychisches, soziales Geschlecht – Körper – Identität und Rolle) als auch
- die sexuelle Orientierung (Begehren).

Ulrike Schmauch (2015) hat in Anlehnung an Udo Rauchfleisch (2011) ein Konzept *sexueller Orientierung* entwickelt, dass verschiedene Dimensionen beinhaltet. Hierzu gehören sexuelles Kontaktverhalten gegenüber Sexualpartner*innen (1), sexuelle Fantasien (2), sexuelle Attraktion (3), soziale und emotionale Beziehungen (Präferenzen) (4), der Lebensstil (5) sowie die Selbstdefinition (6):

„Die sexuelle Orientierung benennt, welches Geschlecht eine Person bei der Wahl ihrer Sexual- und Liebespartner im Blick auf die sechs Dimensionen bevorzugt. In der Heterosexualität wird das Gegengeschlecht begehrt und gewählt, in der Homosexualität das gleiche Geschlecht, und Bisexuelle begehren gegen- und gleichgeschlechtliche Personen." (Schmauch 2015, S. 105)

Im Folgenden konzentrieren wir uns auf sexuelle Orientierungen, da Lesben, Schwule und Bisexuelle innerhalb sexueller Minderheiten eine deutlich größere Gruppe gegenüber vom Mainstream abweichenden Geschlechtsidentitäten wie Trans*[1] und Inter*[2] Personen darstellen. Letztere sind erst in jüngerer Zeit Gegenstand von Forschung, Praxisentwicklung und öffentlicher Aufmerksamkeit geworden (vgl. ebd., S. 103).

*LGBTIQ** ist die englische Abkürzung für lesbian, gay, bisexual, trans*, inter und queer (dt: lesbisch, schwul, bisexuell, intersexuell trans* und queer wird im Deutschen übernommen), die häufig in internationalen Dokumenten und Diskursen von Menschenrechtsorganisationen verwendet wird. Die Begriffe Lesbe, Schwuler und Bisexuelle*r waren ursprünglich abfällige Bezeichnungen, die im Zuge eines Emanzipationsprozesses positiv umgedeutet und nun in kritischer Absicht als Selbstbezeichnungen verwendet werden.[3] Sie sind einerseits Ausdruck identitärer Selbstzuschreibungen und ihrer Notwendigkeit für die eigene Selbstzuordnung und Persönlichkeitsentwicklung. Zudem erfüllten solche Identitätskonzepte eine wichtige Funktion im politischen Kampf um Sichtbarkeit, Anerkennung und Teilhabe sexueller Minderheiten sowie Rückhalt in Szenen und Gruppen. Andererseits stellen sie immer auch eine Unterwerfung der Subjekte unter gesellschaftlich vorgegebene Kategorien dar, die bestimmte Teile der Identität überbetonen und andere ausblenden (vgl. Butler 2012, S. 34 ff.). Die Geschlechtsidentität und die sexuelle Orientierung eines Menschen stellen zudem nur Teilausschnitte seiner gesamten Identität neben anderen nationalen, ethnischen, religiösen, herkunftsbezogenen u. a. Zugehörigkeiten dar, die intersektional miteinander verschränkt sind.

---

[1]Als Transgender oder Trans* bezeichnen sich Personen, die sich nicht mit dem bei Geburt zugewiesenen Geschlecht identifizieren oder sich nicht als entweder Frau oder Mann zuordnen können oder wollen. Einige nehmen geschlechtsverändernde Maßnahmen in unterschiedlichem Ausmaß vor.

[2]Als Intersexuelle oder Inter* werden Personen bezeichnet, deren Geschlechtsmerkmale (Hormone, Chromosomen, Gene, Keimdrüsen, äußere Geschlechtsmerkmale) nicht alle demselben Geschlecht entsprechen.

[3]Der medizinisch-pathologisierende Begriff Homosexuelle*r wird von vielen Lesben und Schwulen abgelehnt, der zu sehr auf Sexualität fokussiert und sozial-emotionale Dimensionen und Lebensweisen ausblendet.

Die besondere Situation der LSB Personen kennzeichnet, dass diese in Widerspruch zur heteronormativen Mehrheitsgesellschaft treten. Der Begriff der *Heteronormativität* beschreibt die gesellschaftlich erzeugte Norm der eigenen Zuordnung zu einem von zwei jeweils körperlich und sozial voneinander unterschiedlichen Geschlechtern und einer sexuellen Orientierung, die jeweils auf das andere Geschlecht ausgerichtet ist. Als soziale Normen, die unsere Existenz bestimmen, definieren sie Anerkennung und Ausschluss von Identitäten innerhalb einer Gesellschaft, weisen Teilhabechancen und Macht zu (vgl. Hartmann 2012, S. 36). Zudem fungieren sie als soziokulturell hergestellte Standards und Ideale für eine gesunde und sozial akzeptierte Sozialisation von Menschen: alle Menschen wachsen zu Frauen und Männern heran, die heterosexuell sind.

In heteronormativen Gesellschaften werden alle Menschen bis zum Beweis des Gegenteils für heterosexuell gehalten, daher müssen sich Lesben, Schwule und Bisexuelle nach wie vor outen. *Coming-Out* bezeichnet die Offenbarung der eigenen homo- oder bisexuellen Orientierung gegenüber dem sozialen Umfeld wie Freunden, Familie, Arbeitskollegen etc. *(=äußeres Coming-Out: going public)*. Dem geht ein meist längerer Prozess des inneren Bewusstwerdens einer von der heterosexuellen Mehrheitsgesellschaft abweichenden sexuellen Orientierung voran *(=inneres Coming-Out)* (vgl. Göth und Kohn 2014, S. 21 ff.). Ein Coming-Out erfolgt nicht nur in der Adoleszenz und bleibt ein lebensbegleitendes Thema. Lesben, Bisexuelle und Schwule müssen im Laufe ihres Lebens immer wieder neu abwägen, ob sie ihre Homo- oder Bisexualität gegenüber neuen Bekanntschaften, Ärzt*innen, Arbeitgeber*innen, Kolleg*innen usw. offenbaren oder nicht (vgl. Schmauch 2015, S. 106). Gründe für ein (erstes) Coming-Out sind meist Angst vor einem Zusammenbruch der Lügen, genügend Rückhalt, die Absicht, einem Fremddouting zuvor zu kommen, Depression, Stress, Isolation. Das Coming-Out kann daher nach wie vor als kritisches Lebensereignis angesehen werden.

Trotz der rechtlichen Gleichstellungen erfahren Menschen, die sich (auch) in das gleiche Geschlecht verlieben (Lesben, Schwule und Bisexuelle), *alltägliche* und *strukturelle* Diskriminierungen. Jede*r fünfte erfährt trotz EU-Rechtvorschriften Diskriminierungen am Arbeitsplatz oder in den Bereichen Wohnungs-, Gesundheits- und Bildungswesen, bei Sozialleistungen und zuständigen Einrichtungen sowie beim Zugang zu Gütern und Dienstleistungen (vgl. FRA Agentur der Europäischen Union für Grundrechte 2013, S. 11 f.). Steigende Fallzahlen bei den Gewaltdelikten, z. B. gegen schwule Männer, belegen zudem das Ausmaß an Hassverbrechen gegen sexuelle Minderheiten (vgl. Finke et al. 2018). Davon zu unterscheiden sind die alltäglichen Diskriminierungen im Sinne von Mikroaggressionen wie z. B. Missachtungen, verbale Seitenhiebe oder, dass homo- oder bisexuelle Lebensweisen ignoriert und unsichtbar gemacht werden (vgl. Höblich 2018).

Je näher das Thema Homosexualität an das eigene Privatleben heranreicht, desto stärker sind die Vorbehalte in der Gesamtbevölkerung. Nur eine kleine Minderheit der Befragten einer Diskriminierungsstudie hätte nach eigenem Bekunden ein Problem mit einer lesbischen Kollegin oder einem schwulen Kollegen. Deutlicher unangenehmer wäre den Befragten allerdings, wenn die Betreuungspersonen ihrer Kinder lesbisch oder schwul wären (vgl. Beigang et al. 2016, S. 9). Der Begriff *Homonegativität* beschreibt diese abwertende Einstellung und Ablehnung von homosexuellen Gefühlen und ist präziser als der verbreitetere Begriff der *Homophobie*. Letzterer ist „problematisch, weil der psychopathologische Begriff Phobie Angst bedeutet. Demgegenüber besteht die Haupttendenz der Homonegativität nicht in ängstlicher Vermeidung, sondern in feindseliger Verachtung und aktiven Angriffen" (Schmauch 2015, S. 101).

Erfahrene Diskriminierungen, strukturell wie alltäglich, wirken als Minderheitenstress (vgl. Meyer 2003). Das Minderheiten-Stress-Modell unterscheidet hier zwischen distalen Faktoren (direkt erlebte Gewalt, Diskriminierung) und proximalen Faktoren (=Angst vor Ablehnung, Verheimlichung und internalisierte Homonegativität). In der Folge dieses Minderheitenstresses weisen Lesben, Bisexuelle und Schwule ein höheres Risiko in folgenden Bereichen auf: Psychische Erkrankungen (z. B. Depressionen, Ängste), Substanzmittelgebundene Suchterkrankungen (z. B. Drogen, Medikamente, Alkohol), die Entwicklung selbstverletzenden Verhaltens, Suizidgedanken und auch -versuche (vgl. Göth und Kohn 2014, S. 28 ff.).

5.4.2 Schwerpunktthema: Junge Lesben, Bisexuelle und Schwule – eine vulnerable Gruppe

Erfolgt das Coming-Out während der Adoleszenz, so liegt das Durchschnittsalter bei Lesben und weiblichen Bisexuellen bei etwa 15 Jahren und bei Schwulen und männlichen Bisexuellen bei etwa 14 Jahren (vgl. Krell und Oldemeier 2017, S. 72) und damit in einem Alter, in dem sie in besonderer Weise von ihrem sozialen Umfeld, wie zum Beispiel Familie (finanziell, sozial, emotional etc.), abhängig sind und sich diesem nicht entziehen können. Gleiches gilt im Fall eines homonegativen Klimas für den Kontext der Schule, was sich insbesondere mit der Schulpflicht begründet. LSB-Jugendliche sind daher als vulnerable Gruppe anzusehen und in besonderer Weise auf Unterstützung angewiesen. Daher wird im Folgenden vertieft auf die Bewältigungsanforderungen von LSB-Jugendlichen eingegangen.

Normalitätsannahmen in Bezug auf Geschlecht, Sexualität und Lebensformen stellen wichtige Rahmenbedingungen für das Aufwachsen von Kindern und Jugendlichen, für ihre Persönlichkeitsentwicklung und die Auseinandersetzung um ihre sexuelle Identität dar. Davon abzuweichen kann Scham und Selbstwertprobleme auslösen (vgl. Höblich 2014). Während bei heterosexuellen Peers Verliebtheit und Schwärmerei im Vordergrund steht, erleben LSB Jugendliche angesichts heteronormativer Vorstellungen das Bewusstwerden der eigenen Orientierung häufig mit Panik sowie Verzweiflung und wollen diese nicht wahrhaben (vgl. Watzlawik 2004, S. 93).

LSB-Jugendliche verfügen häufig über keine Rollenmodelle und Vertrauenspersonen im sozialen Nahfeld. Im Kontrast z. B. zu migrantischen Jugendlichen teilen LSB-Jugendliche nicht ihr Diskriminierungsmerkmal mit ihren Eltern. *Familie* als erste und wichtigste Sozialisationsinstanz ist für junge Lesben, Bisexuelle und Schwule häufig weniger eine Ressource in der Bewältigung von Diskriminierung, als selbst Ort der Diskriminierung: Mehr als 50 % der in einer europäischen Studie befragten LGB-Jugendlichen berichten von Vorurteilen und Diskriminierungen in der Familie. Typische Familienreaktionen auf ein Coming-Out sind Anzweifeln, Leugnen und Forderungen „wieder normal zu werden" (Takács 2006). Für rund vier von zehn Befragten (39,8 bzw. 40,8 %) würde es sich eher/sehr unangenehm anfühlen, wenn die Tochter oder der Sohn homosexuell wäre (vgl. Beigang et al. 2016, S. 9). LSB Jugendliche müssen daher den Bruch mit der Heteronormativität oft ohne bzw. gegen ihre Eltern in ihrer Persönlichkeitsentwicklung bewältigen.

LSB Jugendliche erfahren die Sozialisationsinstanz *Schule* als Ort, an dem sie Diskriminierung, Mobbing bis hin zu Sachbeschädigung oder körperlicher Gewalt durch Peers ausgesetzt sind und Lehrkräfte meist nicht eingreifen und Stellung beziehen (vgl. Klocke 2012). Zudem werden LSB Lebensweisen im Unterricht kaum (positiv) thematisiert. Daher verschweigt die große Mehrheit der LSB Jugendlichen ihre sexuelle Orientierung bis nach der Schule (vgl. FRA 2013, S. 12). Im Vergleich mit heterosexuellen Peers führt dies zu einer „verspäteten Adoleszenz", da wichtige Themen der Sozialisation, wie eine stabile Geschlechtsidentität ausbilden, erste Liebesbeziehungen eingehen und einen selbstbestimmten und verantwortungsvollen Umgang mit Sexualität entwickeln, biografisch auf später verlagert werden. Anteile der eigenen Identität zu verheimlichen und anderen etwas „vorspielen" zu müssen, ebenso wie die erfahren Diskriminierungen können zu Schulabsentismus mit erheblichen Effekten auf Bildungsbiografie, Drogenkonsum, riskantes Sexualverhalten und erhöhtes Risiko der Infektion mit sexuell übertragbaren Krankheiten, Depressionen, soziale Isolation und einer deutlich erhöhten Suizidrate führen (vgl. Göth und Kohn 2014, S. 28 ff., Kugler und Nordt 2015, S. 208 ff.).

Zwar machen viele LSB Jugendliche auch positive Erfahrungen mit unterstützenden Eltern, zu ihnen stehenden Freunden, ersten Liebesbeziehungen und einer Identitätsentwicklung, in deren Verlaufe sie zu ihrer sexuellen Orientierung stehen, aufgrund homonegativer Diskriminierung erfolgen solche Erfahrungen jedoch noch zu selten und biografisch später als bei heterosexuellen Peers. Gerade während des Coming-Outs brauchen LSB-Jugendliche „Informationen, Unterstützung und Rückendeckung. Letztendlich hängt ihr Glück wie bei allen anderen Menschen davon ab, ob sie geliebt und akzeptiert werden. Dazu brauchen sie Unterstützung und die notwendigen Räume für Selbstfindung und Entfaltung ihrer eigenen Persönlichkeit." (Kugler und Nordt 2015, S. 210) Hier spielen LSB-spezifische Initiativen, Einrichtungen, Angebote (z. B. Coming-Out-Gruppen) und die „LSB-Szene" eine große Rolle.

5.4.3 Praxisfeld Sozialer Arbeit: Kinder- und Jugendhilfe

Die Kinder- und Jugendhilfe hat den Auftrag der Teilhaberealisierung und leistet so einen Beitrag zu mehr sozialer Gerechtigkeit für ihre Nutzer*innen. Hierzu gehören folgende Aufgaben:

- Benachteiligungen vermeiden und reduzieren (§ 1 Abs. 3.1 SGB VIII),
- junge Menschen vor Gefahren für ihr Wohl schützen (§ 1 Abs. 3.3 SBG VIII),
- Benachteiligungen abbauen und die Gleichberechtigung von Mädchen und Jungen fördern (§ 9 Abs. 3) sowie
- junge Menschen befähigen, sich vor gefährdenden Einflüssen zu schützen und sie zu Kritikfähigkeit, Entscheidungsfähigkeit und Eigenverantwortlichkeit sowie zur Verantwortung gegenüber ihren Mitmenschen führen (§ 14 SGB VIII).

Sicher zu stellen, dass junge Menschen Schutz erfahren und im Umgang mit Homonegativität empowert werden, ist somit ein wichtiges Ziel der Kinder- und Jugendhilfe. Die Bundesarbeitsgemeinschaft der Landesjugendämter konstatierte bereits 2003, dass „im Sinne einer Normalisierung ein vorurteilsfreier Umgang mit der Thematik Homosexualität zum pädagogischen Alltag gehören" muss (BAGLÄ 2003, S. 2).

Obwohl Fachkräfte in Befragungen sich selbst als tolerant und kompetent im Umgang mit lesbischen, bisexuellen und schwulen Lebensweisen einschätzen, wird das Thema in Angeboten und Arbeitsformen von Regeleinrichtungen (kein direkter LGBT*IQ-Bezug) nicht systematisch mitgedacht und diesbezüglich ein fachliches Defizit moniert (vgl. Landeshauptstadt München 2011). LSB Jugendliche bleiben in Einrichtungen meist „unsichtbar" (Höblich 2014) aus berechtigter Angst vor Diskriminierung, daher gehen die Fachkräfte davon aus, dass Homo-oder Bisexualität in ihrem Arbeitsfeld keine Rolle spielt (vgl. Landeshauptstadt München 2011, S. 20). Typische Folgen des Aufwachsens in einem homo-negativen Umfeld, darunter Schulabsentismus, abfallende Schulleistungen, Probleme mit Eltern und Freund*innen, Einsamkeit, Drogenmissbrauch und Depressionen, werden in der Konsequenz nicht als solche erkannt. Hieraus folgt für die Hilfeplanung „dass ein für die Problemlagen einer*s Heranwachsenden*r eventuell ausschlaggebendes Identitätsmerkmal keine oder zu wenig Beachtung findet und die Hilfeplanung damit eventuell zu falschen Analysen und Handlungsansätzen führen kann (vgl. Landeshauptstadt München 2011, S. 18; Höblich 2018). Lesben, Schwule und Bisexuelle, Kinder aus Regenbogenfamilien, bestehende alltägliche und strukturelle Diskriminierungen und homo- oder bisexuelle Fachkräfte erfordern von Professionellen in der Sozialen Arbeit daher Wissen, Können und eine Haltung im Umgang mit dem Thema (nicht-hetero-) sexueller Orientierung, eine sogenannte „Regebogenkompetenz" (Schmauch 2014) bestehend aus:

- „Sachkompetenz: Wissen über Lebenslage, Diskriminierung und Ressourcen sexueller Minderheiten
- Methodenkompetenz: Handlungsfähigkeit und Verfahrenswissen im Bereich sexueller Orientierung
- Sozialkompetenz: Kommunikations- und Kooperationsfähigkeit im Bereich sexueller Orientierung
- Selbstkompetenz: Reflexion eigener Gefühle, Vorurteile und Werte in Bezug auf sexuelle Vielfalt"

Ziel muss es sein, LSB-Jugendliche bei der Bewältigung von Erfahrungen des alltäglichen Lebens und der Findung ihrer personalen Identität zu unterstützen. Fachkräfte stehen damit vor der Herausforderung der selbstkritischen Reflexion und Dekonstruktion der internalisierten gesellschaftlichen Normalitätsvorstellungen (1), der Berücksichtigung der zuweilen anderen oder höheren Bedarfe von LSB-Jugendliche einerseits (2) und andererseits der Vermeidung von Othering und Stigmatisierung, indem Gemeinsamkeiten zwischen heterosexuellen und LSB-Jugendlichen betont werden und diese auch als Jugendliche mit jugendtypischen Sorgen und Fragen gesehen werden (3).

5.4.4 Fazit

Als Menschenrechtsprofession liegt der Auftrag Sozialer Arbeit in der Integration (sexueller) Minderheiten und der Förderung sozialer Gerechtigkeit [siehe hierzu ausführlicher Kap. 1]. Damit tritt Soziale Arbeit aktiv gegen die Diskriminierung von Individuen und Gruppen ein. Die vorgestellten Befunde zur Lebenslage und zu fortbestehenden Diskriminierungen verdeutlichen im Bereich sexueller Minderheiten insbesondere bei LSB Jugendlichen einen Handlungsbedarf für die Disziplin (Theoriebildung, Forschung, Fachpolitik) und Profession (Praxis) Sozialer Arbeit.

Im Sinne eines diversitätsreflexiven Umgangs (vgl. Mecheril und Kourabas 2015) mit sexueller Orientierung, müssen spezifische Bedarfe und bestehende Ungleichheiten bei Individuen, Gruppen und auf der Ebene gesellschafts-politischer Antidiskriminierungsarbeit berücksichtigt werden, ohne jedoch lesbische, bisexuelle und schwule Adressat*innen und Fachkräfte auf ihre sexuelle Orientierung zu reduzieren und damit als „Andere" zu stigmatisieren. Wie für viele andere Minderheiten agiert Soziale Arbeit auch in der Arbeit mit sexuellen Minderheiten im Spannungsfeld der Wertschätzung und notwendigen Anerkennung von Differenz bei gleichzeitiger Betonung von Gemeinsamkeiten und anderen Teilzugehörigkeiten und Identitäten.

Fragen zu Reflexion

- Worin unterscheiden sich die Sozialisationsbedingungen von Lesben, Bisexuellen und Schwulen von denen heterosexueller Menschen?
- Welche Unterstützungsbedarfe und Aufgaben ergeben sich hieraus für die Soziale Arbeit?
- Wie kann Soziale Arbeit differenzsensibel arbeiten, ohne Lesben, Bisexuelle und Schwule (erneut) zu stigmatisieren und zu diskriminieren?

Literatur

BAGLÄ – Bundesarbeitsgemeinschaft der Landesjugendämter (2003): *Sexuelle Orientierung ist ein relevantes Thema der Jugendhilfe.* Beschlossen in der vom 09. – 11.04.2003 in Schwerin durchgeführten 94. Arbeitstagung.

Beigang, Steffen/Fetz, Karolina/Foroutan, Naika/Kalkum, Dorina/Otto, Magdalena (2016): *Diskriminierungserfahrungen in Deutschland. Erste Ergebnisse einer repräsentativen Erhebung und einer Betroffenenbefragung.* http://www. antidiskriminierungsstelle.de/SharedDocs/Downloads/DE/projekte/Handout_ Umfrage_Diskriminierung_in_Dtschl_2015.html. Zugegriffen: 06.09.2018.

Butler, Judith (2012): *Das Unbehagen der Geschlechter.* 16. Aufl. Frankfurt:Suhrkamp.

Finke, Bastian/Spilski, Candy/Hegedüs, Timo 2018:*MANEO-Report_2017.* www.maneo.de/infopool/dokumentationen.html?eID=dam_frontend_push. Zugegriffen: 28.08.2018.

FRA – Agentur der Europäischen Union für Grundrechte (2013): *LGBT-Erhebung in der EU, Erhebung unter Lesben, Schwulen, Bisexuellen und Transgender-Personen in der Europäischen Union, Ergebnisse auf einen Blick.* http:// fra.europa.eu/de/publication/2014/lgbt-erhebung-der-eu-erhebung-unter-lesben-schwulen-bisexuellen-und-transgender. Zugegriffen: 06.09.2018

Göth, Margret/Kohn, Ralph (2014): Sexuelle Orientierung in Psychotherapie und Beratung. Berlin u. a.: Springer.

Hartmann, Jutta 2012: *Institutionen, die unsere Existenz bestimmen. Heteronormativität und Schule.* In: Aus Politik und Zeitgeschichte (APuZ) 62, 49/50, S. 34–41.

Höblich, Davina 2014: *Das ist doch voll schwul! Sexuelle Orientierung und Scham in der Kinder- und Jugendhilfe.* In: Sozial Extra 38, H. 3, S. 43–46.

Höblich, Davina 2018: *Sexuelle und geschlechtliche Vielfalt in der Beratung zwischen Mikroaggressionen und (Un)Sichtbarkeit.* In: Schulze, H./Höblich, D./ Mayer, M (Hrsg.): *Macht – Diversität – Ethik in der Beratung: Wie Beratung Gesellschaft macht.* Opladen: Budrich. S. 187–205.

Klocke, Ulrich 2012: *Akzeptanz sexueller Vielfalt an Berliner Schulen. Eine Befragung zu Verhalten, Einstellungen und Wissen zu LSBT und deren Einflussvariablen.* Berlin. http://www.psychologie.hu-berlin.de/prof/org/download/klocke2012_1. Zugegriffen: 06.09.2018.

Krell, Claudia/Oldemeier, Kerstin 2017: *Coming-out – und dann...?! Coming-out-Verläufe und Diskriminierungserfahrungen von lesbischen, schwulen, bisexuellen, trans* und queeren Jugendlichen und jungen Erwachsenen in Deutschland.* Opladen, Berlin, Toronto: Budrich.

Kugler, Thomas/Nordt, Stephanie 2015: *Geschlechtliche und sexuelle Vielfalt als Themen der Kinder- und Jugendhilfe.* In: Schmidt, Friederike/Schondelmayer, Anne-Christin/Schröder, Ute B. (Hrsg.): *Selbstbestimmung und Anerkennung sexueller und geschlechtlicher Vielfalt. Lebenswirklichkeiten, Forschungsergebnisse und Bildungsbausteine.* Wiesbaden: Springer VS, S. 207–222.

Landeshauptstadt München 2011: *„Da bleibt noch viel zu tun…!"*. *Befragung von Fachkräften der Kinder- und Jugendhilfe zur Situation von lesbischen, schwulen und transgender Kindern, Jugendlichen und Eltern in München"*. https://www.muenchen.de/rathaus/Stadtverwaltung/Direktorium/Koordinierungsstelle-fuer-gleichgeschlechtliche-Lebensweisen/Jugendliche-Lesben-und-Schwule/Jugendstudie/Befragung.html. Zugegriffen: 06.09.2018

Mecheril, Paul/Kourabas, Veronika (2015): *Von differenzaffirmativer zu diversitätsreflexiver Sozialer Arbeit*. In: Sozialmagazin, 9–10, S. 22–29.

Meyer, Ilan H. 2003: *Prejudice, social stress and mental health in lesbian, gay, and bisexual populations: Conceptional issues and research evidence*. In: Psychological Bulletin, H. 129, S. 674–697.

Rauchfleisch, Udo 2011: *Schwule, Lesben, Bisexuelle. Lebensweisen, Vorurteile, Einsichten*. 4., neu bearb. Aufl., Göttingen: Vandenhoeck & Ruprecht.

Schmauch, Ulrike 2014: *Auf dem Weg zur Regenbogenkompetenz*. In: LSVD (Hsrg.): *Homosexualität in der Familie. Handbuch für familienbezogenes Fachpersonal*. S. 37–46. http://www.homosexualitaet-familien.de/material_handbuch.html. Zugegriffen: 06.09.2018

Schmauch, Ulrike 2015: *Sexuelle Abweichungen oder sexuelle Vielfalt? Zur Verschiedenheit im Bereich sexueller Orientierungen und Identitäten*. In: Bretländer, Bettina/Köttig, Michaela/Kunz, Thomas (Hrsg.): *Vielfalt und Differenz in der Sozialen Arbeit. Perspektiven auf Inklusion*. Stuttgart: Kohlhammer. S. 100–110.

Takács, Judith 2006: Social exclusion of young LGBT People in Europe. Brüssel. https://www.ilga-europe.org/resources/ilga-europe-reports-and-other-materials/social-exclusion-young-lgbt-people-europe-2006. Zugegriffen: 06.09.2018.

Watzlawik, Meike 2004: *Uferlos? Jugendliche erleben sexuelle Orientierungen*. Norderstedt: Books on Demand.

Hinweise zu weiterführender Literatur

Göth, Margret/Kohn, Ralph (2014): *Sexuelle Orientierung in Psychotherapie und Beratung*. Berlin u. a.: Springer.

Kugler, Thomas/Nordt, Stephanie (2015): *Geschlechtliche und sexuelle Vielfalt als Themen der Kinder- und Jugendhilfe*. In: Schmidt, Friederike/Schondelmayer, Anne-Christin/Schröder, Ute B. (Hrsg.): *Selbstbestimmung und Anerkennung sexueller und geschlechtlicher Vielfalt. Lebenswirklichkeiten, Forschungsergebnisse und Bildungsbausteine*. Wiesbaden: Springer VS, S. 207–222

LSVD (Hsrg.): *Homosexualität in der Familie. Handbuch für familienbezogenes Fachpersonal.* http://www.homosexualitaet-familien.de/material_handbuch. html. Zugegriffen 06.09.2018.

5.5   Behinderung

Friedemann Affolderbach

Was Sie hier erwartet
Zunächst werden verschiedene Blickwinkel des Diskurses um den Begriff der Behinderung skizziert und danach gefragt, wie Behinderung verstanden werden kann. Hieran anknüpfend wird die Perspektive des *Dialogischen* als Praxis für eine an Bildung orientierte Soziale Arbeit vorgestellt. Am Beispiel einer praktischen Erfahrung wird dann die Bedeutung des Dialogischen für die Arbeit mit Menschen mit „Behinderung" vertiefend diskutiert.

5.5.1   Persönlichkeitsentwicklung und Bewältigungsanforderungen im Kontext von Behinderung

In unserem Alltag sind wir mit körperlichen Unterschieden von Menschen konfrontiert. Mit Blick auf Behinderung sprechen wir dann zum Beispiel von „dem" oder „den" Behinderten. Oft gehen wir dabei davon aus, dass es sich hierbei um eine körperliche oder geistige „Funktionsstörung" eines Menschen handelt. In diesem Sinne wird dann etwa vermutet, dass, wenn ein Mensch z. B. kurze Arme hat, seine Augen nicht sehen, seine Ohren nicht Hören oder das Gehirn eines Menschen bestimmte Teile nicht entwickelt hat, hiermit für die Einzelnen besondere Schwierigkeiten verbunden sind und deren Lebensbewältigung eingeschränkt sei. Die Ursache dessen, was wir dann Behinderung nennen, scheint in der ausgemachten „Funktionsstörung" zu liegen. Behinderung wird zu einer Kategorie, die Menschen klassifiziert und zwischen scheinbar „normalen" Menschen und Behinderten unterscheidet.

Der Begriff Behinderung und seine Bedeutungen sind umstritten und nicht eindeutig. Bis heute fehlt eine allgemein anerkannte Definition. Seit 1979 prägt maßgeblich die von Günther Cloerkes eingebrachte soziologische Perspektive der *Relativität* von Behinderung die deutsche Diskussion. Ausgehend von einer interaktionistischen Sichtweise nimmt er an, dass „außergewöhnliche Merkmale von Menschen" zu spezifischen Reaktionen von anderen Menschen führen (Cloerkes 2007, S. 7). Gleichzeitig markierten die Merkmale einer *„Andersartigkeit"* eine *„Abweichung* von sozialen Erwartungen" (ebd.). Erst im Zusammenhang mit einer negativen Wertung von „Andersartigkeit" werde von „Behinderung" gesprochen (ebd.). In das Blickfeld rückt somit die *soziale Reaktion.*

Vor diesem Hintergrund kommt Cloerkes (2007, S. 8) zu folgender Definition:

> „Eine *Behinderung* ist eine dauerhafte und sichtbare Abweichung im körperlichen, geistigen oder seelischen Bereich, der allgemein ein entschieden negativer Wert zugeschrieben wird. ‚Dauerhaftigkeit' unterscheidet Behinderung von Krankheit. ‚Sichtbarkeit' ist im weitesten Sinne das Wissen anderer Menschen um die ‚Abweichung'. Ein *Mensch* ist ‚*behindert'*, wenn erstens eine unerwünschte Abweichung von wie auch immer definierten Erwartungen vorliegt und wenn zweitens deshalb die soziale Reaktion auf ihn negativ ist."

Deswegen sei auch zwischen der „Bewertung von Behinderung" und den „Reaktionen auf Behinderte" zu unterscheiden (ebd.). Beispielsweise kann eine Gehörlosigkeit oder ein Downsyndrom als Fakt besonders negativ bewertet werden, die soziale Reaktion auf Menschen mit Gehörlosigkeit oder einem Downsyndrom hingegen kann eine völlig andere und durchaus positive sein. Entsprechend seien nicht ein Defekt oder eine Schädigung ausschlaggebend, sondern die sozialen Reaktionen und deren Folgen für das einzelne Individuum (vgl. ebd., S. 9).

Jörg Michael Kastl schlägt vor, die Definition von Cloerkes zu erweitern und statt „von Abweichungen im körperlichen, geistigen und seelischen Bereich" von „Abweichungen von generalisierten Wahrnehmungs- und Verhaltensforderungen" zu sprechen (Kastl 2017, S. 101). Entsprechend wird Behinderung als sozialer Erfahrungszusammenhang auch als relative und relationale Verhältnisbestimmung verstanden: „*Relativ* hinsichtlich der subjektiven Erfahrung der Auswirkungen einer Funktionseinschränkung durch die Einzelnen; *relational* hinsichtlich der situativen Reaktion der Umwelt auf die Nichterfüllung gesellschaftlicher Erwartungen durch den behinderten Menschen" (Neuer-Miebach 2017, S. 168 f., Hervorh. F.A.).

Oder anders ausgedrückt: „Man kann sagen, dass jemand durch etwas behindert *wird* oder behindert *ist*" (Kastl 2017, S. 36). So kann man „zum Ausdruck bringen, ob man durch den eigenen Körper, durch äußere Umstände oder auch durch andere Menschen behindert wird" (ebd.). Behinderung ist in diesem Sinne kontextabhängig. In das Blickfeld rückt somit die *soziale Situation* mit ihren Anforderungen, Möglichkeiten und Begrenzungen. In der Situation ist

Behinderung sozial und körperlich zugleich. Gleichzeitig könne Behinderung durch „in gesellschaftlichen Praktiken" hervorgebrachte „Anforderungen, Normen" und ihre symbolischen Ausdrucksformen entstehen (ebd., S. 107). Behinderung sei in diesem Sinne nicht nur eine Folge sozialer Reaktion oder Konstruktion, sondern auch Ergebnis *„sozialer Produktion"* (ebd.). Behinderung kann damit nicht allein als Reaktionsweise auf einen „von außen" kommenden Impuls verstanden, sondern muss als *aktiv* durch menschliches Handeln selbst erzeugt begriffen werden.

Auch Wolfgang Jantzen (2007) vertritt im Kontext einer materialistischen Behindertenpädagogik die Auffassung, dass Behinderung als soziale Verhältnisbestimmung verstanden werden muss. Behinderung wird von Jantzen weitergehend gesellschaftstheoretisch begründet. Behinderung entwickelt sich nicht im luftleeren Raum, sondern im Kontext einer kapitalistischen Vergesellschaftung. Von besonderer Bedeutung sei in diesem Zusammenhang z. B. der Verkauf der eigenen Arbeitskraft. Entsprechend unterliegt in kapitalistischen Verhältnissen die Arbeitskraft einer Wertung. U. a. wird dies für Menschen dann problematisch, wenn sie ihre Arbeitskraft als Ware nicht verkaufen können.

Dies sei wiederum abhängig vom Alter, dem Geschlecht, der Gesundheit oder dem Bildungsgrad. Auch Menschen mit deutlich sichtbaren körperlichen, psychischen und geistigen Einschränkungen stehen vor diesem Problem. Hieraus resultiere „für große Teile der Bevölkerung der Tatbestand, nur noch über *Arbeitskraft minderer Güte"* zu verfügen (vgl. Janzen 2007, S. 30). [siehe hierzu ausführlicher Abschn. 4.4] Aus diesem Zusammenhang ergebe sich auch die Verbindung zwischen „Behinderung und Lebenslage, weil ungleich verteiltes Kapital im Sinne Bourdieus nicht nur soziale Ungleichheit schafft, sondern auch soziale Benachteiligungen für diejenigen" erzeuge, „die mit körperlichen, psychischen oder geistigen Beeinträchtigungen zu leben haben" (Dederich 2009, S. 23). [siehe ausführlicher zum Kapitalansatz Abschn. 3.2].

Jantzen prägt zwei zentrale Begriffe, die für ein Verständnis von Behinderung wichtig sind: *Tätigkeit* und *Isolation*. *Tätigkeit* meint eine vom Subjekt ausgehende Aktivität zur Aneignung der Welt. Tätigkeit vermittelt zwischen Individuum, Gesellschaft und Natur, setzt die einzelnen Individuen in eine wechselseitige (tätige) Beziehung. In der Tätigkeit bilden Körper, Geist und Emotionen eine Einheit, was gleichzeitig bedeutet, dass das menschliche „Leben auf allen Niveaus durch ihm entsprechende Beziehungen in der Außenwelt" durch Tätigkeit realisiert wird (Jantzen 2000, S. 170).

Dies bedeutet auch, dass veränderte körperliche Bedingungen (des Körpers, Gehirns, Sinnesorgane) Folgen für den Austausch mit der sozialen und gesellschaftlichen Umwelt haben. *Isolation* bezeichnet in diesem Zusammenhang die Behinderung des Vermittlungsprozesses zwischen Individuum und Umwelt. In konkreten Situationen sozialen Austauschs werden die Möglichkeiten der Individuen des aktiven Austauschs mit anderen *be*hindert (vgl. Jantzen 2000, S. 171 ff.). Hierzu ist festzuhalten: „Blindheit, Gehörlosigkeit (etc.) sind an sich keine isolierenden Bedingungen. Dazu werden sie immer erst dann, wenn sie zum Anlass genommen werden, das Individuum in seinem Austausch mit seiner Umwelt zu behindern" (Zimpel 2009, S. 188). Deshalb definiert Jantzen (1977, S. 435): „Behinderung ist somit ihrem Wesen nach als Isolation zu verstehen".

In Orientierung an Jantzen heißt dies für Soziale Arbeit schlussfolgernd, sie hat an der Aufhebung von Isolation *zu arbeiten*. In der Weitung des Gedankens bedeutet dies weitergehend, dass es der Entwicklung einer Kultur bedarf, die schon in ihrer gegenwärtigen Praxis gesellschaftliche Verhältnisse der Isolation aufhebt und sich so nicht nur auf bessere Fürsorge reduziert.

Auch die Disability Studies gehen davon aus, dass Behinderung nicht als ein klinisches Problem und individuell biologisches Defizit zu verstehen sei. Gegenteilig müsse Behinderung als *soziale* Behinderung angenommen werden. Wichtig sei damit die Unterscheidung von *disability* (Behinderung) „als sozial bedingte und gesellschaftlich hergestellte Benachteiligung" und *impairment* „als körperliche Beeinträchtigung (vgl. Karim 2017, S. 58 f.). Im Unterschied zur Behindertenforschung liege die Blickrichtung damit auf der Frage: „Wie und Warum wird – historisch, sozial und kulturell – eine Randgruppe wie ‚die Behinderten' überhaupt hergestellt?" (vgl. Waldschmidt 2009, S. 125). In diesem Zusammenhang komme auch dem gesellschaftspolitischen Kontext eine zentrale Bedeutung zu. Erst mit dieser Verortung könnten „Ausgrenzungs- und Diskriminierungsmechanismen", welche „behinderte Menschen als soziale Randgruppe überhaupt erst entstehen lassen", offengelegt werden (vgl. ebd., S. 126). Untersuchungsgegenstand werden somit die Mehrheitsgesellschaft und dort vorherrschende Normalisierungspraxen (vgl. Gugutzer und Schneider 2007, S. 31 ff.).

Allerdings wird die mit den Disability Studies aufgemachte Perspektive auch kritisiert. Beispielsweise sieht Kastl ein Problem in der Trennung von *disability* und *impairment,* da sich eine körperliche Beeinträchtigung nicht von ihrer „soziokulturellen Realität abkoppeln" lasse: „Ohne Hände kann ich nicht mit einem Schraubenzieher oder einer Feile umgehen" (Kastl 2017, S. 53). Darüber hinaus könne die Trennung von *disability* und *impairment* im Zusammenhang subjektiver Erfahrung nicht auseinandergehalten werden. Vielmehr gingen dort beide Dimensionen ineinander über.

Mit Blick auf die Frage der Persönlichkeitsentwicklung und Bewältigungsanforderung im Zusammenhang mit Behinderung soll hier auf zwei weitere

Diskurse hingewiesen werden. Cloerkes problematisiert aus interaktionistischer Perspektive „den Aspekt der Sozialisation zum Stigmatisierten" (Cloerkes 2007, S. 172). Er kritisiert eine Grundannahme der Behindertenforschung, die davon ausgehe, dass „Identitätsstörungen bei behinderten Menschen als geradezu zwangsläufig angesehen" werden (ebd., S. 179) und die Schlussfolgerung, „Behinderte hätten besondere Defizite an ‚identitätsfördernden Fähigkeiten'" (ebd., S. 180). Diese Sichtweise ignoriere etwa, dass alle Menschen Identitäten ausbilden würden und sich daraus entsprechende Probleme für alle Menschen ergäben (vgl. ebd., S. 175). Deswegen sei auch nicht nachvollziehbar, wieso für behinderte Menschen eine „Identitätserziehung unter sonderpädagogischen Schonraumbedingungen statt in der integrativen Lebensrealität erfolgen muss" (ebd., S. 180). Außerdem unterstelle die angedeutete Perspektive eine Passivität des behinderten Individuums und eine „Sozialisation zum Stigmatisierten". Dies ignoriere, dass von Behinderten unterschiedliche Einschätzungen und Umgangsweisen mit stigmatisierenden Situationen entwickelt werden.

Walter R. Heinz hebt deshalb die Bedeutung des Lebenslaufs im Kontext von Sozialisation und Biografie hervor. Aus „Sicht des Lebenslaufs" sei festzuhalten, „dass Menschen auch im Kontext von Behinderung ihrem Leben angesichts bestehender Zwänge durch pragmatische Überlegungen und Wahlentscheidungen eine neue Richtung geben können" (Heinz 2012, S. 63). Insofern seien im Zusammenhang mit der Frage von Sozialisation und Lebensbewältigung der Biografie und dem Lebenslauf besondere Aufmerksamkeit einzuräumen. In diesem Blickwinkel könnten subjektive Erfahrungszusammenhänge von Behinderung als „mikro-soziale" Ereignisse begreifbar werden.

Grundsätzlich müsse davon ausgegangen werden, dass Menschen mit Behinderung „vor den gleichen gesellschaftlichen Herausforderungen" stehen „wie nicht-behinderte" (Wieland 2012, S. 107). Allerdings seien die Voraussetzungen in der Lebensbewältigung von Menschen mit Behinderung „oft ungünstig" und abhängig von „Art und Schwere ihrer Beeinträchtigungen" (ebd.). Dies bedeute etwa, dass „ein erwachsener Mensch mit einer Behinderung" sein Leben mit „zusätzlichem Aufwand gestalten" müsse, oder, wie im Falle einer geistigen Behinderung, der „Erwachsenenstatus" verweigert werde (vgl. ebd.). Für Menschen mit einer geistigen Behinderung heißt dies außerdem, dass sie „im Jugendalter besonders verwundbar und sensibel auf unterschiedlichste (Entwicklungs-) Einflüsse reagieren" (Winther 2012, S. 286). Insbesondere hätten geistig behinderte Heranwachsende mit Ausschließungsprozessen aus Gleichaltrigen-Cliquen zu kämpfen (ebd.). Grundsätzlich können die angedeuteten Dimensionen als Erfahrungen mit Isolation im Sinne von Jantzen verstanden werden.

Schlussfolgerung: Was diese Stichworte aber dann konkret für die Einzelnen bedeuten und welche Zusammenhänge tatsächlich als Behinderung erfahren werden, lässt sich dann nur am Beispiel konkreter Situationen diskutieren.

5.5.2 Schwerpunktthema: Das Dialogische als Perspektive zur Aufhebung von Isolation

Verallgemeinernd ist festzuhalten, dass allen skizzierten Ansätzen die Feststellung gemeinsam ist, dass Behinderung nicht einfach als Defekt oder eine körperliche Schädigung verstanden werden kann, sondern als soziale Verhältnisbestimmung zum Tragen kommt. In der Konsequenz ist es die soziale Situation der Isolation, die zur Behinderung führt. Entsprechend ist es die Unfähigkeit des gesellschaftlichen Zusammenhangs, einen wechselseitigen sozialen Austausch herzustellen, welcher die verschiedenen Zugänge und Aneignungsformen der Welt als einzigartig begreift und so die Vielfältigkeit von Entwicklungsmöglichkeiten in den Blick bekommt, die uns erst als menschliche Individuen auszeichnen und miteinander verbinden.

An diesem Punkt stellt sich die Frage, *wie* an der Aufhebung von Isolation gearbeitet werden kann. Für die Behindertenpädagogik hat in diesem Zusammenhang vor allem Jantzen (2007) die Bedeutung einer *Praxis des Dialogischen* unterstrichen. Was kann man sich darunter vorstellen?

Das Stichwort des Dialogs verweist auf die Entwicklung gemeinsamer Sinngehalte zwischen Menschen. Die im Prozess des Dialogs hervortretenden individuellen Unterschiede unterstreichen die jeweilige Einzigartigkeit der Menschen. In diesem Kontext stehen die individuellen Beiträge der Einzelnen in wechselseitiger Beziehung zu denen der Anderen. Sie werden in der Praxis des Dialogs vermittelt.

Gleichzeitig ermöglicht die Differenz der Einzigartigkeiten den produktiven Impuls für ein gemeinsames Drittes und eine damit verbundene Vertiefung zwischenmenschlicher Beziehungen, ohne dass die Einzelnen in der Identität eines Kollektivs verschwinden oder sich unterordnen. Das angesprochene Dritte sind die Gegenstände, welche einerseits durch Kooperation hervorgebracht und gleichzeitig in Kooperation bearbeitet werden. Kooperation gilt dabei als konstitutiv für menschliches Leben. Kooperation ermöglicht das Gemeinsame, Verbindende, die menschlichen Beziehungen und gleichzeitig die Entwicklung des einzelnen Subjekts. Dialog und Kooperation als wechselwirkender Zusammenhang können als dialogisches Prinzip bezeichnet werden.

Das Dialogische hat Paulo Freire (1973) auch als schöpferischen Prozess beschrieben, der die Möglichkeiten hervorbringen kann, Begrenzungen des Sozialen zu erweitern oder zu überwinden. Kern ist die Herausforderung des Kreativen, in gemeinsamen Suchbewegungen und gemeinsamer Tätigkeit eine umfassende Sinnlichkeit zu entwickeln.

In diesem Sinne meint das Dialogische nicht nur die Perspektive gemeinsamer Tätigkeit und deren Verdichtung im gemeinsamen Dritten, sondern verweist auf eine Vorstellung, Menschsein generell als sinnhaft zu begreifen. Ein Beispiel: Ein Junge ca. 13 Jahre alt, konnte nicht sehen, war gehörlos, Teile seines Gehirns waren von Geburt an nicht vollständig ausgebildet und er hatte eine spastische Lähmung. Er konnte aber seine rechte Hand bewegen. Sein Vater, ein Holzkünstler, hatte kleine Holzkugeln gedrechselt. Seine Idee war, die Kugeln in die bewegliche Hand des Jungen zu legen und so die Motorik zu entwickeln. Die Erfahrung war, dass der Junge die Kugeln nicht nur allein in seiner Hand bewegte. Hat der Vater die Kugeln gemeinsam mit dem Jungen bewegt, indem er eine seiner Hände in die Hand des Jungen legte und dazwischen die Kugel, ist eine gemeinsame Bewegung entstanden, ein Austausch unterschiedlicher Intensität, eine Art Unterhaltung, eine Verständigung im Dialog. Die gemeinsame sinnliche Erfahrung kann den Raum für Handlungsfähigkeiten auf unterschiedlichen Niveaus öffnen und so Isolation in gemeinsamer Tätigkeit aufheben.

5.5.3 Praxis(feld) Sozialer Arbeit: Medienpädagogisches Angebot für Menschen mit geistiger Behinderung

Wie z. B. Georg Feuser (2000) an der Begriffsgeschichte zur „geistigen Behinderung" kritisiert, ist mit dieser die Vorstellung verknüpft, dass Seele und Geist in eins fallen. In diesem Zusammenhang ist die Vorstellung von Geist aufs engste mit der Überzeugung verbunden, wer keinen Geist habe, verfüge auch nicht über Bewusstsein. In der Folge gelten diejenigen, die keinen Geist haben, als „seelenlos", als Wesen ohne (menschliches) Bewusstsein, „als automatenhafte Wesen, als Tier" (vgl. ebd., S. 236).

Im Unterschied zu einer solchen Position hat bereits Lev S. Vygotskij (1975) im Jahr 1924 herausgearbeitet, dass in der pädagogischen Arbeit mit „geistig Behinderten" davon ausgegangen werden muss, Bildung ebenso als einen Entwicklungsprozess zu begreifen, wie bei Menschen ohne Behinderung. Von besonderer Bedeutung ist es, Umwege zu schaffen, damit sich die Beteiligten am Lernprozess auf vielfältigste Weise Zugänge zur Welt erschließen können. Eine Orientierung von Bildung am „Normalen" erweist sich dabei als allgemeine

Beschränkung und Behinderung. Deshalb geht es um eine durch Bildung zu ver-
allgemeinernde Vielfalt an Möglichkeiten zur Erlangung von Handlungsfähigkeiten, von der Menschen mit und ohne Behinderung gleichermaßen profitieren,
indem sie die Beschränkungen des Sozialen gemeinsam verschieben.

Was dies bedeuten kann, soll an einem kurzen Beispiel, einer Erfahrung aus
einem medienpädagogischen Projekt mit geistig behinderten jungen Männern
skizziert werden. Die Idee war, gemeinsam mit den Männern Themen ihrer alltäglichen Erfahrungen mithilfe digitaler Fotografie und Video hervorzulocken
und besprechen zu können. Die Skepsis aufseiten des Betreuungspersonals war
groß. Sie glaubten, dass die Männer nicht in der Lage wären, mit den digitalen
Medienproduktionsmitteln umgehen und arbeiten zu können. Tatsächlich hatten
die Männer keinerlei Erfahrung mit diesen Dingen. Dies lag auch daran, dass
entsprechende finanzielle Ressourcen durch das Personal oder einen Vormund
verwaltet wurden. In den Gesprächen mit dem Personal verdeutlichte sich, dass
etwaige Wünsche der Männer, z. B. einen digitalen Fotoapparat nutzen zu wollen, nicht wahrgenommen wurden. Der Grund hierfür war ein doppelter. Zum
einen traute das Personal den Männern den Gebrauch eines solchen Gerätes aufgrund ihrer diagnostizierten Behinderung nicht zu. Sie würden es nicht verstehen.
Gleichzeig wurde deutlich, dass das Personal selbst Schwierigkeiten hatte, etwa
einen digitalen Fotoapparat oder die Fotofunktion am Mobiltelefon zu benutzen.
Ihre eigene (unreflektierte) Erfahrung, mit einem für sie sperrigen Gegenstand,
wurde zum verallgemeinerten Maßstab. Letztlich führte dies zur Behinderung der
Möglichkeiten der Männer.

Eine wesentliche Erfahrung des Projektes war die der Entwicklung von
Kooperation in gemeinsamen Tätigkeiten über die jeweiligen Einschränkungs-
grenzen der Einzelnen hinweg. Zwei der Teilnehmer am Projekt, Sascha und
René, probierten und experimentierten gemeinsam mit einem Medienpädagogen
mit einer Digitalkamera. Mit der Zeit nahm die punktuelle Unterstützung des
Pädagogen ab und Sascha übernahm die Rolle der Erklärung, was der Fotoapparat macht. Mit Vygotskij (2003) kann man dies als eine Bewegung in der
Zone der nächsten Entwicklung bezeichnen. Dies meint, dass spezifische Fähigkeiten in Kooperation mit und in Unterstützung von anderen angeeignet werden
können.

Ein wichtiger Moment war die Echtzeitmöglichkeit der digitalen Bilder. René
konnte nicht sprechen und symbolisierte in Zeichensprache, was er auf den Bil-
dern entdeckte. In der Folge fotografierte er gemeinsam mit Sascha die Anderen
der Gruppe. Anschließend kommentierte er die Bilder in seiner Zeichensprache,
die von den Anderen der Gruppe aufgegriffen wurde. Die Gruppe verständigte
sich so gemeinsam (fast pantomimisch) über die Bilder. Die individuelle

Einzigartigkeit von René, sein „Umweg", entwickelt in der Interaktion mit den Anderen ein verbindendes Element, ohne dass er sich aufgeben musste.

Im Bild von Vygotskij kann man dies als eine Bewegung in der *Zone der aktuellen Entwicklung* beschreiben. Dies meint eine Herausbildung von Fähigkeiten, die ohne die Hilfe von anderen bewältigt werden können. Deutlich wurde die Entwicklung von Handlungsfähigkeiten im Sinne einer Verschiebung bestehender Grenzen, verbunden mit einem Zugewinn selbstbestimmteren Handelns.

5.5.4 Fazit

Behinderung kommt als soziale Verhältnisbestimmung zum Tragen, die im Kern zur Erfahrung sozialer Isolation führt. Für eine an Bildung orientierte Soziale Arbeit bedeutet dies, an der Aufhebung von Isolation zu arbeiten. Das Dialogische verweist dabei auf die Möglichkeiten, in kooperativen Prozessen entsprechende Orte gemeinsam zu schaffen. Soziale Arbeit hat hierfür die Lerngegenstände vom Standpunkt der Adressat*innen (im skizzierten Beispiel der Männer) zu formulieren und dann von dort her eine gemeinsame Praxis zu entwickeln.

Fragen zur Reflexion

Welche Dimensionen kennzeichnen ein soziales Verständnis von Behinderung? Was macht Behinderung als Isolation aus?

Was kann man sich unter dem Dialogischen vorstellen? Welche Bedeutung hat dies für eine Praxis Sozialer Arbeit?

Literatur

Cloerkes, Günther 2007: *Soziologie der Behinderten. Eine Einführung.* Heidelberg: Universitätsverlag Winter.

Dederich, Markus 2009: *Behinderung als sozial- und kulturwissenschaftliche Kategorie.* In: ders./Jantzen, Wolfgang (Hrsg.): *Behinderung und Anerkennung.* Stuttgart: Kohlhammer, S. 15–39.

Feuser, Georg 2000: *„Geistige Behinderung" im Widerspruch.* In: Greving, Heinrich/Gröschke, Dieter (Hrsg.): *Geistige Behinderung – Reflexionen zu einem Phantom. Ein interdisziplinärer Diskurs um einen Problembegriff.* Bad Heilbrunn/OBB. Klinkhardt, S. 141–165.

Freire, Paulo 1973: *Pädagogik der Unterdrückten. Bildung als Praxis der Befreiung.* Reinbek: Rowohlt.

Gugutzer, Robert/Schneider, Werner 2007: *Der `behinderte` Körper in den Disability Studies. Eine körpersoziologische Untersuchung.* In: Waldschmidt, Anne/Schneider, Werner (Hrsg.): *Disability Studies, Kultursoziologie und Soziologie der Behinderung. Erkundungen in einem Forschungsfeld.* Bielefeld: Transcript, S. 31–53.

Heinz, Walter R. 2012: *Sozialisation, Biografie und Lebenslauf.* In: Beck, Iris/ Greving, Heinrich (Hrsg.): *Lebenslage und Lebensbewältigung.* Stuttgart: Kohlhammer, S. 60–83.

Jantzen, Wolfgang 1977: *Zu begrifflichen Fassung von Behinderung.* In: Zeitschrift für Heilpädagogik, Heft 7, Juli 1976. Hrsg.: Verband Deutscher Sonderschulen e. V., S. 428–436.

Jantzen, Wolfgang 2000: *Geistige Behinderung ist kein Phantom – Über die soziale Wirklichkeit einer naturalisierenden Tatsache.* In: Greving, Heinrich/ Gröschke, Dieter (Hrsg.): *Geistige Behinderung – Reflexionen zu einem Phantom. Ein interdisziplinärer Diskurs um einen Problembegriff.* Bad Heilbrunn: Verlag Julius Klinkhardt, S. 166–178.

Jantzen, Wolfgang 2007: *Allgemeine Behindertenpädagogik. Teil 1 + 2.* Berlin: Lehmanns Media – LOB.de.

Neuer-Miebach, Therese 2017: *Behindertenhilfe.* In: Kreft, Dieter/Milenz, Ingrid (Hrsg.): *Wörterbuch Soziale Arbeit. Aufgaben, Praxisfelder, Begriffe und Methoden der Sozialarbeit und Sozialpädagogik.* Weinheim/Basel: Beltz/ Juventa, S. 167–175.

Karim, Sarah 2017: *Disability Studies.* In: Ziemen, Kerstin (Hrsg.): *Lexikon Inklusion.* Göttingen: Vandenhoeck & Ruprecht, S. 58–59.

Kastl, Jörg Michael 2017: *Einführung in die Soziologie der Behinderung.* Wiesbaden: Springer VS.

Vygotskij, Lev S. 1975: *Zur Psychologie und Pädagogik der kindlichen Defektivität.* In: Die Sonderschule Heft 2/1975. Berlin: Volk und Wissen, S. 65–72.

Vygotski, Lew S. 2003: *Ausgewählte Schriften.* Bd. II. Hrsg. v. Joachim Lompscher. Berlin: Lehmanns Media – LOB.de.

Waldschmidt, Anne 2009: *Disability Studies.* In: Dederich, Markus/Jantzen, Wolfgang (Hrsg.): *Behinderung und Anerkennung.* Stuttgart: Kohlhammer, S. 125–133.

Wieland, Heinz 2012: *Erwachsensein und Alter.* In: Beck, Iris/Greving, Heinrich (Hrsg.): *Lebenslage und Lebensbewältigung.* Stuttgart: Kohlhammer, S. 105–114.

Winther, Cora 2012: *Persönlichkeitsentwicklung in Pubertät und Adoleszenz als Kernproblem von inklusivem Unterricht in der Sekundarstufe.* In: Jantzen,

Wolfgang (Hrsg): *Kulturhistorische Didaktik. Rezeption und Weiterentwicklung in Europa und Lateinamerika.* Berlin: Lehmanns Media – LOB.de, S. 236–312.

Zimpel, André Frank 2009: *Isolation.* In: Dederich, Markus/Jantzen, Wolfgang (Hrsg.): *Behinderung und Anerkennung.* Stuttgart: Kohlhammer, S. 188–192.

Hinweise zu weiterführender Literatur

Jantzen, Wolfgang 2017: *Sozialisation und Behinderung.* Gießen: Psychosozial-Verlag.

Goodley, Dan 2017: *Disability Studies. An interdisciplinary Introduction.* Los Angeles/London/New Delhi/Singapore/Washington DC/Melbourne: SAGE Publications.

5.6 Religion und Weltanschauung

Michael Kiefer

Was Sie hier erwartet

Der Artikel beschreibt die Geschichte, Bedeutungsfelder und Definitionsproblematik der Begriffe „Religion" und „Weltanschauung". Anschließend wird am Beispiel der Islamisierung von Muslimen durch Zuschreibungen erörtert, welche Rolle „Religion" und „Weltanschauung" in der Persönlichkeitsentwicklung spielen können. Hiernach wird dargestellt, dass die Begriffe auch als Instrumente einer Identitätspolitik in gesellschaftlichen Diskursen Verwendung finden. Abschließend wird anhand von Fallbeispielen aufgezeigt, welche Rolle selbige in den Praxisfeldern der sozialen Arbeit einnehmen.

5.6.1 Persönlichkeitsentwicklung und Bewältigungsanforderungen im Kontext von Religion und Weltanschauung

Welche Rolle spielen Religion und Weltanschauung in der Persönlichkeitsentwicklung? Diese Frage wirft bei der Beantwortung einige Probleme auf. Zunächst kann darauf hingewiesen werden, dass in einer werteplural orientierten Gesellschaft Religionen und Weltanschauungen als heterogene Phänomene angesehen

werden müssen, die in einem unterschiedlichen Ausmaß Wirkung entfalten können. Stellt man z. B. die Eingangsfrage Menschen, die sich in ihrem Leben nie
oder nur wenig mit Religion und Weltanschauungen befasst haben, werden sie
vermutlich antworten, dass diese keinen großen Einfluss auf ihre Persönlichkeitsentwicklung ausgeübt haben. Ganz anders dürfte die Antwort bei Menschen aus-
fallen, die in einem homogenen religiösen Milieu aufgewachsen sind. In einem
solchen Fall kann Religion ein wichtiges gemeinschaftsbildendes Element darstellen und Religion hat möglicherweise einen großen Einfluss auf die Persönlichkeitsentwicklung.

Ein weiteres Problem besteht darin, dass sich insbesondere beim Begriff
„Religion" Schwierigkeiten bei der Definition ergeben. Der Begriff befindet sich
seit der Antike in einer stetigen und zumeist leidenschaftlichen Diskussion. Der
Religionswissenschaftler Jens Schlieter (2018, S. 9) hat das Dilemma pointiert
zusammengefasst:

> „Was ist ‚Religion'? Die Frage ist schwer zu beantworten. Tatsächlich kommt es oft
> vor, dass jemand meint, etwas sei eine Religion oder jemand sei ‚religiös', während
> die so Bezeichneten dies weit von sich weisen. Sie, die Insider, bezeichnen das, was
> sie tun oder zu erlangen suchen, viel lieber bewusst nicht als ‚Religion', sondern
> beispielsweise als ‚spirituellen Weg'. Andere wiederum halten ihre Anschauungen
> für wissenschaftlich beweisbar und lehnen aus diesem Grunde die Bezeichnung
> ‚Religion' ab. Oder es gelten die eigenen Lehren ihren Befürwortern nicht als
> ‚Religion', da diese Lehren als absolut wahr aufgefasst werden – im Gegensatz zu
> den Lehren all der anderen bloßen ‚Religionen', die diese absolute Wahrheit nicht
> haben."

Gleichsam schwierig ist die Definition von „Weltanschauung". Auch hier gibt
es eine große Vielfalt an Auffassungen, die auch Überschneidungen mit dem
Begriff „Religion" aufweisen. Nach Thomas Heinrichs (2016, S. 5) handelt es
sich bei Weltanschauungen um einen spezifisch deutschen Begriff, der erstmalig
in Kants „Kritik der Urteilkraft" (1790) vorkommt. Im Laufe der Jahrhunderte
veränderten und erweiterten sich die Konnotationen, sodass der Begriff heute
zahlreiche Bedeutungsvarianten einschließt. Im allgemeinen Sprachgebrauch
fasst „Weltanschauung" zusammen, „wie jemand die Welt versteht oder die Welt
erklärt. Die ‚Weltanschauung' macht deutlich, was ein Mensch für wichtig und
richtig in der Welt hält" (Schneider und Toyka-Seid 2018). „Weltanschauung"
entwickelte sich in der zweiten Hälfte des 19. Jahrhunderts zu einem „Mode-
begriff" (Heinrichs 2016, S. 6). Hierbei kam es auch zu einer Politisierung des
Begriffs. In diesem Kontext entwickelten sich überdies hochproblematische

und Menschen verachtende Konzepte. So betrachtete sich beispielsweise der Nationalsozialismus als „deutsche Weltanschauung". Nach Heinrichs verlor der Weltanschauungsbegriff nach dem Krieg seine Popularität. In der juristischen Diskussion verfügt der Begriff dennoch über eine hohe Relevanz. Im Grundgesetz bildet er das Pendant zu „Religion". So heißt es z. B. in Art. 4.1 GG „Die Freiheit des Glaubens, des Gewissens und die Freiheit des religiösen und weltanschaulichen Bekenntnisses sind unverletzlich."

Wie bereits angedeutet, können Religionen, Weltanschauungen oder Weltbilder mehr oder weniger Wirkfaktoren in der Persönlichkeitsentwicklung eines Menschen sein. Religionen und Weltanschauungen waren in der Moderne, also der Zeit ab 1830, feste Bestandteile vordefinierter Identitätsmuster, die mit präfigurierten Lebensentwürfen und statischen Werteorientierungen einhergingen. Eickelspasch und Rademacher (2013, S. 6) haben dargelegt, dass seit den sechziger Jahren des 20. Jahrhunderts Prozesse der Differenzierung, Individualisierung und Pluralisierung stattgefunden haben, die zu einem Wegschmelzen der traditionellen Formen der Vergemeinschaftung und der „sozial-moralischen Milieus" führten. Dieser Prozess bedingte in der Folge die Begründung neuer Identitätskonzepte, die „in der zersplitterten Sozialwelt zu einer privaten Angelegenheit jedes Einzelnen geworden, gewissermaßen in ‚eigene Regie' übergegangen sind" (ebd., S. 11).

Postmoderne Identitätsarbeit kann für junge Menschen eine Herkulesaufgabe darstellen, die mit einem ganzen Bündel an Bewältigungsanforderungen einhergeht. Identitätsbildung, die früher in vorgeprägten Pfaden erfolgen konnte, verlangt heute eine hohe Eigenleistung. Da es keine tradierten Moralbestände mehr gibt, die in der Gesellschaft unstrittig geteilt werden, befinden sich junge Menschen in unübersichtlichen Möglichkeitsräumen, in denen sich die Orientierung als schwierig gestaltet. [siehe hierzu auch Abschn. 2.2 und 3.3] Dies gilt in einem hohen Maße auch für religiöse Orientierungen und Werteangebote. Auch in diesem Bereich sind sukzessive Pluralisierungs- und Mutationsprozesse zu beobachten. „Den Islam" oder „das Christentum" gibt es nicht. So befinden sich z. B. die großen Kirchen in einem stetigen Schrumpfungsprozess. Zugleich steigt die Zahl eigenständiger kleiner Gemeinschaften, die von charismatischen Predigern angeführt werden. Religion heute präsentiert sich in einer unübersichtlichen Bandbreite (liberal, konservativ bis fundamentalistisch), die eine Vielzahl von Angeboten für Identitätskonstruktionen bereithält.

Zu bewältigen sind ferner die Auswirkungen einer mitunter hochproblematischen Identitätspolitik, die Menschen in bipolaren und geschlossenen Wir-Gruppen anordnet und damit verbundene identitätspolitische Kämpfe, die im nachfolgenden Schwerpunktthema am Beispiel junger Muslime ausgeführt werden. Unter Identitätspolitik werden in dem Zusammenhang politische Prozesse der Selbstvergewisserung bzw. -behauptung verstanden.

5.6.2 Schwerpunktthema: Islamisierung von Muslimen

Wenn in den vergangenen zwei Dekaden in den Medien mit viel Verve über religiöse Themen diskutiert wurde, ging es zumeist um Phänomene, die „dem Islam" zugeordnet wurden. Zwei aktuelle Beispiele aus entgegengesetzten Positionen sollen dies verdeutlichen. Thilo Sarrazin, der in der Vergangenheit mit provokativen Thesen in der Integrationsdebatte Aufsehen erregte, stellte im August 2018 sein neues Buch „Feindliche Übernahme: Wie der Islam Fortschritt behindert und die Gesellschaft bedroht" (Sarrazin 2018) vor. Bereits der Titel zeigt unmissverständlich, dass es hier um ein Szenario geht, das den angeblichen Niedergang einer einstmals intakten Gesellschaft zu beschreiben versucht. Eine ähnliche Schrift hatte einige Jahre zuvor Alain Finkielkraut in Frankreich verfasst. In „L'identité malheureuse" (Finkielkraut 2013) stellt der Autor düstere Prophezeiungen auf und behauptet

> „das Ende einer Welt, in der Montaigne, Pascal, Voltaire und Rousseau zu Hause waren. Die Ursachen hierfür sind schnell benannt. Frankreich, eine noch bis in die siebziger Jahre homogene Nation, habe sich von einer Kulturnation in ein Land von Unterhaltungsindustrie, Kopftüchern, Pluralismus, Flegelhaftigkeit und Gleichmacherei verwandelt. Heute fühle sich der Franzose inmitten zahlreicher Einwanderer fremd auf eigenem Boden" (Kiefer 2014, S. 1).

Ähnliche Muster weist die Argumentation extremistischer Gruppierungen auf, die dem Islamismus zugerechnet werden können. Aufsehenerregend war in den vergangenen fünf Jahren insbesondere das Auftreten gewaltbereiter neosalafistischer Gruppen. Auch ihre Weltdeutung basiert auf einem Dekadenzszenario. Die Muslime hätten schon seit geraumer Zeit den rechten Pfad der Tugend verlassen, wie er durch Koran, Sunna und Prophetengefährten überliefert worden sei. Hierdurch befänden sich die Muslime allerorten in der Bredouille, da die Ungläubigen die Herrschaft an sich gerissen hätten. Entfliehen könne man diesem misslichen Zustand nur durch eine kompromisslose und gegebenenfalls gewaltsam herbeigeführte Umkehr zu den angeblich authentischen Regeln der frühen islamischen Gesellschaft (vgl. ebd., S. 2).

Es ist unschwer zu erkennen, dass die skizzierten Positionen über die gleiche semantische Struktur verfügen. Die Basis bildet eine bipolare Anordnung von

„Wir" und die „Anderen". Beide Gruppen sind stets das Produkt eines narrativen Konstruktionsprozesses, der konfrontativ ausgerichtete Gruppenanordnungen erzeugt. Das „Wir" erscheint in einer positiven Selbstinszenierung, die zugleich eine feindlich gesonnene, durchweg negative Andersheit produziert (vgl. Kiefer 2014).

Die dargelegten Positionen sind Teil eines komplexen Dilemmas, mit dem sich Muslime in den westeuropäischen Gesellschaften konfrontiert sehen. Anders formuliert befinden sich Muslime, aber auch andere Minderheitengruppen, in einer großen Arena, in der auf unterschiedlichen Bühnen Positionierungen im Kontext von Machkämpfen stattfinden. Von zentraler Bedeutung ist hier das wiederkehrende Muster von Zuschreibung und reaktiver Umdeutung. Was die Zuschreibungen betrifft, erwies sich vor allem die seit dem 11. September 2001 in Endlosschleifen geführte Islamdebatte in Politik und Gesellschaft als außerordentlich wirksam. Die Liste negativer Eigenschaften, die „dem Islam" und „den Muslimen" von Islamkritikern vorgeworfen wird, ist lang. So wird unter anderem kolportiert, der Islam habe keine Aufklärung erfahren und sei daher grundsätzlich rückständig und bar jeglicher Rationalität. Ferner sei „der Islam" intolerant und gewaltaffin. Dies zeige sich unter anderem in zahlreichen islamistischen Strömungen, die auch vor Terroranschlägen nicht zurückschreckten. Darüber hinaus fördere „der Islam" die Unterdrückung der Frauen. Dies zeige sich insbesondere in der Verschleierung.

Auf diese negativen Zuschreibungen, die durchaus auch eine stigmatisierende Wirkung entfalten können, reagieren Muslime sehr unterschiedlich. In eher fundamentalistisch orientierten Zusammenhängen verstärken die skizzierten Vorhaltungen bereits vorhandene Abschottungstendenzen gegenüber der nichtmuslimischen Mehrheitsgesellschaft. Diese sind mitunter Teil von Rückbesinnungsdiskursen, die eine (imaginierte) ursprüngliche oder authentische religiöse Herkunftskultur zum Gegenstand haben. In einem solchen Kontext besteht die Gefahr, dass sich „stammesähnliche Lebensstilenklaven" bilden, die mit problematischen Freund/Feind- und Innen/Außen-Anordnungen arbeiten (vgl. Eickelpasch und Rademacher 2013, S. 52). Die bereits angeführten neosalafistischen Gruppen können an dieser Stelle als Beispiel angeführt werden. Ein Hauptkennzeichen ihrer Diskurse ist der „Pathos einer strikten Einwertigkeit" (Sloterdijk 2007, S. 157). Ein Verhalten ist haram (verboten) oder halal (erlaubt). Ein Mensch ist entweder gläubig oder ungläubig usw. Positionierungen abseits der Pole, die in einem Zwischenfeld angesiedelt sind, werden kategorisch ausgeschlossen. Diese Bipolarität scheint insbesondere für manche junge Menschen ein Attraktivitätsmoment der neosalafistischen Ideologie darzustellen. Die

Reduktion komplexer Sachverhalte auf eindeutige Beschreibungen entlastet in der Weltdeutung und kann Verunsicherung durch Klarheit ersetzen.

Neben islamistischen und neosalafistischen Gruppen, die auf Zuschreibungen mit konfrontativ angelegten Gegenentwürfen reagieren, gibt es muslimische Gruppen, die mit einer dialogisch orientierten Performance in der gesellschaftlichen Debatte präsent sind. Angeführt werden kann in diesem Kontext exemplarisch der Verein JUMA – jung, muslimisch, aktiv, ein Verein „von und für junge Musliminnen und Muslime, die mitreden wollen und sich in die Gesellschaft einbringen wollen" (siehe hierzu ausführlich https://www.juma-ev.de/juma/.) JUMA will eine „wichtige Stimme im gesellschaftlichen Diskurs" sein, die einen Austausch sucht ohne „sich rechtfertigen oder erklären zu müssen" (ebd.). Mit seinen zahlreichen Aktivitäten konnte der Verein eine hohe mediale Aufmerksamkeit erzeugen. Hierbei gab es sehr viel Lob aber auch Kritik. Einige Kritiker werfen JUMA vor, dass die Pluralität der Lebensentwürfe nicht im Vordergrund der Aktivitäten stehe. Vielmehr werde von einem 1400 Jahre alten Islam gesprochen, der in seinen Traditionen zu akzeptieren sei. So beklagt Friedmann Eißler von der Evangelischen Zentralstelle für Weltanschauungsfragen, dass „konservative Referenten" auf Veranstaltungen von JUMA auftreten. Ferner lenke man ab „von den zentralen Problemen: Wie gehen wir mit dem Religionswechsel in unseren Gemeinschaften um? Wie mit dem Frauenbild und den Frauenrechten in unseren Gemeinschaften?" (Glatt 2018).

Das Beispiel von JUMA zeigt, dass auch eine auf Emanzipation ausgerichtete Identitätspolitik den üblichen Diskursmustern und den darin wirksamen Zuschreibungen nicht ausweichen kann. Identitätspolitik vollzieht sich nicht selten in einem Schützengrabensystem, in dem sich Wir-Gruppen scheinbar unversöhnlich gegenüberstehen. Bipolare Anordnungen bergen ein erhebliches desintegratives Potenzial. Daher stellt sich überhaupt die Frage, ob eine, wie auch immer angelegte emanzipatorische Identitätspolitik, zu einer Verbesserung der Verhältnisse beitragen kann. Stuart Hall (2004, S. 221) hat schon vor Jahren darauf hingewiesen, dass die Rückkehr zur Ethnizität oder zur Religion dazu führen kann, dass kulturelle Differenzen *über*- essenzialisiert werden. Dieser Prozess kann dazu führen, dass die Bildung gesellschaftlicher Schnittmengen und das Realisieren gemeinsamer Anliegen (z. B. in der Sozial- und Bildungspolitik) erheblichen Erschwernissen ausgesetzt ist. Nach François Jullien (2018, S. 78) besteht das Risiko, dass der wichtige Zugang zum „geteilten Gemeinsamen" verloren geht. Er lehnt daher den Begriff der „kulturellen Identität" und der hieraus abgeleiteten „Differenz" ab. Den Begriff „kulturelle Identität" ersetzt er durch „kulturelle Ressourcen". Diese sind mannigfaltig und umfassen Sprache, Religion, Philosophie sowie hieraus hervorgegangene kulturelle Phänomene.

„Kulturelle Ressourcen" schließen niemanden aus und sie gehören niemandem. Jeder kann sie entdecken und aktivieren. Daher sind sie nicht ideologisch wirksam und begründen kein System (ebd., S. 53 ff.).

5.6.3 Praxisfeld Sozialer Arbeit: Jugendarbeit christlicher, muslimischer und jüdischer Gemeinden

In den vorangegangenen Ausführungen ist deutlich geworden, dass „Religion" und „Weltanschauung" durchaus ambivalent betrachtet werden können. Dieser Sachverhalt kann auch in den Handlungsfeldern der Sozialen Arbeit konstatiert werden. Sichtbar wird dies z. B. in der Jugendarbeit. Junge Menschen sind in der Adoleszenz mit einer Vielzahl von Entwicklungsaufgaben konfrontiert. Die Ablösung vom Elternhaus, der Aufbau neuer Beziehungen, die Bewältigung einer langen, anstrengenden Qualifizierungsphase und der komplexe Prozess der Selbstfindung gehen mit vielfältigen Anforderungen und mehr oder weniger intensiven Krisenerfahrungen einher. Insbesondere der Prozess der Selbstfindung vollzieht sich mitunter in Erfahrungsräumen, in denen Grenzen ausgelotet und Rollenmodelle erprobt werden können. [siehe hierzu ausführlicher Abschn. 4.3] „Religion" und „Weltanschauung" können hierin sowohl Ressourcen darstellen als auch mit Bewältigungsanforderungen einhergehen. Jugendarbeit in ihren vielfältigen Formaten (Offene Tür, aufsuchende Arbeit usw.) ist nicht selten mit der ganzen Bandbreite möglicher Phänomene konfrontiert. So kann z. B. „Religion" in der Arbeit eine positive Ressource darstellen, wenn mit ihr ethische Haltungen gestützt werden, die z. B. Verantwortungsübernahme und solidarisches Handeln im Sozialraum ermöglichen. Diese Ressourcen nutzt zum Beispiel die Jugendarbeit christlicher, muslimischer und jüdischer Gemeinden.

Die Adoleszenz ist, wie bereits angedeutet wurde, häufig eine intensive Suche nach sich selbst und anderen Gewissheiten, die mit dichotomen Bewertungen (z. B. „echt" und „unecht") einhergehen. Hierbei kann es auch zu Adoleszenzkrisen kommen, die Eltern, Lehrkräfte und Sozialarbeiter*innen vor Herausforderungen stellen. Thomas Auchtner (2017, S. 46) weist darauf hin, dass das „Nebeneinanderstehen von rigidestem, fundamentalistischen, gnadenlosem Moralismus […] und radikalem, kompromisslosem Idealismus" charakteristisch für die Jugendzeit sein kann. Anders formuliert gibt es ein zeitgleiches Nebeneinander von „Weltverbesserungsbedürfnis" auf der einen Seite und „völliger Anomie und moralischer Beliebigkeit auf der anderen Seite" (ebd., S. 47).

Darüber hinaus zeigen sich in der Migrationsgesellschaft weitere neue Herausforderungen. Religionen, Weltanschauungen und daraus hervorgehende Identitätspolitiken berühren Professionen und Handlungsfelder der Sozialen Arbeit
in vielfacher Hinsicht. Ein professioneller Umgang in den Handlungsfeldern
erfordert dabei zunächst eine Wissensbasierung. Solide Kenntnisse über Religionen – etwa den Islam – sind z. B. in der Arbeit mit Flüchtlingen hilfreich,
um eine ressourcenorientierte Unterstützungsarbeit leisten zu können. Mitunter sind Sozialarbeiter*innen mit Situationen konfrontiert, die mit starken
Verunsicherungen einhergehen. So erleben Fachkräfte in der Betreuungsarbeit
Bevormundungen von Frauen durch männliche Familienmitglieder oder es wird
z. B. die Mitarbeit bei der Aufklärung von Sachverhalten (z. B. häusliche Gewalt)
verweigert. Ein Mangel an Expertise kann hier rasch zu falschen Einschätzungen
führen. Religionisierung oder Kulturalisierung von Fallkonstellationen können
eine Folge sein. Seriöse Kenntnisse, die in Reflexionsprozesse einfließen, helfen,
einen nicht markierenden Umgang mit Differenz zu entwickeln. Konkret bedeutet
dies, dass kulturelle und religiöse Rahmenbedingungen in der Fallarbeit nicht
gesondert hervorgehoben werden und der Fokus der professionellen Hilfen unter
Einbeziehung vorhandener Ressourcen auf der Lösungsorientierung liegt.

Eine hohe Relevanz haben „Religion" und „Weltanschauung" auch in Bezug
auf die Ethik sozialarbeiterischen Handelns. Einige Grundprinzipien, wie Achtung, Solidarität, Gerechtigkeit und Autonomie der Klient*innen sind weitgehend unstrittig. In einer pluralen Zuwanderungsgesellschaft können religiös
oder weltanschaulich geprägte Wertehaltungen aber auch Auslöser von Kontroversen und Konflikten sein. Angesichts polarisierender gesellschaftlicher Debatten und Auseinandersetzungen zu „Migration" und „Islam" findet das Eintreten
für Vielfalt oder Diversität und unterschiedliche Lebensentwürfe und damit verbundenen Wertehaltungen nicht überall Beifall. Dies kann Fachkräfte der Sozialen Arbeit und auch Klient*innen belasten oder von diesen sogar als Zumutung
erfahren werden. Ein Beispiel aus der Praxis: Muslimische Eltern weigern sich
mit einer Sozialarbeiterin zu reden, die ihre 14-jährige Tochter ermunterte,
an einer mehrtägigen Klassenfahrt teilzunehmen. Die Eltern betrachten die
Ermunterung zur Klassenfahrt als einen Eingriff in ihre von islamischen Grund-
sätzen geleitete Erziehungsarbeit. Ihre Grundsätze halten sie für unverhandelbar,
da diese in Koran und Sunna verbürgt seien. Die Sozialarbeiterin hingegen tritt
für eine klare, kindorientierte Ethik ein. Da die Schülerin ausdrücklich an der
Klassenfahrt teilnehmen möchte, setzt sie sich für die Freiheitsrechte und das
Selbstbestimmungsrecht der Schülerin ein. In diesem Fall werden zwei Wahrnehmungen sichtbar, die in den jeweiligen Wirklichkeitskonstruktionen der
Beteiligten schlüssig erscheinen. Dennoch besteht offenkundig ein Dilemma,

weil die Pluralität der Wahrnehmungen und der dahinterliegenden Werte und Anschauungen eine gemeinsame Lösung zunächst ausschließt. Profunde Kenntnisse über Religion – in diesem Fall Kenntnisse über islamisch geprägte Auffassungen von Erziehung, gemeindliche Strukturen und deren Akteure – können hier durchaus helfen, Lösungswege aufzuzeigen. Möglicherweise hilfreich ist die Einbeziehung einer gemeindlichen Vertrauensperson, mit deren Hilfe Befürchtungen der Eltern thematisiert und entkräftet werden können.

Wichtig ist ferner eine kritische Selbstreflexion der Fachkräfte. Hier geht es stets auch um die eigene Haltung und möglicherweise bestehende Vorurteile gegenüber religiös oder weltanschaulich geprägten Lebensentwürfen.

5.6.4 Fazit

In einer pluralen Migrationsgesellschaft treffen Menschen mit verschiedenen Religionen und Weltanschauungen in nahezu allen gesellschaftlichen Bereichen aufeinander. Folglich prägt Pluralität auch die Handlungsfelder der Sozialen Arbeit. Eine professionelle Soziale Arbeit erfordert heute eine Vielzahl von Kompetenzen, die in den vergangenen Jahren unter dem Oberbegriff *interkulturelle Kompetenzen* fachlich kontrovers diskutiert wurden. Von besonderer Bedeutung sind in diesem Kontext diskriminierungssensible Kompetenzen, die eine kritische Auseinandersetzung mit Islamisierung, Rassismus und Kulturalisierung ermöglichen.

Fragen zur Reflexion

Können Religionen und Weltanschauungen eine Ressource in der Sozialen Arbeit darstellen?

Welche negativen Effekte können in der Sozialen Arbeit durch Religionen und Weltanschauungen ausgelöst werden?

Was sind wichtige Kennzeichen einer differenzsensiblen Sozialen Arbeit?

Literatur

Auchtner, Thomas 2017: *„Hey, Alter, was guckst Du?"*. In: Traxl, Bernd: *Aggression, Gewalt und Radikalisierung*. Frankfurt a. M.: Brandel & Aspel, S. 43–73.

Eickelpasch, Thomas/Rademacher, Claudia 2013: *Identität*. Bielefeld: Transcript.

Finkielkraut, Alain 2013: *L´identité malheureuse*. Paris: Stock.

Glatt, Thomas 2018: *„Wir sehen uns als Deutsche"*, https://www.ndr.de/ndrkultur/sendungen/freitagsforum/Wir-sehen-uns-als-Deutsche, klattjuma100.html. Zugegriffen: 06. September 2018.

Hall, Stuart 2004: *Ideologie, Identität, Repräsentation,* Ausgewählte Schriften 4. Hamburg: Argument Verlag.

Heinrichs, Thomas 2016: *Weltanschauung als Diskriminierungsgrund – Begriffsdimensionen und Diskriminierungsrisiken,* (Zusammenarbeit mit Heike Weinbach) https://www.antidiskriminierungsstelle.de/SharedDocs/Downloads/DE/publikationen/Expertisen/Uebersichtsartikel_Weltanschauung_als_DiskrGrund_20160922. pdf?__blob=publicationFile&v=5. Zugegriffen: 20. August 2018.

Jullien, François 2018: *„Es gibt keine kulturelle Identität".* Berlin: Suhrkamp.

Kiefer, Michael 2014: *„Wir sind der andere des anderen" – In den Schützengräben der Identitätspolitik,* http://www.kiefer-michael.de/mediapool/10/108594/data/In_ den_Sch_tzengr_bensystemen_der_Identit_tspolitik_neu.pdf. Zugegriffen: 09.September 2018.

Sarrazin, Thilo 2018: *Feindliche Übernahme. Wie der Islam den Fortschritt behindert und die Gesellschaft bedroht.* München: FinanzBuch Verlag.

Schlieter, Jens 2018: *Was ist Religion? Texte von Cicero bis Luhmann.* Ditzingen: Reclam.

Schneider, Gerd/Toyka-Seid, Chistiane 2018: Das junge Politik-Lexikon. http:// www.bpb.de/nachschlagen/lexika/das-junge-politik-lexikon/210466/weltanschauung. Zugegriffen: 20. August 2018.

Sloterdijk, Peter 2007: Gottes Eifer. *Vom Kampf der Monotheismen.* Frankfurt am Main: Suhrkamp.

Hinweise zu weiterführender Literatur

Luzt, Ronald/Kiesel, Doron (Hrsg.) 2016: *Sozialarbeit und Religion, Herausforderungen und Antworten.* Weinheim Basel: Beltz Juventa.

Sozialisation und Professionalität

6

Tanja Grendel

Was Sie hier erwartet

Haben unsere Sozialisationserfahrungen einen Einfluss darauf, wie wir in beruflichen Kontexten handeln? Der vorliegende Beitrag geht dieser Frage systematisch nach. Zunächst wird eruiert, was unter *Professionalität* in der Sozialen Arbeit verstanden werden kann bevor mit dem *professionellen Habitus* ein Konzept eingeführt wird, das die Verbindung zwischen Sozialisation und Professionalität theoretisch erklärt. Mögliche Folgen des Zusammenhangs werden anschließend am Beispiel der Kernaufgaben der Sozialen Arbeit veranschaulicht und mit praktischen Handlungsempfehlungen verknüpft. Ziel ist es, die Leser*innen zu einer Reflexion und Weiterentwicklung des eigenen professionellen Handelns anzuregen.

6.1 Bewältigungsanforderungen professionellen sozialarbeiterischen Handelns

Unsere Persönlichkeit ist Ergebnis eines aktiven Verarbeitungsprozesses von Anlagen und Umwelt (vgl. Bauer und Hurrelmann 2015, S. 97). Geprägt durch Erfahrungen in unterschiedlichen zeitlichen und sozialen Kontexten sowie

T. Grendel (✉)
Hochschule RheinMain, Wiesbaden, Deutschland
E-Mail: tanja.grendel@hs-rm.de

© Springer Fachmedien Wiesbaden GmbH, ein Teil von Springer Nature 2019   189
T. Grendel (Hrsg.), *Sozialisation und Soziale Arbeit*,
https://doi.org/10.1007/978-3-658-25511-4_6

aufgrund von Zuschreibungen – qua Geschlecht, Alter oder anderen Diversitäts-merkmalen – beeinflusst sie unser Denken und Handeln.

Gerade in Bezug auf soziale Berufe wird häufig hervorgehoben, dass auch professionelles Handeln maßgeblich persönlichkeitsabhängig ist. Gudjons et al. (2008, S. 26) bezeichnen die Persönlichkeit gar als „das wichtigste Instrument pädagogischen Handelns". Während in der Fachliteratur nahezu einhellig ein Zusammenhang zwischen der eigenen Biografie[1] bzw. Sozialisation und unserem beruflichen Handeln angenommen wird (vgl. Graßhoff und Schweppe 2013, S. 318), gehen die Bewertungen möglicher Konsequenzen desselben jedoch auseinander: Einige Autor*innen fokussieren hierbei *Risiken,* wie sie beispielsweise aus alltagsweltlichen Zugängen zu und Deutungen von sozialen Problemlagen resultieren können, mitunter werden zudem emotionale Herausforderungen in Folge biografischer Verstrickungen beschrieben (vgl. Graßhoff und Schweppe 2013, S. 319). Andere Autor*innen hingegen stellen die *Chancen* eines reflexiven Passungsverhältnisses zwischen Lebensgeschichte und Profession heraus, welche Professionellen die Möglichkeit des Rückgriffs auf biografische (=erfahrungs-basierte) Ressourcen eröffne (ebd., S. 325; Spitzer 2011, S. 259). Der vorliegende Beitrag greift diese Überlegungen auf. Er hat das Ziel, den Zusammenhang zwischen Biografie und Professionalität theoriegeleitet zu reflektieren und konkrete Herausforderungen sozialarbeiterischer Praxis offen zu legen. Hierfür werden zunächst Auftrag und Gegenstand der Sozialen Arbeit beschrieben und eine Annäherung an den Begriff der Professionalität vorgenommen.

Als Kernaufgaben von Sozialarbeiter*innen leiten sich aus der Definition des Berufsverbandes vornehmlich die Förderung von sozialer Integration und personaler Selbstbestimmung ihrer Adressat*innen ab (vgl. DBSH 2016). Professionelle arbeiten demnach zugleich *mit* Individuen und *an* ausgrenzenden Strukturen. Die Arbeit *mit* Individuen folgt dem Anliegen, diese zu befähigen, selbstbestimmt und nach ihren eigenen Bedürfnissen an Gesellschaft teilhaben zu können. Es geht also nicht darum, als Sozialarbeiter*in primär eine Anpassung der Adressat*innen an soziale Normen und Zwänge zu forcieren, sondern vielmehr um das gemeinsame Austarieren von Spannungsverhältnissen zwischen verinnerlichten sozialen Normen und uneingelösten individuellen Bedürfnissen (vgl. May/Scherr in diesem Band, siehe hierzu Abschn. 2.1). Entsprechend ist etwa in

---

[1]Thematisch einschlägige Publikationen verwenden i. d. R. den Begriff der „Biographie" und nicht den Begriff der „Sozialisation". Der vorliegende Beitrag versteht Biografien als subjektive Deutungen des Umgangs mit objektiven Strukturen und verwendet die Begriffe Biografie und Sozialisation daher synonym.

der Jugendberufshilfe abzuwägen zwischen einer Orientierung an Bedarfen des Arbeitsmarktes und dem Anspruch einer Begleitung der individuellen Berufswahl im Abgleich zwischen Angebot und individuellen Ressourcen und Wünschen. (siehe hierzu Abschn. 4.2) Die Arbeit *an* ausgrenzenden Strukturen wiederum beinhaltet vornehmlich eine kritische Reflexion der Bedingungen von Ausschluss und Benachteiligung sowie in der Folge die Einsetzung politischer Mittel zu deren Veränderung. Kritisch in den Blick zu nehmen sind beispielsweise die mittelschichtorientierten Bewertungsmaßstäbe des Bildungssystems, die unterschiedliche Ressourcen von Schüler*innen aus divergenten Milieus negieren (siehe hierzu Abschn. 3.2 und 5.1).

Was bedeutet es, wenn in Bezug auf die Umsetzung dieser Aufgaben von „Professionalität" die Rede ist? Sondiert man die Literatur, so zeigt sich, dass Professionalität im Kontext der Sozialen Arbeit *unterschiedlich,* teilweise sogar *widersprüchlich* definiert wird (vgl. Becker-Lenz et al. 2013, S. 11). Der vorliegende Beitrag folgt den Grundannahmen der revidierten Professionalisierungstheorie Ulrich Oevermanns (1996) und betrachtet Soziale Arbeit im Wesentlichen als eine Form der „stellvertretende[n, TG] Krisenbewältigung". Es wird angenommen, dass

> „alle professionalisierungsbedürftigen Berufspraxen im Kern mit der Aufgabe der *stellvertretenden Krisenbewältigung* (Herv. i. O.) für einen Klienten auf der Basis eines explizit methodisierten Wissens beschäftigt sind und die manifeste Professionalisiertheit dieser Berufe an die Bedingung der bewussten Wahrnehmung dieser stellvertretenden Krisenbewältigung gebunden ist" (Oevermann 2013, S. 119).

Aus dieser Aufgabenbeschreibung leitet sich als zentrales Merkmal von Professionalität ein adäquater Umgang mit Krisen ab. Krisen können etwa die Folge von sozialem Ausschluss und Diskrepanzen zwischen normativen Erwartungen und individuellen Bedürfnissen sein (s. o.). Sie zeichnen sich zumeist dadurch aus, dass sie i. d. R. nicht standardisiert bearbeitbar sind; es gibt keine Musterlösungen, die sich 1:1 auf Praxis übertragen lassen. Diese „Nichtstandardisierbarkeit des beruflichen Handelns" beschreiben Becker-Lenz und Müller-Hermann (2013, S. 208) per se „als etwas in sich Krisenhaftes […], dem mit dem professionellen Habitus etwas Verlässliches gegenübergestellt werden muss". Professionalität setzt demnach einen *professionellen Habitus* voraus, der ein zwar routiniertes aber dennoch flexibel auf den Einzelfall übertragbares berufspraktisches Handeln ermöglicht. Damit wird keinesfalls der Stellenwert von Fachwissen negiert, vielmehr wird darauf hingewiesen, dass es eines professionellen Habitus bedarf, der

„für den Professionellen [...] Theorie und Praxis oder Wissen und Können *im* [Herv. i. O.] vorliegenden Einzelfall" verhandelt (Weckwerth 2014, S. 40). Doch was genau ist unter einem professionellen Habitus zu verstehen?

Theoretische Erklärungen des professionellen Habitus rekurrieren häufig auf Arbeiten Pierre Bourdieus, welcher den Habitus als Denk-, Wahrnehmungs- und Bewertungsschemata definiert, die typische Muster von Praxisformen hervorbringen (vgl. Bourdieu 1987, S. 277). Der Habitus ist *Ergebnis* des Sozialisationsprozesses und geprägt durch Erfahrungen, wie wir sie aufgrund unserer Stellung innerhalb des gesellschaftlichen Machtgefüges machen. Bourdieu konzentriert sich in seinen Arbeiten insbesondere auf das Merkmal der Klassenzugehörigkeit, verweist darüber hinaus jedoch auf weitere Determinanten, die unsere gesellschaftliche Positionierung beeinflussen, darunter Staatsbürgerschaft und Geschlecht (vgl. Budde 2014, S. 82). Die Muster des Habitus gelten als relativ stabil und werden überwiegend *unbewusst* in unserem Denken und Handeln wirksam. Sie bringen typische Praxisformen hervor, wobei der Begriff weit gefasst ist und Freizeitaktivitäten ebenso wie berufspraktisches Handeln beinhaltet.

Aus dem beschriebenen Zusammenhang zwischen sozialer Position, Habitus und Praxisformen leitet sich im Umkehrschluss ab, dass in unseren Praxisformen die Entstehungsbedingungen des Habitus erkennbar bleiben, d. h. unsere gesellschaftliche Position wird durch die Art wie wir sprechen, essen, uns kleiden oder auch welchen Beratungsstil wir pflegen, sichtbar. Begegnen sich Menschen aus unterschiedlichen gesellschaftlichen Positionen, unterscheiden sich deren Habitus. Ihnen sind unterschiedliche Dinge wichtig oder unwichtig, vertraut oder unvertraut. In Interaktionen, so beschreibt es Bourdieu, werden die Betreffenden jeweils versuchen, die Merkmale des eigenen Habitus aufzuwerten und die des Gegenübers abzuwerten, um die eigene Position innerhalb der Gesellschaft zu sichern bzw. zu verbessern (vgl. Bourdieu 1987, S. 742). (siehe hierzu ausführlicher Kap. 3.2).

Fasst man diese Überlegungen zusammen, so ist festzuhalten, dass der Habitus geprägt ist durch unsere Sozialisation und typische Praxisformen hervorbringt, auch im Bereich professionellen Handelns. Der professionelle Habitus verbindet demnach Sozialisation und Professionalität. Ähnlich argumentiert Sander (2014, S. 12) indem er konstatiert, dass die/der Professionelle „nicht ausschließlich in Folge seiner in Ausbildung und Beruf ausgeformten Handlungsmuster, sondern immer qua seines kompletten verfügbaren Handlungsapparates – also mit seiner ‚ganzen Person'" handelt (ebd.). Was lässt sich hieraus ableiten? Ist unsere berufliche Praxis *allein* eine Frage der Sozialisation?

In die Beantwortung dieser Frage sind weitergehende Überlegungen Bourdieus einzubeziehen. So geht dieser von einem Habitus aus, der in den unterschiedlichen Handlungsbereichen der Gesellschaft eine je spezifische Wirksamkeit entfaltet: „[(Habitus) (Kapital)] + Feld = Praxis", lautet die Formel, mit der er diesen Gedanken zum Ausdruck bringt (1987, S. 175). Hieraus leitet sich zweierlei ab: Einerseits, dass Praxis per se durch den Habitus und damit die individuelle Sozialisation geprägt ist – an dieser Stelle bestätigt sich demnach die bereits gezogene Schlussfolgerung – andererseits, dass Praxis immer auch unter strukturierenden Rahmenbedingungen – also innerhalb eines Feldes – erfolgt. In Feldern – also Teilbereichen der Gesellschaft – herrschen jeweils spezifische Regeln und Gesetzmäßigkeiten vor, sie funktionieren nach einer eigenen Logik. Bourdieu fokussiert in seinen Arbeiten vornehmlich die Teilhabechancen, die Akteur*innen in Abhängigkeit von Habitus und Kapital in unterschiedlichen Feldern haben. Wichtig für die Überlegungen zum Zusammenhang von Sozialisation und Professionalität ist an der Stelle vor allem der Hinweis, dass Praxis immer innerhalb eines abgrenzbaren und strukturierten Bereiches zu betrachten ist. Entsprechend schreibt Rehbein (2011, S. 168):

> „Die in der Lebensgeschichte erworbenen Handlungsressourcen und Handlungsmuster (Kapital und Habitus) [bestimmen; TG] die gegenwärtigen Handlungen eines Menschen […]. Aber sie finden nicht im luftleeren Raum statt, sondern in einer sich stets verändernden Wirklichkeit (Felder), die wiederum determiniert, welche Ressourcen und Dispositionen zu einem gegebenen Zeitpunkt eingesetzt werden können und sollen (Praxis)".

Berufliche Praxis wird demnach zwar beeinflusst, nicht jedoch determiniert durch den Habitus der/des Professionellen. Sie ist auch von Rahmenbedingungen abhängig. Hierbei lassen sich zwei Ebenen in den Blick nehmen: Zum einen staatliche Vorgaben, die per se Auftrag und Zuständigkeit der Arbeitsfelder Sozialen Arbeit definieren, zum anderen organisatorische Regelungen und die Ausstattung einer konkreten Einrichtung. Die Bedeutung staatlicher Vorgaben erklärt sich aus der historischen Verwobenheit der Sozialen Arbeit mit dem Sozialstaat und ihrer Abhängigkeit von sozialpolitischen Maßgaben. Vor diesem Hintergrund erbringt die Profession – in der Formulierung von Burkard Müller (2012, S. 961) – „Leistungen […], über deren Reichweite und Wirkung andere entscheiden". Nicht zuletzt kommt jenes Spannungsfeld in dem Konzept des *Tripelmandats* (Staub-Bernasconi 2017) zum Ausdruck: Demnach stehen Sozialarbeiter*innen vor der Herausforderung, Vorgaben des Staates, die individuellen Bedürfnisse und Interessen ihrer Adressat*innen sowie fachliche Ansprüche der Profession gleichermaßen im Blick zu haben und im Einzelfall auszutarieren. Am Beispiel der Sozialen

Arbeit mit Geflüchteten lässt sich das Spannungsverhältnis zwischen Vorgaben des Staates und den fachlichen Ansprüchen der Profession gut veranschaulichen: Der Zugang zu Unterstützungsleistungen ist hier u. a. von aufenthaltsrechtlichen Regulierungen abhängig, welche vorwiegend der Differenzierung in Geflüchtete *mit* und *ohne* Bleibeperspektive folgen. Mit den Zuordnungen sind jeweils unterschiedliche Ansprüche auf Angebote der Sozialen Arbeit verbunden. Die Vorgaben des Staates begrenzen folglich den Auftrag der Sozialen Arbeit auf *spezifische* Gruppen von Geflüchteten. Dies kann individuell als Widerspruch zu den Idealen und dem Anspruch einer an den Menschenrechten orientierten Profession verstanden werden (vgl. Grendel und Scherschel 2019).

Auch organisatorische Rahmenbedingungen des konkreten Arbeitsbereiches – etwa vorgegebene zeitliche und sachliche Ressourcen sowie Formen der Arbeitsteilung – beeinflussen das professionelle Handeln in der Sozialen Arbeit (vgl. Schütze 1996, S. 225). Mit dem Konzept des professionellen Habitus gerät dabei insbesondere in den Blick, dass berufliche Praxis auch davon abhängt, wie der Umwandlungsprozess von *objektiven* Bedingungen des Berufsfelds in *subjektive* (Berufs-) Praxis habituell vollzogen wird (vgl. Bremer und Lange-Vester 2014, S. 60). Professionelles Handeln entsteht demnach im Spannungsfeld von Wissen und Können, Habitus (= Ergebnis des Sozialisationsprozesses) und den Bedingungen des Berufsfelds.

6.2 Erkenntnisgewinn und Praxisbezug für die Soziale Arbeit

In diesem Abschnitt werden mögliche Folgen des beschriebenen Zusammenhangs zwischen Sozialisation und professionellem Handeln am Beispiel der Kernaufgaben der Sozialen Arbeit veranschaulicht. Die Kernaufgaben leiten sich aus der oben erwähnten Definition des Berufsverbandes ab, wonach die Profession im Spannungsfeld zwischen Individuen und gesellschaftlichen Strukturen agiert und zugleich die Förderung von Teilhabe wie Selbstbestimmung ihrer Adressat*innen im Blick hat. Dabei arbeiten Sozialarbeiter*innen zugleich *an* ausgrenzenden Strukturen und *mit* Individuen (vgl. DBSH 2016). Die nachstehenden Ausführungen gehen auf beide Aufgabenbereiche ein und fokussieren mögliche Herausforderungen für die sozialarbeiterische Praxis.

Soziale Arbeit *an* ausgrenzenden Strukturen
Die Förderung von sozialer Teilhabe der Adressat*innen erfordert von Sozialarbeiter*innen u. a. eine kritische Reflexion gesellschaftlicher Strukturen, welche

Teilhabe begrenzen (können). Mögliche Herausforderungen des professionellen Habitus bestehen zunächst darin, dass die Arbeit *an* ausgrenzenden Strukturen das Erkennen derselben voraussetzt. Was vergleichsweise banal klingt, bedarf vor dem Hintergrund der theoretischen Überlegungen zum professionellen Habitus einer genaueren Betrachtung: Wenn unser Habitus durch unsere gesellschaftliche Position geprägt ist und mit unterschiedlichen lebensweltlichen Erfahrungen von Teilhabe und Ausschluss verbunden ist, inwieweit sind dann für uns – möglicherweise lediglich für andere – ausgrenzende Strukturen erkennbar? Gelingt es uns z. B., die marginalisierte Position von Geflüchteten als Folge nationalstaatlicher Regulierungen zu deuten, wenn wir selbst in dem kulturellen Selbstverständnis bestimmter Privilegien von Staatsbürger*innen aufgewachsen sind (vgl. Grendel und Scherschel 2019)?

Mit dem Habituskonzept lässt sich erklären, dass zwischen unserer sozialen Position und den Mustern unserer Praxisformen ein Zusammenhang besteht. Dass unsere lebensweltlichen Erfahrungen maßgeblich von unserem Habitus und damit von unserer sozialen Position bestimmt werden, bleibt für uns jedoch vielfach im Verborgenen: Bourdieu spricht gleichlautend auch von den „verborgenen Mechanismen der Macht". Diese fußen darauf, dass die herrschenden Gruppen der Gesellschaft über die Macht verfügen, sozusagen „unerkannt" von den Marginalisierten Kriterien für gesellschaftliche Teilhabe und Erfolg zu definieren.

Aus dem Anspruch, personelle Selbstbestimmung der Adressat*innen zu fördern, leitet sich darüber hinaus ab, die Eingebundenheit der Adressat*innen in gesellschaftliche Machtstrukturen – auch und insbesondere für diese selbst – sichtbar zu machen. Denn, so heißt es auch bei Hurrelmann/Bauer/Grendel in diesem Band (siehe hierzu Abschn. 3.1), „eine Entwicklung hin zu einer sozial gerechteren Gesellschaft setzt dabei immer auch ein erkennendes und reflektierendes Subjekt voraus".

Soziale Arbeit *mit* Individuen

Eine (Wieder)Ermöglichung gesellschaftlicher Teilhabe unter Berücksichtigung der Förderung personaler Selbstbestimmung setzt in der Sozialen Arbeit *mit* Individuen eine *stellvertretende Deutung* von deren Problemen voraus. Gefordert ist demnach ein verstehender Zugang zu Adressat*innen, um deren Bedarfen und Erwartungen entsprechend agieren zu können.

Vor dem Hintergrund des Habituskonzeptes liegt die Frage nahe, inwieweit ein verstehender Zugang überhaupt möglich ist, wenn – was wahrscheinlich ist – die habituellen Muster von Sozialarbeiter*in und Adressat*in divergieren. Es besteht die Möglichkeit, dass wir diesen Mustern entsprechende Normalitätsvorstellungen auf andere übertragen. Remsperger (siehe hierzu Abschn. 4.1) etwa verweist in diesem Studienbuch darauf, dass eigene Erziehungserfahrungen sich vielfach in pädagogischem Handeln in der Kindertagesstätte niederschlagen. Ähnlich ist auch Lorenz zu verstehen, der eine Reflexion des eigenen Gesellschaftsverständnisses nahelegt, da dieses maßgeblich das berufliche Selbstverständnis als Sozialarbeiter*in präge (siehe hierzu Abschn. 2.2). Normalitätsvorstellungen können darüber hinaus in stereotypen Zuschreibungen münden. Kiefer (siehe hierzu Abschn. 5.6) hebt in diesem Zusammenhang beispielsweise den Stellenwert von diskriminierungssensiblen Kompetenzen hervor, um eine kritische – und unvoreingenommene – Auseinandersetzung mit Phänomenen wie Rassismus und Kulturalisierung zu ermöglichen.

Ein verstehender Zugang kann demnach erschwert sein, wenn wir über *andere* Normalitätsvorstellungen verfügen. Vor dem Hintergrund dieser Herausforderungen wurde in der Professionsforschung das Konzept der *Habitussensibilität* eingeführt, welche als Teil des professionellen Habitus verstanden wird (vgl. Sander 2014, S. 17). Definiert wird Habitussensibilität als

„soziale Sensibilität, welche den Einzelnen – oder milieumäßige Gruppen – in seiner/ihrer zunächst eigensinnigen Erwartungshaltung an ‚die Welt‘ und damit auch an den eigenen ‚Fall‘ ernst zu nehmen versucht" (ebd., S. 10).

Verbunden mit der Habitussensibilität ist die Erwartung, den Anteil habitueller Deutungsmuster an Ursprung und Umgang mit Problemen bewusst zu machen (vgl. Weckwerth 2014, S. 59). Der Habitus, so heißt es bei Bourdieu, kann als ein „System von Grenzen" verstanden werden. „Wer den Habitus einer Person kennt, der spürt oder weiß intuitiv, welches Verhalten dieser Person verwehrt ist" (Bourdieu 1987, S. 33). Beispielsweise nehmen Kinder, deren Eltern keinen akademischen Abschluss erworben haben, auch heute noch (Fach-)Abitur und Studium weniger selbstverständlich für sich als Bildungsoption wahr (vgl. Grendel 2012). Die Soziale Arbeit steht hier vor der Herausforderung, das Spannungsverhältnis zwischen verinnerlichten sozialen Normen bzw. Wertvorstellungen und uneingelösten individuellen Bedürfnissen in den Blick zu nehmen (s. o.).

Auch die Verhaltensmuster von Adressat*innen in Settings der Sozialen Arbeit können je nach Milieu divergieren. Habituell bedingte Praxisformen manifestieren sich dabei u. a. in spezifischen Einstellungen in Bezug auf die Inanspruchnahme von Hilfe, die Art der Problemschilderung, dem Verhältnis zu Professionellen oder der Häufigkeit und Form des Nachfragens (vgl. Weckwerth 2014, S. 38). Wie May in diesem Band zeigt (siehe hierzu Abschn. 5.1), ist es für den Erfolg von Angeboten der Sozialen Arbeit daher wichtig, dass Anspruchsformen und Formate den Logiken der adressierten Milieus entsprechen, um deren Beteiligung überhaupt zu ermöglichen.

Es stellt sich die Frage, wie professionelles Handeln vor dem Hintergrund habitueller Divergenzen möglich ist. In der Literatur wird als Voraussetzung häufiger das *Wissen* über typische Muster in Sozialisationsprozessen genannt, welches ein Verstehen der Sozialisationsverläufe von Adressat*innen begünstigen könne (vgl. Graßhoff und Schweppe 2013, S. 317). Habitussensibilität geht jedoch darüber hinaus. Diese setzt ein Verständnis für die Wirkmächtigkeit habitueller Mechanismen – sowohl auf Seiten der Adressat*innen als auch bei uns selbst – voraus und erfordert eine Reflexion eigener Deutungsmuster. Auch im Qualifikationsrahmen Sozialer Arbeit wird der Stellenwert reflexiver Kompetenzen in der Ausbildung von Sozialarbeiter*innen deutlich. Die Präambel definiert

„kompetentes Handeln in der Sozialen Arbeit als Fähigkeit zu angemessener Situations- und kritischer Selbstwahrnehmung, zur Reflexion des eigenen Standpunktes auch aus der Perspektive von anderen und zur innovativen Bewältigung von Problemstellungen und Krisensituationen der zu beratenden, zu betreuenden und/ oder zu begleitenden Menschen" (FBTS 2016, S. 16).

Laut Empfehlung des Kerncurriculums zum Studium durch die Fachgesellschaft Sozialer Arbeit (DGSA) „muss die Ausbildung dieser Reflexionsfähigkeit – in dem jeweils gegebenen zeitlichen Rahmen – gegenüber reiner Wissensvermittlung oder -akkumulation immer im Vordergrund stehen" (DGSA 2016, S. 2). Hier gilt es adäquate Modelle (weiter-)zu entwickeln, die auch der Tatsache Rechnung tragen, dass die reflexiven Ausbildungsbestandteile aus Perspektive der Einzelnen mitunter eine Herausforderung darstellen. „Professionalität", so Graßhoff und Schweppe (2013, S. 319) „erfordert […] die Modifikation biographisch erworbener Modi der Selbst- und Weltkonstruktion". Sozialarbeier*innen sind entsprechend gefordert, ihre qua Sozialisation erworbenen Muster zu reflektieren, um professionell handeln zu können. Dieser Prozess beginnt im Studium, kann jedoch im Verlauf der Bildungs- und Berufsbiografie nicht als abgeschlossen betrachtet werden.

6.3 Fazit

Der vorliegende Beitrag richtet sein Augenmerk auf die Erklärung und Beschreibung des Zusammenhangs zwischen Sozialisationsergebnis – also der durch Erfahrung entwickelten Persönlichkeit – und Professionalität in der Sozialen Arbeit.

Wie das Konzept des professionellen Habitus zeigt, findet individuelle berufliche Praxis im Spannungsfeld von Sozialisation bzw. sozialer Herkunft, Ausbildung und Fachkultur sowie Routinen und Anforderungen des konkreten
Arbeitsfelds statt. Der Habitus ist geprägt durch Sozialisationserfahrungen und
führt zu typischen Deutungs- und Handlungsmustern. Als herausfordernd für professionelles Handeln kann sich dabei erweisen, dass die habituell geprägte Sicht
auf die Welt ausgrenzende Strukturen und Herausforderungen der Lebenswelten
anderer „übersieht". Auch kann ein verstehender Zugang zu Adressat*innen
aufgrund abweichender Normalitätsvorstellungen erschwert sein. Kompensatorisch gilt es, eine Sensibilität für die eigenen habituellen Muster und die unserer Gegenüber zu entwickeln und Modelle der Selbstreflexion in Ausbildung und
Berufspraxis weiterzuentwickeln.

Fragen zur Reflexion

Was sind Kernaufgaben von Sozialarbeiter*innen?

Wie erklärt das Konzept des professionellen Habitus die Verbindung zwischen Sozialisation und Professionalität? Was hat alles einen Einfluss auf professionelles Handeln?

Inwieweit spielt die Selbstreflexion in Ihrem Studium/Ihrer Praxis eine
Rolle? Welche Modelle sind Ihrer Erfahrung nach sinnvoll?

Literatur

Bauer, Ullrich/Hurrelmann, Klaus 2015: *Das Modell der produktiven Realitätsverarbeitung in der aktuellen Diskussion*. In: Zeitschrift für Soziologie der
Erziehung und Sozialisation, 35. Jg., H. 2, S. 155–170.

Becker-Lenz, Roland u. a. 2013: *Einleitung: „Was bedeutet Professionalität
in der Sozialen Arbeit?"*. In: dies. (Hrsg.): *Professionalität in der Sozialen
Arbeit. Standpunkte, Kontroversen, Perspektiven*, 3., durchges. Aufl. Wiesbaden: Springer VS. S. 11–19.

Becker-Lenz, Roland/Müller-Hermann, Silke 2013: *Die Notwendigkeit von
wissenschaftlichem Wissen und die Bedeutung eines professionellen Habitus
für die Berufspraxis der Sozialen Arbeit*. In: Roland Becker-Lenz u. a. (Hrsg.):
Professionalität in der Sozialen Arbeit. Standpunkte, Kontroversen, Perspektiven, 3., durchges. Aufl. Wiesbaden: Springer VS. S. 203–229.

Bourdieu, Pierre 1987: *Die feinen Unterschiede. Kritik der gesellschaftlichen
Urteilskraft*. Frankfurt am Main: Suhrkamp.

Bremer, Helmut/Lange-Vester, Andrea 2014: *Die Pluralität der Habitus- und
Milieuformen bei Lernenden und Lehrenden. Theoretische und methodologische Überlegungen zum Verhältnis von Habitus und sozialem Raum*.

In: Helsper, Werner u. a. (Hrsg.): *Schülerhabitus. Studien zur Schul- und Bildungsforschung.* Wiesbaden: Springer VS. S. 56–81.

Budde, Jürgen 2014: *Das Konzept des männlichen Habitus. Möglichkeiten und Grenzen für die Analyse von Unterrichtspraktiken von Schülern.* In: Werner Helsper/Rolf-Torsten Kramer/Sven Thiersch (Hrsg.): *Schülerhabitus. Theoretische und empirische Analysen zum Bourdieuschen Theorem der kulturellen Passung.* Wiesbaden: Springer VS. S. 82–98.

DBSH 2016: *Definition Sozialer Arbeit, Abgestimmte deutsche Übersetzung des DBSH mit dem Fachbereichstag Sozialer Arbeit.* [https://www.dbsh.de/beruf/definition-der-sozialen-arbeit/deutsche-fassung.html, letzter Zugriff am 10.11.2018]

DGSA 2016: Kerncurriculum Soziale Arbeit. Eine Positionierung der Deutschen Gesellschaft für Soziale [https://www.dgsa.de/fileadmin/Dokumente/Aktuelles/DGSA_Kerncurriculum_final.pdf, letzter Zugriff: 10.11.2018]

FBTS 2016: Qualifikationsrahmen Sozialer Arbeit. Version 6.0. [http://www.fbts.de/fileadmin/fbts/QR_SozArb_Version_6.0.pdfm letzter Zugriff: 10.11.2018]

Graßhoff, Gunther/Schweppe, Cornelia 2013: *Biographie und Professionalität in der Sozialpädagogik.* In: Becker-Lenz, Roland/Busse, Stefan/Ehlert, Gudrun/Müller, Silke (Hrsg.): *Professionalität in der Sozialen Arbeit. Standpunkte, Kontroversen, Perspektiven,* 3., durchges. Aufl., Wiesbaden: Springer VS, S. 317–329. Graßhoff, Gunter/Schweppe, Cornelia 2013: *Biographie und Professionalität in der Sozialpädagogik.* In: Becker-Lenz, Roland u. a. (Hrsg.): *Professionalität in der Sozialen Arbeit.* Wiesbaden: Springer VS. S. 317–329.

Grendel, Tanja 2012: *Bezugsgruppenwechsel und Bildungsaufstieg. Zur Veränderung herkunftsspezifischer Bildungswerte.* Wiesbaden: Springer VS.

Grendel, Tanja/Scherschel, Karin 2019: *Dilemmata des professionellen Habitus in der Sozialen Arbeit mit Geflüchteten.* In: Sander, Tobias/Weckwerth, Jan (Hrsg.): *Das Personal der Professionen: Soziale und fachkulturelle Passungen bei Ausbildung, Berufszugang und professioneller Praxis.* Weinheim: Beltz.

Gudjons, Herbert/Wagener-Gudjons, Birgit/Pieper, Marianne 2008: *Auf meinen Spuren. Übungen zur Biographiearbeit, völlig neubearb. und aktual. Aufl.,* Bad Heilbrunn: Klinkhardt.

Müller, Burkard 2012: *Professionalität.* In: Werner Thole (Hrsg.): *Grundriss Soziale Arbeit. Ein einführendes Handbuch.* 4. Aufl. Wiesbaden: Springer VS, S. 955–974.

Oevermann, Ulrich 1996: *Theoretische Skizze einer revidierten Theorie professionalisierten Handelns.* In: Arno Combe/Werner Helsper (Hrsg.): *Pädagogische Professionalität. Untersuchungen zum Typus pädagogischen Handelns.* Frankfurt am Main: Suhrkamp. S. 70–182.

Oevermann, Ulrich 2013: *Die Problematik der Strukturlogik des Arbeitsbündnisses und der Dynamik von Übertragung und Gegenübertragung in einer professionalisierten Praxis von Sozialarbeit.* In: Becker-Lenz, Roland (Hrsg.): *Professionalität in der Sozialen Arbeit. Standpunkte, Kontroversen, Perspektiven,* 3., durchges. Aufl. Wiesbaden: Springer VS. S. 119–147.

Rehbein, Boike 2011: *Die Soziologie Pierre Bourdieus,* 2., überarb. Aufl. Konstanz: UTB.

Sander, Tobias 2014: *Soziale Ungleichheit und Habitus als Bezugsgrößen professionellen Handelns: Berufliches Wissen, Inszenierung und Rezeption von Professionalität.* In: ders. (Hrsg.): *Habitussensibilität. Eine neue Anforderung an professionelles Handeln.* Wiesbaden: Springer VS. S. 9–36.

Schütze, Fritz 1996: *Organisationszwänge und hoheitsstaatliche Rahmenbedingungen im Sozialwesen: Ihre Auswirkung auf die Paradoxien des professionellen Handelns.* In: Combe, Arno/Helsper, Werner (Hrsg.): *Pädagogische Professionalität. Untersuchungen zum Typus pädagogischen Handelns.* Frankfurt am Main: Suhrkamp. S. 183–275.

Spitzer, Helmut 2011: *Selbstreflexion in der Ausbildung der Sozialen Arbeit. Ein Beitrag zur Professionalisierungsdebatte.* In: Spitzer, Helmut/Höllmüller, Hubert/Hönig, Barbara (Hrsg.): *Soziallandschaften. Perspektiven Sozialer Arbeit als Profession und Disziplin.* Wiesbaden: Springer VS. S. 255–273.

Staub-Bernasconi, Silvia 2017: *Soziale Arbeit als Handlungswissenschaft: Systemtheoretische Grundlagen und professionelle Praxis.* Bern: UTB.

Weckwerth, Jan 2014: *Sozial sensibles Handeln bei Professionellen. Von der sozialen Lage zum Habitus des Gegenübers.* In: Sander, Tobias (Hrsg.): *Habitussensibilität. Eine neue Anforderung an professionelles Handeln.* Wiesbaden: Springer VS. S. 37–66.

Hinweise zu weiterführender Literatur

Sander, Tobias (Hrsg.): *Habitussensibilität. Eine neue Anforderung an professionelles Handeln.* Wiesbaden: Springer VS.